Ulrich Wickert

Vom Glück, Franzose zu sein

Unglaubliche Geschichten
aus einem unbekannten Land

Hoffmann und Campe

Die Deutsche Bibliothek – CIP-Einheitsaufnahme
Wickert, Ulrich:
Vom Glück, Franzose zu sein: unglaubliche Geschichten
aus einem unbekannten Land/Ulrich Wickert.
– 7. Aufl. – Hamburg: Hoffmann und Campe, 2000
ISBN 3-455-11252-8

Copyright © 1999 by Hoffmann und Campe Verlag, Hamburg
Schutzumschlag: Werner Rebhuhn
Gemälde: AKG Berlin / Claude Monet:
Trouville Hotel Roches Noires/1870
Satz: Utesch GmbH, Hamburg
Druck und Bindung: Graphischer Großbetrieb Pößneck
Printed in Germany

Inhalt

Die liebenswerten Franzosen 7

Warum wir dennoch an den Franzosen verzweifeln 21

Köche sind Künstler 45

Der Camembert unterm Bett 65

Gepflückte Kartoffeln zum Nachtisch 75

Sucht nach Privilegien 85

Die »Wachen des Kardinals« 95

Frankreichs Stasi 105

»Le Corbeau« 125

Die Maîtressen der Republik 135

Vom Aberglauben an den Sieg der Technik 159

Chaos auf Korsika 175

Geld – eine Peinlichkeit 190

Der Geist und die Mächtigen 199

Die Macht gegen den Geist 217

Verkehr als Mutprobe 223

Wer hat die Katze gekocht? 229

Die liebenswerten Franzosen

Es gibt Augenblicke, in denen ein normaler Mensch zu verzweifeln beginnt, nur weil eine technische Kleinigkeit nicht funktioniert, die ein Fachmann mit einem Handgriff und vielleicht einem Ersatzteil repariert. Doch leider sind Könner meist dann nicht zur Hand, wenn man sie braucht. Denn inzwischen hat sich überall in der Welt eingebürgert, daß sich Experten nach strengen Arbeitszeiten richten, und die werden immer kürzer. In Ländern wie den USA oder Deutschland erreicht man – besonders an einem Tag vor dem Wochenende oder gar einem Feiertag – schon ab mittags nur noch den automatischen Anrufbeantworter, der erbarmungslos auf die Öffnungszeit in drei Tagen hinweist. In Frankreich gilt inzwischen die 35-Stunden-Woche, aber glücklicherweise gibt es unter den Franzosen Menschen, die sich von solch modernen Regeln nicht einschüchtern lassen.

Der alte schwarze Uno sprang schon seit langem schlecht an, denn er wurde wochenlang nicht bewegt. Man hätte sich in jene Zeit zurückwünschen können, in der eine Kurbel ausgeholfen hätte. Doch da die Straße vor dem Haus einen steilen Hügel hinabführt, ruckelte der Motor, nachdem die Karre einige wenige Meter gerollt war, wenn man nicht vergaß, die Zündung einzuschalten und den zweiten Gang einzulegen. Dann tat das Benzin, was man von ihm erwartet, es zündete, trieb die Kolben an, und schon schnurrte der Motor, als sei nichts gewesen. Und nach wenigen Kilometern Fahrt war die Batterie wieder so stark aufgeladen, daß eine kurze Umdrehung des Schlüssels für die Zündung ausreichte.

Aber heute rührte sich gar nichts mehr. Gérard, der freundliche Nachbar, der einen Blumenladen in Grasse, hier unten an der Côte d'Azur, betreibt, kam herüber und schaute in den Motorraum, drehte die Stutzen an der Batterie auf, und sein Gesicht erhellte sich: »Ah, da fehlt Wasser.« Als geübter Bastler wußte er, was zu tun war. Gérard rollte den grünen Gartenschlauch neben den orangefarben blühenden Oleanderbüschen auf, öffnete den Wasserhahn und füllte mit Begeisterung und Kennernicken die Batterie auf, obwohl Adrienne zweifelnd fragte:

»Kann man dazu denn Leitungswasser nehmen?«

»Versuchen Sie's jetzt mal!«

Tatsächlich sprang der leichte, kleine Wagen an, nachdem er nur zwanzig Meter gerollt war und Geschwindigkeit aufgenommen hatte. So konnte Adrienne hinunter ins Dorf fahren und in der abschüssigen Einfahrt von Mireille parken. Ihre beiden kleinen Kinder kletterten aus den Sitzen und sprangen in den Garten.

Währenddessen machte sich das Wasser aus dem Gartenschlauch auf den Weg zu allen Zellen der Batterie und zerstörte heimtückisch, was es – nach Gérards Vorstellung – heilen sollte. So sprang der Wagen überhaupt nicht mehr an. Der Anlasser drehte sich nicht einmal mit jenem bekannten müden Seufzen aus der Tiefe der Motorhaube, das ein Malheur ausdrückt. Gott sei Dank lag am Ortsausgang eine Fiat-Werkstatt.

Der Patron selbst kam an den Apparat, schließlich war es schon kurz nach sechs.

»*Madame*«, sagte er freundlich zu Adrienne, »morgen ist *le quinze août*. (Mariä Himmelfahrt. Und an diesem Tag, so weiß jeder Franzose, wird kein Handschlag getan.) Melden Sie sich übermorgen wieder.«

Da schnappte sich die energische Mireille den Hörer, und es sprudelte nur so aus ihr heraus, und zwar mit einer Geschwindigkeit, wie sie nur Franzosen beherrschen: »Hören Sie, *Monsieur, c'est l'horreur!* – Hier herrscht schlechthin das Grauen. Die junge Frau sitzt bei mir mit zwei weinenden Kindern. Und der Mann wartet darauf, abgeholt zu werden. Es hat schon richtig geknallt zwischen den beiden. Solch einen Ehekrach haben selbst Sie noch nicht erlebt. Sie können sich das gar nicht vorstellen, *c'est l'horreur, Monsieur* ...«

Was in dem Patron vorgegangen sein mag, bleibt einem Fremden verborgen. Aber er reagierte auf jene einmalige Art und Weise, für die man Franzosen liebt: Zwanzig Minuten später startete der Motor mit einer neuen Batterie. Und weil er ja der Patron war, berechnete er nur den Preis für die Batterie, die Arbeitszeit dagegen ... »*Madame, c'était un plaisir* ... – Es war mir ein Vergnügen.«

Und auch als am Gründonnerstag die Heizung ausfiel, kam der Monteur noch abends um acht, stocherte mit einem Schraubenzieher so lange im Brenner herum, bis der wieder ansprang. Und auf den Dank antwortete er: »Madame, sonst frieren doch ihre Kinder!« So können Leute miteinander umgehen. Und weil es sich hier um Franzosen dreht, paßt, um den Geist zu beschreiben, der diese kleine Freundlichkeit beseelte, vielleicht das altmodische Wort Galanterie. Gott, sagt der Schwärmer, sind die Leute galant, die Frankreich bevölkern.

Frankreich lieben heißt für etwas schwärmen, das so zu sein scheint wie das Glück, von dem man träumt.

Woanders ist es immer besser. Das wissen wir alle. Und das gilt auch für Frankreich. Doch nehmen wir als Beispiel, um dies zu begründen, nun nicht einen der üblichen Frankophilen, die schon mit dem Deutsch-Französischen Jugendwerk oder über eine Städte-Partnerschaft Bande zu den Franzosen geknüpft haben; schieben wir den Romanisten, den Intellektuellen, den Anhänger Robespierres oder Sartres beiseite und wenden wir uns einer jungen Frau zu, die es in der deutschen Politik noch weit bringen will. Sie wurde, gerade weil sie erst 28 Jahre alt war und damit die Verjüngung der deutschen Politik darstellen sollte, als Kandidatin für die Bundestagswahl im September 1998 aufgestellt: Schließlich verkörperte Andrea Nahles als Vorsitzende der Jungsozialisten die Zukunft der SPD. Sie ist die Essenz eines gewissen deutschen Denkens.

Während des Wahlkampfes 1998 reiste sie durch die Bundesrepublik und kündete, wie es junge Leute tun sollen, von den Wundern einer besseren Politik – und eines besseren Lebens. Der Mensch solle nur noch halb soviel arbeiten und damit mehr Zeit für anderes haben. »In anderen Ländern, etwa in Frankreich«, schwärmte sie, klappe das prächtig. Überhaupt, in Frankreich, da habe man noch Zeit und Sinn für »andere Lebensentwürfe«.

Andrea Nahles behauptet zwei Dinge, von denen zumindest die erste Aussage, die Franzosen arbeiteten weniger als die Deutschen, nicht stimmt. Im Gegenteil, Franzosen arbeiten – so hält es die Statistik fest – sehr viel mehr Stunden in der Woche. Da schließen die Büros freitags nicht um zwei Uhr nachmittags, sondern um sechs oder sieben abends. Dieselbe Statistik verrät aber auch, daß die Franzosen in ihrer längeren Arbeitszeit weniger produzieren als die Deutschen. Das liegt vielleicht an ihrem »Sinn für andere Lebensentwürfe«.

Tatsächlich haben die Franzosen, anders als die Deutschen, ein entspanntes Verhältnis zur Wirklichkeit des Lebens. Eines Tages flog ich mit dem französischen Essayisten und Soziologen Jacques Leenhardt von Berlin nach Paris. Die Maschine landete in Roissy, und Leenhardt nahm mich in seinem alten

Peugeot mit in die Stadt. Der verbeulte Wagen war zugemüllt. Vom Beifahrersitz mußten wir erst mal Bücher und eine leere Wasserflasche wegräumen, um Platz für mich zu schaffen.

»Meinen letzten Wagen«, so erzählte Leehnardt, »habe ich verkaufen müssen, da der Gestank selbst durch intensives Lüften nicht mehr zu beseitigen war.«

»Benzingestank?« fragte ich.

»Nein, ich hatte einen Camembert gekauft, den aber im Wagen vergessen und diesen bei größter Hitze drei Tage am Flughafen stehengelassen. So was kommt vor«, meinte er lakonisch. Verkauft hat er den Wagen im Winter, als es bitter kalt und der Gestank »eingefroren« war.

Ähnlich lakonisch gab sich mein Freund Philippe. Sein Leben lang hatte er nicht ernsthaft gearbeitet, da der Glückliche mit einer Erbschaft gesegnet war. Vor den Toren von Paris besaß er ein wunderschönes Wasserschlößchen am Wald von Chantilly, und im vornehmen 16. Arrondissement hatte er sich in einem Neubau eine große Wohnung gekauft.

Kurz nach seinem Einzug lud er zum Essen ein. Das Wohnzimmer wirkte so perfekt eingerichtet, als habe sich ein Innenarchitekt darum bemüht. Verborgene Lichter strahlten die geerbten Bilder von Matisse, Léger und Juan Gris an. Aber in der Diele und im Eßzimmer hingen noch die elektrischen Kabel an der unverputzten Wand.

»Ich weiß noch nicht«, sagte Philippe, »ob ich hier eine Tapete oder einen Wandbezug aus Stoff anbringen soll.« Er sei ja gerade erst vor zwei Monaten eingezogen.

Drei Jahre später wußte er immer noch nicht, ob Tapete oder Stoff. Aber inzwischen hatte nicht nur er sich, sondern hatten sich auch seine Freunde an den Zustand des Unfertigen gewöhnt.

Irgendwann, es mag fünf Jahre später gewesen sein, hat er einen eleganten Stoff spannen lassen.

Philippe ist kein Einzelfall. Wenn Gérard zu Sommerfesten an seinen Swimmingpool einlud, dann geschah das immer mit dem Hinweis, daß dieser noch nicht ganz fertig sei. Gérard hatte immer noch keine Steine um das Becken legen lassen. Sie waren zwar schon zwei Jahre lang in einer Ecke des Gartens gestapelt, aber ...

Es muß nicht immer alles fertig und perfekt aussehen: Dies mag ein sympathischer Grundzug des französischen »Lebensentwurfs« sein.

Bevor wir uns weiter der Eigenart des französischen Lebensentwurfs widmen, sei eine kleine Zwischenbemerkung erlaubt: Selbst äußerst kritische Geister benutzen im täglichen Sprachgebrauch, wenn sie von einem Volk reden, immer wieder den Plural, sprechen von *den* Deutschen, *den* Franzosen, *den* Italienern etc. – aber dann stellt immer irgendwer die Frage: »Gibt es *die* Deutschen, *die* Franzosen ... überhaupt?«, um dann gleich anzufügen, daß es *die* natürlich nicht gebe. Aber es dauert nicht lange, und wieder verfallen alle, die sich im Gespräch über »die Deutschen« etc. befinden, in den Plural. Das sei, bitte schön, auch hier gestattet. Schließlich wissen wir, daß der Plural eigentlich falsch angebracht ist, da die Deutschen schließlich keine Deutschen, sondern Bayern, Hessen oder Preußen sind, die Franzosen aber Korsen, Basken oder Bretonen. Aber trotzdem gibt es sie, *die* Franzosen – zumindest wenn man über sie redet.

Ja, ja, schon gut: Wenn wir dennoch von *den* Franzosen etc. sprechen, wissen wir, daß wir nicht das Kollektiv meinen, sondern einen gewissen Typus, eben den mit dem Camembert, der Baguette und der Baskenmütze. Schließlich haben die Franzosen auch ein gemeinsames Selbstverständnis und Grundvertrauen, weshalb sie sich alle, wenn sie von ihrem »Lebensentwurf« sprechen, etwas Gemeinsames darunter vorstellen können: etwa den Begriff der *exception culturelle*. Wenn es die kulturelle Besonderheit ihres Landes in Europa zu verteidigen gilt, gehen *die* Franzosen auf die Barrikaden, während *die* Deutschen entweder für den französischen, italienischen, amerikanischen, tibetanischen Lebensentwurf schwärmen oder hoffen, ihre eigene kulturelle Besonderheit möge sich möglichst schnell in Europa auflösen.

Die *exception française* als Lebensentwurf stellt sich gegen jene Gesellschaften, die sich nicht kulturell, sondern wirtschaftlich definieren, die sich als freie Marktwirtschaft bezeichnen oder die im Zeichen der Globalisierung das Leben modernistisch dem möglichst freien Wettbewerb der Kräfte unterwerfen und um die Deregulierung wie um ein goldenes Kalb hüpfen. Alle politischen Parteien Frankreichs bekennen sich zur *exception française*. Dies bedeutet, daß der französische Lebensentwurf eine kulturelle Grundlage hat, der sich wirtschaftliche und politische Theorien zu unterwerfen haben – und nicht umgekehrt, wie in den USA, in Großbritannien oder Deutschland.

Man sollte jedoch nicht glauben, die *exception française* ließe sich mit einem Wort erklären oder in einem einzigen Gedanken zusammenfassen. So ist es auch kein Wunder, daß sich Frankreich bis hinein in die Staatssymbole von anderen großen Nationen Europas unterscheidet. Britannia etwa und Germania sind Machtfiguren. Britannia *rules the waves*, herrscht also über die Ozeane der Welt; und die Germania trägt einen Brustpanzer samt Schwert. Aber es ist die Ausnahme, wenn Marianne, die Frankreich symbolisiert, ein Schwert neben sich auf den Boden stellt. Meist liegen die Waffen zu ihren Füßen, denn Marianne ist friedlich. Das zeigt sie mit ihrem entblößten Busen. Und sollte das nicht liebenswert sein?

Marianne verkörpert nicht nur die äußere Macht jenes Landes, das sich lange Zeit eine – eine?, nein: die *grande nation* nannte, sondern auch dessen Seele. Eine Macht läßt sich durch Truppen- und Waffenstärke definieren, eine Seele jedoch nicht. Und das ist das Schöne an Marianne, daß sie auf der einen Seite einen abstrakten Staat darstellt, auf der anderen Seite aber spricht ihre entblößte Brust von der Wirklichkeit des Volkes.

Marianne ist ein Kind der Französischen Revolution. Deshalb wird der Tag, an dem die Bastille gestürmt wurde, auch gern als Namenstag der Sainte Marianne bezeichnet. Die neue, aus der Revolution hervorgegangene *patrie* wurde als weiblich empfunden und geliebt. Da wird kein männliches Vaterland verehrt, das höchstens mit dem gruseligen Namen Bertha versucht, einer Kanone weiblichen Klang zu verleihen. Nein, verehrt wird *la patrie* nicht, das würde eine zu große Distanz zum *citoyen,* zum Bürger, herstellen. Man soll *la patrie* wie eine Frau lieben – mit all dem Ach und Weh, das solch eine Gefühlsaufwallung mit sich bringt.

Doch wie kamen die Revolutionäre auf den Namen Marianne? Im 18. Jahrhundert lautete der beliebteste Frauenname Marie-Louise, an zweiter Stelle folgte Marie-Anne. Da die französischen Könige häufig Louis hießen, war der Name Marie-Louise mit schlechten Andenken belastet. Dagegen bot sich den Revolutionären Marianne aus mehreren Gründen an. Es war nicht nur ein beliebter Name, sondern damit verband sich auch die symbolische Idee eines jungen, geliebten Mädchens, das zu erobern sich der in Liebe entbrannte Junge vornimmt. Zur Melodie eines klassischen Liebeslieds sang man schon in alten Zeiten in der Auvergne: »*La bouole lo Mariano – la bouole, omaï l'aurai.* (Ich will sie, die Marianne, ich will sie und werde sie haben.)« Durch diese beliebte Volksweise wurde der Name Marianne in Frankreich so populär, daß man ihn immer dann benutzte, wenn man ein geliebtes weibliches Objekt symbolisieren wollte; und so wurde die Marianne aus dem auvergnatischen Liebeslied zum Inbegriff der vom Verschwinden bedrohten okzitanischen Sprache.

Kein Volk scheint ohne Symbole auszukommen. Könige besitzen seit alters her Siegel und Wappen, in denen starke, wilde Tiere (Löwen, Bären oder Adler) die Macht verkörpern. Nun hatten die Franzosen aber ihren König und dessen Marie-Antoinette um den Kopf gebracht. Und so standen die Revolution und ihre neugeborene Republik nackt und ohne Wappentier da. Im Überschwang der Gefühle, vor lauter Liebe zu dem, was sie die universelle Revolution nannten, wählten die neuen Herren jene Marianne als ihr Wahrzeichen, das von nun an, mit einer etwas seltsamen Zipfelmütze versehen, leicht gekleidet, meist mit dem vollen Busen als Republik und Freiheit auftrat und den imperialen Adler verdrängte.

Ein einziges Tier hat im französischen Wappen die Revolution überlebt, und das tat es wahrscheinlich auch nur deshalb, weil es niemandem angst macht – der gallische Hahn. Seine Herkunft ist kein besonderes historisches Verdienst. Nur weil die Gallier herausfanden, daß der Gockel im Lateinischen *gallus* heißt, sahen sie eine Familienverwandtschaft zwischen *gallus* und Gallier.

Allerdings zog Napoleon für sein Wappen den König der Lüfte dem Herrscher des Hühnerhofs vor. Vielleicht behaupten die Franzosen deshalb, der Hahn stehe links, sei aber eher liberal denn radikal. In der Karikatur sieht man ihn auch in diesen Tagen noch häufig – Federn lassend und laut kreischend – vor dem deutschen Adler fliehen. Der Hahn schreit auf französisch: »Cocorico« statt wie im Deutschen »Kikeriki« – er hat also eine etwas tiefere Stimme. Und weil Hähne, besonders derjenige, der Frankreich symbolisiert, vor Stolz fast platzen, hat sich das Cocorico des Hahnes in der französischen Sprache zu einem eigenständigen Begriff entwickelt und bedeutet so etwas wie einen nationalistischen Brunftschrei.

Kein historisches Ereignis prägte Frankreich so sehr wie die Revolution, deren Feier zum 200. Geburtstag die ganze Welt in Atem hielt – schon allein deswegen, weil der französische Staatspräsident François Mitterrand den in diesem Jahr in Frankreich stattfindenden Weltwirtschaftsgipfel ganz bewußt zum 14. Juli nach Paris eingeladen hatte. An der Festparade sollten Dutzende von Staatsoberhäuptern und noch mehr Regierungschefs aus befreundeten Staaten teilnehmen.

An der Place de la Concorde wurden für 16 000 Ehrengäste Tribünen aufgebaut. Knapp eine Woche vor der Veranstaltung fiel dem Festkomitee auf, daß für diese 16 000 Menschen nicht eine einzige Toilette vorgesehen war. Nach einem kurzen Augenblick der Panik rief jemand bei einem Sanitärunternehmen an, das transportable WCs vermietet, und erkundigte sich, wie viele Häuschen denn für diese große Zahl vonnöten wären. Man nehme als Vorbild immer ein großes Langstreckenflugzeug, war die Antwort, das sei mit acht Toiletten ausgerüstet. Das Komitee rechnete nach und beschloß, für die 16 000 Geladenen großzügig vierhundert Einheiten zu bestellen.

Nun konnte die Parade stattfinden. Sie dauerte vier Stunden. Nach einer Stunde verspürte eine äußerst hochgestellte Persönlichkeit jenen unwiderstehlichen, lästigen Druck auf die Blase und richtete an eine der Hostessen auf der Tribüne die Frage:

»Pardon, Mademoiselle, wo sind denn die Toiletten?«

»Ich fürchte«, antwortete sie, »es gibt keine. Aber ich werde Sie zur Organisationsleitung begleiten, und dort können wir fragen.«

Dort lautete die Antwort ganz unbeteiligt: »Nein, keine Sanitäranlagen.«

»Aber in der Zeitung hat doch gestanden, es würden vierhundert bereitgestellt ...«

»Ich weiß, aber wie das so ist, es gibt keine. Und fragen Sie mich nicht, warum, denn ich weiß es nicht. Sie können sich ja mal an die Polizei wenden ...«

Der erste Gendarm erklärte: »Nein, ich weiß auch nicht, was Sie da tun können ...«

»Aber es drängt. Können wir Ihren Vorgesetzten fragen?«

Der zweite Gendarm war mit mehr Ehrenzeichen versehen und hatte einen höheren Rang: »Also gut, ich werde Ihnen die Absperrung an der Ecke der Avenue Gabriel öffnen, und dann – *débrouillez-vous* – schauen Sie zu, wie Sie zurechtkommen.«

Gesagt, getan. Der Gendarm fügte noch mitleidig hinzu: »Die armen Damen ...«

Dem ersten Würdenträger folgten viele andere, so daß es in der Hitze des nächsten Tages an der Ecke der Avenue Gabriel so penetrant stank wie seinerzeit, als es in Paris noch keine Kanalisation gab, weshalb der König die Stadt verließ und sich ein Schloß in Versailles bauen ließ. Das Pikante an unserer Geschichte ist: An der Ecke der Avenue Gabriel befindet sich die amerikanische Botschaft.

Dieses Verhalten sei typisch für den französischen Staat, meint der Publizist Jean Vermeil. Er plustert sich oben auf, aber unten kümmert er sich um nichts. Oder aber, wie mein Metzger in der Rue de Varenne zu sagen pflegte: Der Hahn ist das einzige Tier, daß selbst noch hurra schreit, wenn es mit den Füßen im Mist steckt.

Marianne hat in den mehr als zweihundert Jahren seit der Revolution nichts an Bedeutung eingebüßt. Auf der Briefmarke prangt ihr Konterfei; eine Büste der Marianne steht in jeder *Mairie*. Daneben hängt das offizielle Foto des jeweiligen Staatspräsidenten, als bildeten sie ein Paar: sie, die dauerhafte Königin, er, der vergängliche Regent. Und wie nah Marianne dem Volk ist, zeigen ihre Gesichtszüge. Sie drücken keine hehren Ideale aus, sondern sollen Frauen des Volkes sein. Nun gut, auch da gibt es Unterschiede. Doch nicht die politische, kulturelle oder wirtschaftliche Bedeutung einer Frau führt dazu, daß Marianne nach ihren Gesichtszügen modelliert wird.

Die Liebste ist dem Liebenden immer die Schönste. Und das gilt auch für die Marianne. So werden Leinwandschönheiten, wie etwa Brigitte Bardot oder Catherine Deneuve, als Vorbild für die Gipsstatuen in den Rathäusern genommen. Einem Deutschen würde eine Schauer über den Rücken laufen, würde Germania einer Schauspielerin ähneln. Es würde als Sakrileg beklagt oder als Kitsch belacht – schließlich ist Germania für die meisten Deutschen inzwischen auf dem Sperrmüll gelandet.

Man liebt Frankreich, weil Frankreich sich durch Frauen definiert, und die Frau wiederum ist die Inkarnation der Liebe. Wobei sich die philosophische Frage stellt, was denn wohl zuerst da war, die Liebe oder die Frau? Lieben wir Frankreich, weil es die Liebe zur Frau ausdrückt?

Neben Marianne taucht auch die Säerin auf Geldstücken oder Scheinen auf – als Symbol des Fortschritts wie auch des bestellten Ackers. Doch manchen männlichen Kritikern ging das im letzten Jahrhundert entschieden zu weit: Da maßt sich eine Frau einen Männerjob an und sät auch noch falsch. Denn der nach hinten wehende Schal zeigt, daß sie den Samen gegen den Wind streut. Und welcher Bauer würde über den Acker barfuß laufen? Aber wenn es um Mythologie geht, ist viel erlaubt. Was haben die Göttinnen der griechischen Sagenwelt den Männern im Kampf um Troja nicht alles abgenommen!

Marianne ist jedoch keine Figur mit einem eindeutigen Charakter. Anfang dieses Jahrhunderts wird das Leben der Marianne in der Zeitschrift »L'Assiette au beurre« in vielen bebilderten Szenen erzählt. Ihr Vater, ein Arbeiter, hebt auf den Barrikaden die Neugeborene mit beiden Armen hoch. Ihre ersten Schritte macht sie an der Hand eines alten Mannes mit dem Gesicht von Victor Hugo in einer Umgebung, die an Jean Valjean und Cosette aus »Les Misérables« erinnert. Zur Mademoiselle gereift, läßt sich Marianne versuchen – von einem Soldaten, einem hohen Beamten, einem reichen Bourgeois. Dick geworden, weigert sie sich schließlich, in dem Bettler eine Jugendliebe wiederzuerkennen, bis sie als alte Vettel volltrunken von einem Geistlichen und einem Offizier ins Hospital gebracht wird.

Marianne stellt mindestens zwei Frauen dar. Die eine ist das jeweils wechselnde Regime, die andere die Nation – *une et indivisible,* einmalig und unteilbar. Unter Mariannes Namen verbergen sich auch zwei unterschiedliche Sichtweisen von der Republik: »La nôtre – die Unsere«, eine junge hübsche Frau mit nacktem Busen, zwischen einem sympathischen Soldaten und einem netten Arbeiter, hält eine große Fahne; »*la leur* – die der anderen«, eine fette Frau mit Küchenschürze tritt auf die Gesetzestafeln und greift mit vollen Händen in den Staatssäckel. Die eine Frau nennt sich »die Republik«, die andere »die Macht«.

Selbst unter den Linken ist man sich nicht einig, wie man diese Frau bewerten soll. Von den einen wird Marianne geliebt, von den anderen gehaßt. Bei Arbeiterdemonstrationen im 19. Jahrhundert waren Frauen selten zu sehen, doch wenn sie sich einmal emanzipiert hatten, dann liefen sie in der vordersten Reihe mit und trugen die Fahne. In den Parteibüros der Sozialisten und zu Hause bei den Genossen entwickelte sich ein wahrer Mariannenkult. Für diesen Teil des Proletariats war Marianne eine Art Madonna, die in ähnlicher Weise verehrt wurde wie Mutter Maria von den Katholiken.

Der andere Teil des Proletariats lehnte sie ab, da sie die Republik verkörperte, eine Republik, die als bourgeois verteufelt wurde. Marianne soll – als Symbol der Republik – das Volk einen, doch sie ist umstritten, weil auch die Republik keine einhellige Zustimmung erfährt. Das macht eben den Charme Frankreichs aus. Nichts ist eindeutig. Nichts entspricht einer festen Ordnung. Das mag derjenige sympathisch finden, der aus einem Land stammt, in dem die Ordnungswut herrscht. Das französische Chaos entschuldigt so vieles. Doch Jean Vermeil klagt: »Unordnung ist unser größtes Übel. Wir tun so, als wären wir stolz darauf: Das sei eben unser gallischer Einschlag, *le baroud d'honneur* (ein Scheingefecht), das einige Stämme noch einmal führten, bevor sie sich der Pax Romana unterwarfen. Unsere Unordnung ist das Kind von Lügen und Erfindungen.«

Warum wir dennoch an den Franzosen verzweifeln

Es gibt so viele Gründe, Frankreich und seine Bewohner zu mögen. Doch Franzosen können auch unerträglich arrogant sein, nicht nur wenn man sie mit ausländischen Augen beurteilt. Und ich kenne Leute, die voller Abneigung gegen die Franzosen sind, weil sie sich von ihnen als Untermenschen abgelehnt fühlen.

»Ach, was sind die Italiener dagegen für liebenswerte Menschen«, sagen sie. »Wenn man die nach dem Weg fragt, überschlagen sie sich vor Höflichkeit, während ein Franzose auf die Leute hochnäsig herabschaut, die nicht mindestens so gut französisch sprechen wie sie selbst.«

Ich liebe Frankreich, denn es ist mir eine Heimat geworden. Dennoch bin auch ich nicht frei von Zweifeln. Sie fangen vielleicht schon morgens an, bei der Bushaltestelle auf dem Boulevard Saint-Germain, in der Höhe der Rue du Bac. Wie überall in der Welt kommt der Bus Nummer 83, mit dem ich morgens zur Arbeit fahre, für meine Bedürfnisse viel zu spät, denn er steckt, wie überall auf der Welt um diese Zeit, mitten im Verkehrschaos. Dann drängen sich die Passagiere hinein, und zwar nach dem Motto: Wer zuerst drin ist, kommt auf jeden Fall mit. Einer Frau oder gar einem alten, gebrechlichen Menschen den Vortritt zu lassen, scheint keiner gelernt zu haben. (Als ich im Alter von etwa fünfzehn Jahren in der Metro aufstand, um einer Frau meinen Sitz anzubieten, sprach mich ein Franzose staunend an und fragte: »Sie sind doch sicher Ausländer?« – »Wieso?« – »Ein französischer Junge wäre nie aufgestanden.«)

Und weil die Franzosen einfach nicht verstehen, weshalb sie sich hinter einen anderen in einer Schlange anstellen sollen, sei es an der Kinokasse, beim Bäcker oder an der Bushaltestelle, wurde zumindest hier in den fünfziger Jahren eine Regel gehandhabt, um Ordnung zu schaffen und die rücksichtslos drängenden Franzosen in Bahnen zu lenken. An jeder Haltestelle hing in Augenhöhe ein Kasten, aus dem der auf seinen Bus wartende Passagier ein längliches Stück Papier mit einer eingestanzten Nummer zog. Fuhr der Bus vor, erkundigte sich der Schaffner nach der niedrigsten Nummer und rief dann die Nummernfolge auf – ähnlich, wie es heute beim Besteigen der Flugzeuge üblich ist: zuerst die Reihen fünfzehn bis dreißig, dann ... – Sie wissen schon, was ich meine. Wessen Zahl der Schaffner aufrief, der stieg ein.

Dieses Ordnungsverfahren wurde meist nur dann angewandt, wenn es notwendig war, morgens oder abends, wenn die Busse schon überfüllt an der Haltestelle vorfuhren. Dann brauchte man sich nicht dem Kampf mit den Ellenbogen auszusetzen, sondern war sicher, in der richtigen Reihenfolge aufgenommen zu werden, mußten doch die mit einer höheren Nummer, weil später gekommen, warten – allerdings ohne sich demütig in eine Schlange einordnen zu müssen. Hintereinander anstehen scheinen Franzosen als Zumutung, ja als Erniedrigung zu empfinden; denn da stand man sichtlich hinter jemandem, der bevorzugt war, da er ja zuerst in den Bus steigen durfte, und damit war man selber einem anderen unterworfen, wenn auch nur in einem ordnenden System.

Aber leider wurden eines Tages die Schaffner abgeschafft, dann die alten Busse, bei denen man hinten auf einer Plattform einstieg – und die Reise im Freien genießen konnte –, und schließlich auch die Kästen, an denen man sein Nümmerchen zog: denn jetzt gab es ja keinen Schaffner mehr, der sie ausrufen würde.

Der »83er« gehörte zu einer der letzten Buslinien, die noch eine Plattform hatten, wenn auch nicht die, wo man von hinten während der Fahrt aufspringen konnte. Selbst im Winter stand man bis zum Schluß draußen. Nach dem Motto: Besser in der mit Abgas geschwängerten Luft von Paris als drinnen im engen, feuchten Menschenmief.

Heute quetscht man sich vorn am Chauffeur vorbei in den Leib des Busses, weist seine Monatskarte vor oder entwertet sein Billet, in dem man es in den Schlitz eines Automaten steckt, der hinter dem Sitz des Fahrers angebracht ist und mit einem elektronischen Piepsen dem Fahrschein seinen Wert abringt. Und dann drängt man sich nach hinten. Ja, und schon tritt mir die Nachbarin mit dem spitzen Absatz auf den Fuß. »Aii!« – ruft man in Frankreich, wenn es weh tut, statt »Aua!«. Dabei dehnt man das »i« je nach der Stärke des Schmerzes.

Aus Reflex hätte ich mich bei der Dame fast dafür entschuldigt, daß mein Fuß unter den ihren geraten ist. Aber sie verzieht keine Miene, so als habe sich nichts ereignet. Wenigstens ein entschuldigendes Lächeln könnte sie mir doch gönnen, wenn schon kein »Pardon«.

Aber dann sage ich mir: Sie ist doch Französin! Und ich versetze mich in die Dame hinein und verstehe. Weil sie Französin ist, weiß sie nicht, daß Menschen sie umgeben. Vielleicht ist sie zu spät aufgestanden, vielleicht ist der Bus wieder im Verkehr steckengeblieben und zu spät dran. Dann mußte sie sich mit aller Gewalt noch durch die Tür kämpfen, und jetzt denkt sie an Jules, das Büro und vielleicht auch an ihr Kind, das sie trotz leichten Fiebers eben noch im *jardin d'enfants* abgeliefert hat. Sie fährt irgendwie ganz allein im überfüllten Bus und nimmt niemanden um sich herum wahr. Sie hat sich in sich selbst zurückgezogen. Sie schaut in sich hinein, als übe sie Zen, Yoga oder autogenes Training …

Dieses Verhalten ist anerzogen, es gehört zum guten Ton

und hat mit dem Begriff *discrétion* zu tun, einer Verhaltensweise, für die ich die Franzosen liebe. Die Bourgeoisie, die heute noch den Stil prägt, versteckt ihre Häuser hinter hohen Mauern. Dieses Versteckspiel hängt auch damit zusammen, daß die Bourgeoisie schon zu Beginn ihrer sozialen Entwicklung von der christlichen Kirche beschuldigt wurde, nur an den Gewinn zu denken und nicht an die Menschen, die für sie arbeiteten. Den Gewinn versteckt die Mauer. Sich so nach außen abschotten, das kann mit dieser Perfektion nur ein Franzose. Und wer nicht gelernt hat, mit der dadurch entstehenden Distanz umzugehen, der bricht leicht in Haßtiraden über die unzugänglichen Franzosen aus.

Wenn Sie zu einem förmlichen Abendessen eingeladen werden, dann mag Ihr Tischnachbar ein äußerst eleganter Franzose sein. Sie sehen seiner dezenten Kleidung zwar nicht die neueste Mode, aber den teuren Schneider an, dem Haar den wöchentlichen Besuch beim Friseur und den Händen die professionelle Maniküre. Während des Essens unterhalten Sie sich angeregt und intelligent, denn der Mann ist galant und gebildet. Zu jedem Thema kann er beisteuern, was de Gaulle, Montesquieu, Lacan oder Sartre dazu dachte, was Bourdieu, Finkielkraut, Crozier oder BHL (so bezeichnen Wissende den inzwischen schon etwas älteren *nouveau philosophe* Bernard-Henry Lévy) in diesem oder jenem Fall sagen würde. Und wenn Sie sich gegen Mitternacht begeistert von den Gastgebern verabschieden und erwähnen, wie vorzüglich Sie sich unterhalten hätten, dann werden Sie plötzlich nachdenklich anhalten und sich erkundigen, wer das wohl war, neben dem Sie zwei oder gar drei Stunden saßen. Von ihm selbst haben Sie nichts erfahren: weder seinen Namen noch den seines Schneiders, nichts über seine Tätigkeit, keinerlei Andeutung seines Berufs, schon gar nicht seine eigene Meinung. Sie haben sein Inneres nicht einmal von außen gesehen. Er hat

Sie mit zwar höchst interessantem, aber in jeder besseren Bibliothek nachzuschlagendem Wissen unterhalten. Über sich selbst hat er geschwiegen.

So sieht die Perfektion des sich In-sich-selbst-Zurückziehens aus, wie Franzosen es lieben. Einem Fremden mag dieses Verweigern der eigenen Person leicht als Arroganz vorkommen. Doch von Ihnen wird die Diskretion verlangt, nicht nach dem zu fragen, was der andere nicht von sich aus sagen will. Es gehört zum guten Ton, in einem Gespräch mit dem richtigen Gebrauch der Sprache zu glänzen, wie es überhaupt einer guten Erziehung entspricht, an jedem Gespräch lebhaft teilzunehmen, wobei nicht der Inhalt, sondern an erster Stelle die Form des Gesagten beurteilt wird. Und obwohl Franzosen viel reden können, ohne etwas zu sagen, so wissen sie doch auch im rechten Moment zu schweigen.

Und deshalb schauen Mitglieder der oberen Kasten auf das Volk nieder, das beim Spaziergang auf dem Land oder im Wald auch einem Fremden ein freundliches *Bonjour* zuruft. Das ist in dem Verständnis nobler Leute doppelt falsch, denn der gute Ton verlangt, daß ein Gruß unweigerlich mit der Bezeichnung *Monsieur* oder *Madame* verbunden wird. Die *richtige* Begrüßung (oder Verabschiedung) findet nüchtern und ohne viele Worte statt. Vielleicht gibt man sich die Hand, und eventuell nickt man sogar mit dem Kopf. »*Bonjour, Madame – bonjour, Monsieur.*«

Das Schweigen dient als Vorlauf zum nun folgenden Gespräch oder als dessen Abschluß.

Das Schweigen kann aber auch als Ablehnung gedacht sein, um einen mißliebigen Gesprächspartner in seine Schranken zu weisen; der andere wird ignoriert, nicht gesehen und damit von jedem weiteren Gespräch ausgeschlossen. In beiden Fällen lebt das Schweigen von den Worten, die ihm vorangegangen sind, die folgen oder die erwartet, aber ganz bewußt zurückgehalten werden. So setzt das Schweigen das Sprechen fort. Im richtigen Augenblick zu schweigen gilt als Zeichen guter Erziehung. Indem er das Schweigen in das Regelwerk zwischenmenschlicher Beziehungen einbezieht, will der vornehme Franzose sich von den niedrigeren Klassen absetzen, bei denen Stille ein Laster und Lärmen eine Tugend ist.

Das Schweigen dient dem einzelnen aber auch als notwendiges Gegengewicht zum manchmal erdrückenden Einfluß der häufig immer noch sehr geschlossenen Familien. Von einer Anfang des Jahrhunderts geborenen Frau stammt folgende Schilderung: »1916 ist meine Cousine, die mein geistiger ›Zwilling‹ war, gestorben. Nach einem Monat auf dem Land haben wir uns zum ersten gemeinsamen Diner versammelt, die Stimmung war so bedrückend, daß ich in Tränen ausbrach und den Tisch verließ. Niemand ist mir gefolgt, niemand hat mich getröstet, niemand hat am nächsten Tag davon gesprochen. Alle hatten verstanden, aber man hatte eine große Scheu vor Gefühlen und achtete den inneren Bereich eines jeden. So haben einige Dramen in unserer Familie stattgefunden, ohne daß auch nur ein Wort darüber gewechselt wurde; Dramen, die man nur durch irgendwelche Zeichen verstand, die man mit Besorgnis aufnahm. Auf das kleinste Zeichen hin wäre man sofort bereit gewesen zu trösten. Aber ohne das hätte man sich keinen Blick des Mitleids erlaubt.«

Der französische Sozialwissenschaftler Eric Mension-Rigau meint, der Sinn für das Schweigen erkläre sich bei den stilbildenden Schichten in Frankreich möglicherweise durch die Tatsache, »daß diese Leute in einer Umgebung leben, in der Gewalt nur in Form von Sprache erlaubt ist. Dadurch haben die Betroffenen ein starkes Bewußtsein dafür entwickelt, daß auch Worte lebensgefährliche Verletzungen beibringen können. Die Weisheit lehrt sie deshalb, voreilige Worte zu meiden und lieber zu schweigen.«

Wer lang genug unter Franzosen gelebt hat, weiß dieses Verhalten – in Grenzen – zu genießen. Es kann aber auch äußerst lästig sein, nicht wahrgenommen zu werden. Wer an einem Montagvormittag in Paris einen Laden betritt, der mag das Pech haben, daß die drei Verkäuferinnen gerade mit sich selbst beschäftigt sind. Sie stehen in einer entfernten Ecke, reden und gackern, als seien sie allein auf der Welt. Sie müssen die Erlebnisse vom Wochenende austauschen, und da stört der Fremde nur, der der Einfachheit halber nicht bemerkt wird.

Die Franzosen heben gern hervor, sie seien gegenüber den unhöflichen Teutonen nicht nur viel zivilisierter, sondern sie gingen mit Kunden auch sehr viel freundlicher um. Und sie glauben sogar, was sie da sagen. Aber auch hier zeigen die Franzosen ihre Extreme. Wir haben es erlebt. Geradezu katastrophal endete der Versuch, in der Marina Baie des Anges bei Nizza den – wie er sich selbst nennt – »größten Fitness-Club der Côte d'Azur« auszuprobieren. Die Baie des Anges ist eines jener gräßlichen Architektur-Monstren, die aus weiter Entfernung von einem Boot auf dem Meer originell wirken. Elegant schwingen sich zwei im Halbrund gebaute, pyramidenförmige Hochhäuser um einen Jachthafen. Doch einmal drinnen, erschlägt einen der Beton.

An einem Ende des Hafenbeckens befindet sich der in Ellipsenform angelegte Club Biovimer. Biologie, Leben und Meer verbindet dieser Name. »La Thalasso« bietet er an, er wirbt also mit der Heilkraft des Meerwassers; Salzwasser gehört zwar zu den ältesten Kuren im Mittelmeer, aber heute wird dem ein moderner Klang verliehen – und eine besondere, nämlich verjüngende Wirkung.

An einem regnerischen Samstag im April kamen wir auf die Idee, den Club – von dem wir uns schon Monate zuvor Prospekte besorgt hatten – auszuprobieren. Die Preise waren horrend. Ich rief an und fragte:

»Bieten Sie einen Einführungstarif an?«
»Die Tageskarte kostet 300 Franc.«
»Aber gibt es für Leute, die den Club erst einmal kennenlernen möchten, eine ermäßigte Karte?«
»Es gibt jeden Abend um 18 Uhr eine Führung.«
»Aber es gibt keinen Schnuppertarif?«
»Nein. Da müssen Sie bei unserem *service commercial* anrufen, der ist am Montag wieder besetzt.«

Wir sind dennoch hingefahren. Inzwischen regnete es. Es hat lange gedauert, bis wir einen Parkplatz fanden. Der Eingang des Club ist wie in einem Hollywood-Film weitläufig und prunkvoll angelegt. Dort schiebt die Empfangsdame ein ellenlanges Formular über die Theke, das zu bewältigen den Besitz einer Lesebrille voraussetzt, die aber zu Hause liegt. Denn wer nimmt schon die Lesebrille mit in die »Thalasso«? Mit dem Formular geht man zur Kasse und steht ewig an, denn das Formular muß bearbeitet werden. Keine Angestellte macht auch nur die geringste Anstrengung, Neulingen den Weg zu weisen. Also erkundige ich mich, werde an eine Garderobe geschickt, wo eine muffige Frau – ja, sie war wirklich dick und häßlich – den Ansturm der Gäste nicht bewältigt.

Das geheizte Meeresbad im Freien mit Überlaufkante tröstet über die ersten Enttäuschungen hinweg, wenn auch auffällt, daß die Mosaiksteine am Rand dutzendweise abfallen. Man hat den Eindruck, im Mittelmeer zu schwimmen. Die Luft ist kalt, es regnet, aber das salzige Wasser trägt den Körper und verleiht ihm eine angenehme Leichtigkeit. Die verliert er sofort wieder nach dem Anblick der Sauna. Die Türen faulen, weil es in Frankreich üblich ist, eine Einrichtung nicht ständig zu unterhalten, sondern sie einfach zu ersetzen, wenn sie völlig in sich zusammengefallen und nicht mehr tragbar ist. Das ist einfacher, als sie immer wieder mit Farbtopf und Pinsel auszubessern. Im Hammam, dem Dampfbad, setzt man sich nicht auf Stein, sondern auf schmutziges Plastik ... Wir haben bald genug. Als ich nach draußen trete, gehe ich ein paar Schritte auf die Planken, an denen die Segelboote vertäut sind. Ein älterer Mann mit schmerzverzerrtem Gesicht humpelt mir entgegen, das linke Hosenbein hochgekrempelt. Blut läuft aus einem Loch unterhalb des Knies. Ich packe ihn unter dem Arm.

»Es geht schon«, sagt er angestrengt. Er ist bei dem Versuch, auf sein Boot zu steigen, ausgerutscht. Ich führe ihn in den Club Biovimer, der noch voll Aktivität strotzt, und bitte mit erhobener Stimme, Hilfe für den Mann zu holen. Die Dame am Empfang sagt nur: »Das ist jetzt zu spät, hier ist dafür niemand mehr.«

Wer nun als guter Franzose die Fähigkeit erlernt hat, sich in sich selbst zurückzuziehen, der gibt nach außen hin nicht zu erkennen, ob er weiß, weshalb der Nachbar plötzlich zuckt, die Luft scharf und schnell einzieht und sein Gesicht vor Schmerz verzerrt. Man tut so, als sei nichts geschehen. Das erspart Schererein. Und zur Not läßt sich auf diese Weise auch leichter leugnen, was vielleicht doch vorgefallen ist. Blöder Kerl, was schaut er mich so aufdringlich an! Gut sieht er ja auch nicht aus.

Es gibt sogar Situationen, in denen muß man eine große Portion Liebe, Geduld und Gelassenheit aufbringen, um das Land nicht für den Rest seines Lebens zu meiden. Solchen Vorfällen wird niemand entkommen: Und sie ereignen sich – wie soll es auch anders sein – meist in dem Augenblick, in dem man es wirklich nicht brauchen kann. Mir ist so etwas immer wieder passiert. Aber, wie gesagt, ich verstecke mich ja hinter meiner Liebe zu Frankreich.

Das war letzthin noch ganz harmlos und begann so: An einem Mittwoch wollte ich in der Früh ein Flugzeug von Paris-Orly nach Nizza nehmen. Dort hatte ich schon um die

Mittagszeit einen wichtigen Termin. Am Dienstag beschlossen die Feuerwehrleute der beiden Pariser Flughäfen, in den Bummelstreik zu treten. Über die Hälfte der Starts wurde gestrichen, und die übrigen Maschinen hatten stundenlange Verspätungen. Worum es bei diesem Streik wirklich ging, ließ sich genausowenig herausfinden wie eine Antwort auf die Frage, ob der Streik auch am nächsten Tag fortgesetzt würde.

Am Flughafen Orly waren alle Telefone besetzt. Aber die Air France verfügt über einen eigenen Informationsdienst. Dort rufe ich an. Eine automatische Stimme ertönt und sagt: »Guten Tag, willkommen beim Informationsdienst der Air France. Wenn Sie Auskünfte über die planmäßigen Landungen haben wollen, drücken Sie Sternchen eins. Wollen Sie Auskünfte über planmäßige Abflüge haben, drücken Sie Sternchen zwei.« Und drückt man eins oder zwei, so erfährt man bei beiden Nummern nichts über Streik oder Nichtstreik am nächsten Tag. Also rufe ich die Pressestelle von Air France an. Dort ist eine sehr freundliche, weibliche Stimme völlig verzweifelt, denn sie weiß nicht, wohin der für die Streik-Informationen Zuständige verschwunden ist. Vielleicht ist er schon nach Hause gegangen, und sie selbst weiß nichts. Aber sie hat da noch eine Nummer, die könnte ich anrufen. Doch da meldet sich dann schon wieder die automatische Stimme.

Ich hätte zur Not auf den Zug umsteigen können, aber bis Nizza dauert die Fahrt zu lange. Also wage ich den Weg zum Flughafen. Als der Taxifahrer wissen will, ob ich mich denn nach der Streiklage erkundigt hätte, erzähle ich ihm mein Leid mit den überlasteten Telefonen in Orly und dem modernen Nummerntelefon, das auf individuelle Probleme nicht eingehen kann, und er schüttelt mitleidig den Kopf: »*C'est comme ça!*« So sei es eben. Gewisse Dinge müsse man in diesem Land einfach gelassen sehen.

Erstaunlicherweise gibt sich die Mehrheit der unter den Streiks Leidenden tatsächlich zumeist gelassen. Als im Winter 1995 die Fahrer von Bussen, Metro und Nahverkehrszügen in ganz Paris sechs Wochen lang streikten, sind viele Menschen jeden Tag eine oder gar anderthalb Stunden zu Fuß zur Arbeit gegangen und abends wieder nach Hause. Und sie haben nicht gemurrt, denn sie standen hinter dem Streik. Nach dem Motto: Die Arbeiter drücken einen Unmut aus, der auch in uns gärt. Sie streiken also für alle anderen mit.

Und jeder, der im Juni 1998 zur Fußballweltmeisterschaft nach Frankreich fuhr – oder fahren wollte –, erinnert sich mit Grauen an das Chaos. Besonders dreist hatten die Piloten von Air France kurz vor Beginn des Wettbewerbs beschlossen zu streiken, weil man ihnen, den in der Welt am besten bezahlten Piloten, mit Monatsgehältern bis zu 30000 Mark, den Lohn um fünf Prozent kürzen wollte – um das Unternehmen zu sanieren. Das sei weiter nicht schlimm, erklärte Premierminister Lionel Jospin, denn in Europa könne sich jeder mit der Bahn oder dem Auto nach Frankreich begeben, um die Fußballspiele zu sehen.

Als die Air-France-Piloten streikten, zeichnete Plantu, der Karikaturist von »Le Monde«, was die Franzosen von den Ausländern dachten, die sich darüber beklagten: An einem Air-France-Schalter wartet ein Schlachtenbummler, um einzuchecken. Dahinter stehen mehrere Air-France-Mitarbeiter, die sich vor Lachen nicht mehr halten können.

Ein Pilot sagt: »Dieser Kerl hat 15000 Franc für eine Eintrittskarte zur Weltmeisterschaft gezahlt und will jetzt nach Paris zum Spiel fliegen.«

Ein anderer Pilot antwortet: »Was für ein Blödmann!«

Und es sollte sich auch bald herausstellen, was für Blödmänner da nach Frankreich gereist waren. Denn die Verteilung der Eintrittskarten entsprach dem Hochmut, mit dem die ausländischen Besucher verlacht wurden. Tausende von Japanern und Lateinamerikanern, die viel Geld für ihre Reise und die Teilnahme an Spielen ihrer Mannschaft ausgegeben hatten, erhielten keine Eintrittskarten. Die waren in irgendeinem Kuddelmuddel – genauer: in einem Geflecht von kriminellen Machenschaften – verschwunden.

Doch zurück zum Flughafen Orly. Auf den Monitoren ist meine Maschine gestrichen – *annulé* –, aber eine Stunde später soll ein anderer Flug starten. Ich stelle mich in die Schlage am Schalter, etwa zehn Leute sind vor mir. Ich denke insgeheim, die Maschine wird überbucht sein, hoffentlich erhalte ich noch einen Platz. Es dauert ewig. Und die Schlange wird aus irgendeinem merkwürdigen Grund nicht kleiner, denn immer wieder schiebt sich jemand mit spitzen Ellbogen zwischen die Wartenden, so brutal und offensichtlich, daß es einem peinlich ist, und zwar so peinlich, daß man sich nicht zu protestieren getraut. Denn das tut man eigentlich nicht – weil man die anderen um einen herum ja gar nicht wahrnimmt.

Vor mir steht plötzlich ein älterer, kräftiger Mann mit Handy, in das er mit lauter Stimme hineinspricht. Er macht sich breit. Ich drängele ein wenig, um meine Position zu verteidigen, doch er nimmt mich nicht wahr, denn er muß für alle hörbar mit seinem Büro telefonieren, wo er jemandem erklärt, er wolle den Kunden nicht sehen. »*Il me fait chier.*«

Am Schalter meckert er die Hosteß wegen des Streiks an, für den die Arme nun wirklich nichts kann. Wir können froh sein, daß wenigstens sie arbeitet. Aber weil ich es in der Zeitung gelesen habe, daß ein Streik der Piloten in der kommenden Woche droht, frage ich sie, ob darüber schon abgestimmt worden sei.

»*Ah là, Monsieur, je regrette.* – Ich bedauere, das weiß ich leider nicht.« Ich erhalte eine Bordkarte, aber der Abflug verschiebt sich voraussichtlich um eine Stunde, da die Maschine wegen des Bummelstreiks nicht rechtzeitig landen kann. Noch befindet sich meine Laune im grünen Bereich.

An der Sicherheitskontrolle packt ein Mann sein Kleingeld, einen Schlüsselbund und ein Handy auf ein Tablett und geht durch den Türbogen, der metallene Gegenstände aufspürt. Ein lautes Piepsen ertönt.

Der Sicherheitsbeamte sagt streng: »Sie müssen alle metallenen Gegenstände aus den Taschen nehmen.«

»Das habe ich getan!«

Der Passagier geht zurück. Es piepst. Er schreitet noch einmal durch den Türbogen. Es piepst.

Der Beamte wird sichtlich strenger: »Haben Sie mich nicht verstanden, alle metallenen Gegenstände hier rauf!«

Und er zeigt auf das Tablett. Der Mann kramt in den Taschen herum, zieht seinen Gürtel aus, der eine metallene Schnalle hat, und geht wieder durch den Detektor. Es piepst.

Der Beamte wird bleich und preßt nun sehr streng heraus: »Was haben Sie noch in den Taschen?«

»Nichts mehr!«

Der Fluggast macht einen ganz langsamen Schritt – aber es piepst.

»Treten Sie mal hier rüber!«

Äußerst arrogant winkt der Beamte ihn zu sich und verzieht keine Miene – in vollem Bewußtsein des kleinen bißchen Macht, die er verkörpert. Mit einem Handgerät sucht der Sicherheitskontrolleur den Mann ab, bis unter die Fußsohlen fährt er mit dem Handgerät. Nichts piepst.

Ich habe kein Kleingeld in der Jacke, keinen Schlüsselbund in der Hose und gehe durch die Schleuse. Es piepst.

»*Monsieur!*«

Mit starrem Gesicht, das seine Gefühllosigkeit ausdrücken soll, fährt mich der Beamte in einem Ton an, mit dem er Wichtigkeit darstellen will: »Sie müssen alle Metallgegenstände ablegen!«

Ich zucke mit den Achseln, durchsuche meine Kleidung und finde einen Kuli, der bisher nie ein Piepsen verursacht hat. Aber vielleicht ist dieses Gerät besonders fein eingestellt. Ich gehe durch den Türbogen, es piepst. Es amüsiert mich, aber das zu zeigen wäre ein Fehler. Schon straft mich ein Blick. Ich gehe zurück. Es piepst. Ich habe außer einem Taschentuch nichts mehr in Hose oder Jacke. Ganz behutsam strecke ich ein Bein vor, denke dabei an die übertriebenen Darstellungen in Stummfilmen, verlagere das Gewicht nach vorn, schiebe den Oberkörper in die Schleuse, und schon piepst's.

Der Beamte schreit mich an, als sei ich ein renitenter Übeltäter: »*Parlez-vous français?*«

Er hat Macht. Er hat zwar nur ganz wenig Macht, aber sie wirkt unmittelbar auf das Opfer ein. Und deshalb macht es einen bedeutenden Menschen aus demjenigen, der diese Macht vorführt. Und die Macht wird durch Befehle gerechtfertigt, Befehle, die auf französisch gebellt werden. Wer sie jedoch nicht versteht, der verweigert den Gehorsam. Nach dem Motto: He, du Depp, hast nix kapiert? Und da steigt mir langsam die Galle hoch. Hatte ich nicht gerade den Bericht gelesen, daß die Europäische Menschenrechtskommission der französischen Polizei Folter vorwarf?

Im November 1991 war der aus Marokko stammende Holländer Ahmed Selmouni in dem Pariser Vorort Bobigny bei einer Drogenrazzia aufgegriffen worden. Vier Tage hielten die Polizisten ihn in ihrer Zelle und quälten ihn. Sie folterten ihn seelisch und körperlich. Drei Ärzte haben ihn hinterher untersucht und schwere Verletzungen festgestellt. Am fünften Tag nach seiner Verhaftung wurde Ahmed Selmouni in Untersuchungshaft gebracht, und dort meldete er sein Martyrium der Generalinspektion der Polizei. Er war mit Fäusten und Füßen, Knüppeln und Baseball-Schlägern malträtiert worden. Er erzählte, »daß man ihn an den Haaren gezogen hatte, daß man ihn gezwungen hatte, einen langen Gang hinunterzulaufen, in dem sich Polizisten verteilt hatten, um ihm ein Bein zu stellen«. Er mußte vor einer Frau niederknien, der man versprach: »Jetzt wirst du gleich jemanden singen hören.« Später hat ihm ein Polizist sein Glied gezeigt und gesagt: »Komm, lutsch es!«, um dann auf ihn zu urinieren. Schließlich steckte man ihm auch noch einen Knüppel in den After. Zum Verzweifeln! (Ahmed Selmouni wurde zu dreizehn Jahren Gefängnis wegen Drogenhandels verurteilt. Die Europäische Menschenrechtskommission rügte Frankreich wegen der Folter, aber sieben Jahre nach der Tat sind die brutalen Polizisten immer noch nicht bestraft worden.)

Da kommt in mir die ganze Wut hoch, die sich gegen Menschen richtet, die ihre Macht mißbrauchen – in welchem Land auch immer. Für mich haben sie keine Nationalität, sondern einen Webfehler im Kopf. Dabei hofft man doch, Frankreich sei wirklich das Land der Menschenrechte, worauf es sich immer wieder beruft. Die Intellektuellen haben für sich die Menschenrechte gepachtet; der Staat mißachtet sie, wenn es ihm paßt. Man denke nur an das absurde Attentat gegen Greenpeace und die Versenkung der »Rainbow Warrior«. Bei dem von der französischen Regierung befohlenen Anschlag auf das Boot der Umweltorganisation in Neuseeland kam ein Fotograf ums Leben.

Ob ich Französisch spreche, hat der Sicherheitsbeamte gefragt.

»Je vous comprends parfaitement, Monsieur.«

Ich erkläre ihm äußerst höflich, daß ich ihn wohl verstünde, und überlege, ob ich noch ein paar Verse aus Corneilles »Cid« drauflegen soll, denn das schafft bei den meisten Franzosen Respekt und Achtung, aber das traue ich mich dann doch nicht. Er würde es als Provokation empfinden – und so wäre es ja auch gemeint. Er befiehlt jetzt in herrischem Ton, ich solle durch eine andere Schleuse treten. Auch da piepst es.

Jetzt schreit der Uniformierte mich an: »*Monsieur*, leeren Sie Ihre Taschen.«

»*Monsieur*, sie sind leer!«

»*C'est pas possible!* – Das kann nicht sein!«

»*Si* – doch!«

Die Arroganz der Macht quillt ihm aus jeder Pore. Jetzt fehlt nur noch, daß er auf einer Leibesvisitation besteht. Aber glücklicherweise ist die Schlange an der Sicherheitsschleuse immer länger geworden. Der Beamte führt sich so auf, daß keiner wagt aufzumucken, und nachdem er nichts gefunden hat, wendet er sich seinem nächsten Opfer zu.

Ich ergreife meine Taschen und verschwinde fluchtartig, während hinter mir wieder der Piepton schrillt. Als ich mich genervt auf einer Bank in der Wartezone niederlasse, suche ich in der Erinnerung, in welchen demokratischen Ländern mir solch eine Demonstration der Arroganz schon einmal widerfahren ist. Da gehorcht jemand einem Piepston, der ihm vorschreibt, wie er Menschen zu behandeln hat. Und er geht davon aus, daß der technische Ton recht hat, denn das sagen ihm die Vorschriften, während der Mensch irrt oder gar böswillig betrügt.

In der Abflugslounge sitzt der laut in sein Handy redende Mann hinter mir und wiederholt in jedem Telefonat, daß irgend jemand den Satz verdient: »*Il me fait chier.*«

Jede Viertelstunde ertönt eine wohlklingende Frauenstimme, die nach zahlreichen Floskeln der Entschuldigung mitteilt, der Abflug werde sich verzögern. Ich werde mich doch nicht beklagen, rede ich mir Mut zu, obwohl ich dem Mann mit dem Handy inzwischen gern sagen würde: »*Il me fait chier.*« Die Feuerwehrleute müßte man beschimpfen.

Immerhin ist es ja inzwischen besser geworden. Vor zwanzig Jahren streikte die Müllabfuhr mindestens einmal im Jahr sechs Wochen lang, und in den Straßen von Paris türmten sich die Abfälle, bis es roch wie zu Grenouilles* Zeiten. Die Arbeiter in Elektrizitätswerken hatten sich als Protestmaßnahme etwas besonders Perfides ausgedacht, denn sie streikten sehr häufig, aber nur ganz kurz, nämlich täglich eine Stunde um die Mittagszeit, wenn die Leute am Herd standen und das Essen zubereiten wollten. Inzwischen streiken die Fluglotsen, die Piloten, die Eisenbahner nur noch selten. Aber merkwürdigerweise immer zu Ferienanfang oder -ende, wenn Millionen von Franzosen unterwegs sind, wenn verzweifelte Mütter mit Kindern 24 Stunden in Wartesälen ausharren müssen und die Erholung gleich wieder verloren ist.

Aber was versteht der Nichtfranzose schon von einem wohlbegründeten Protest? Denn die Streikenden drücken ja nur unser, zumindest aller Franzosen Unmut aus. Darin ist sich das ganze Volk einig: Wenn man die Schnauze voll hat, darf man dies auch kundtun. Deshalb richtet sich der Zorn des am Reisen gehinderten Franzosen selten gegen die Streikenden, sondern gegen den Staat, der die Piloten, Fluglotsen, Eisenbahner zu schlecht bezahlt – wie jeden anderen auch. Schließlich arbeitet jeder sechste im Staatsdienst und weiß deshalb genau Bescheid.

Früher war es eine Tortur, wenn man ein Flugzeug in Frankreich bestieg, denn da schlugen sich die Leute schon vor der Bordtür um die vermeintlich besten Sitze. Es dauerte länger als in anderen Ländern, bis mit den Bordkarten auch feste Plätze zugeteilt wurden, obwohl man das System doch sehr viel früher von den Bussen hätte übernehmen können. Ich

---

* Triebtäter in Süskinds Roman »Das Parfüm« (1985), der tötet, um in den Genuß des Duftes zu gelangen, der die Körper seiner Opfer umgibt.

habe bisher noch keine Antwort auf das Verhalten gefunden, das Franzosen dazu verleitet, sich auch heute noch – trotz der festen Zuteilung eines Sitzes – sofort nach dem ersten Aufruf des Abflugs in diese Masse hineinzuzwängen, um ins Flugzeug zu gelangen, wo doch der Sitz fest reserviert ist. Der wirklich wichtige Kampf gegen die Mitreisenden beginnt ja erst, wenn man im Flugsessel hockt.

Wer ein bißchen größer geraten ist, sollte in einer französischen Maschine den Mittelplatz vermeiden. Denn kaum sitzt man, beginnt die körperliche Auseinandersetzung um die Armlehne. In Amerika entschuldigt sich, wer den Nachbarn aus Versehen mit dem Ellenbogen berührt. In Deutschland findet schon einmal Gegendruck statt, um nicht weichen zu müssen. Aber im Flugzeug zwischen Franzosen eingekeilt zu sein bedeutet blaue Flecken am Ende der Reise.

Privat mögen die Franzosen die liebenswertesten Menschen der Welt sein, na gut – vielleicht nach den Amerikanern, den Italienern, den ..., aber im beruflichen Umgang haben selbst große, harte Manager schon das Handtuch vor den Franzosen geworfen. Bei einem Abendessen in kleinem privatem Kreis saß ich neben Jürgen Schrempp, dem mächtigen Boß von Daimler-Benz, dem größten deutschen Konzern. Wir unterhielten uns darüber, weshalb es ihm als DASA-Chef nicht gelungen war, die Franzosen an den Fokker-Werken zu beteiligen, um ein europäisches Regionalflugzeug zu bauen. Als er das Wort *Franzose* hörte, brauste Schrempp auf und rief: »Mit den Franzosen will ich nichts mehr zu tun haben. Das müssen von jetzt an ...«, und er wies auf zwei seiner Vorstandsmitglieder am Tisch, »... die beiden erledigen. Ich will mit Franzosen nichts mehr zu tun haben.«

Sie hatten ihm widerfahren lassen, was Franzosen tun, wenn sie glauben, ihr Gegenüber lasse es an Achtung für ihre Zivilisation mangeln. *Chahut* nennen sie dieses Verhalten, das sie schon in der Schule gelernt haben. Gegenüber einem Lehrer, der die französische Sprache nicht vollendet beherrscht, dürfen sie sich, mit heimlicher Zustimmung ihrer Eltern, austoben, denn er verfügt nicht über Autorität. Und welcher Ausländer, der nicht perfekt Französisch spricht, hat nicht schon über die Franzosen geflucht, die so tun, als verstünden sie einen Radebrechenden nicht, der nach einer Straße, einem Geschäft, einer Auskunft sucht. An diesem Verhalten kann man tatsächlich verzweifeln, besonders wenn mit der eigenen Schwäche des anderen Hochmut verbunden wird.

Jedem kann eine Szene widerfahren, wie sie Paul Theroux im Bahnhof von Menton an den Gestaden des Mittelmeers beobachtete. Menton liegt an der Grenze zwischen Frankreich und Italien. Und dort spielte sich folgendes ab: Eine Gruppe älterer italienischer Herrschaften, niemand von ihnen dürfte jünger als etwa siebzig gewesen sein, versuchte, sich hier mit Kaffee und Keksen zu versorgen. Die Französin an der Theke giftete sie an:

»Wenn Sie kein Geld haben, müssen wir hier ja wohl nicht weiter unsere Zeit vertrödeln.«

Sie hatten kein französisches Geld und konnten kein Französisch. Die Frau im Bahnhofskiosk, der vielleicht anderthalb Kilometer von der italienischen Grenze entfernt liegt, konnte kein Wort Italienisch.

»Was sagt sie?« jammerte jemand auf italienisch.

»Sie will Geld.«

»Wenn Sie was kaufen wollen, wechseln Sie doch Ihr Geld!« herrschte die Französin die Gruppe an.

»In Francs, nehme ich an.«

Ein Italiener sagte in seiner Muttersprache zu ihr: »Wir wollen doch bloß Kaffee. Es lohnt sich nicht, dafür extra Geld zu wechseln.« Ein anderer meinte: »Wir geben Ihnen jeder tausend Lire. Den Rest können Sie behalten.«

»Verstehen Sie mich nicht?« fragte die Französin. Das Geschäft kam also nicht zustande, und die Italiener erhielten nichts zu trinken oder zu essen.

Die Französin hat ihr Selbstverständnis, ihre kulturelle Überlegenheit gezeigt, aber dabei ist ihr ein anständiger Gewinn entgangen. Das aber ist ihr nicht bewußt, und hätte jemand sie darauf aufmerksam gemacht, wäre nur ein Achselzucken die Antwort gewesen.

Selbst wenn ein Franzose sich ein wenig in der Sprache eines Ausländers zurechtfindet, dann würde er nur selten davon Gebrauch machen, um dem Fremden zu helfen. Solch ein Verhalten empfindet der Franzose nicht als unhöflich, sondern er will sich nicht blamieren und seine vermeintliche Autorität verlieren, weil er die Fremdsprache nicht perfekt beherrscht. Die Sprache ist Zeichen von Zivilisation. Und von Zivilisation geht Autorität aus.

Das erlebten auch die Direktoren eines weltweit agierenden deutschen Unternehmens, das eine Firma in Frankreich erworben hatte. Die deutschen Chefs wollten so schnell wie möglich Ordnung schaffen und teilten den französischen Geschäftsführern mit, ein Treffen, zu dem auch Vertreter eines britischen Tochterunternehmens eingeladen würden, sei für den 15. August festgelegt. Für den 15. August? Die Franzosen lachten und sagten ab. Am 15. August hätten sie keine Zeit. Die Deutschen zeigten wenig Humor und noch weniger Verständnis und bestanden auf dem Treffen. Weil die Deutschen die neuen Besitzer waren und damit am längeren Hebel saßen, kam die Sitzung auch zustande. Aber die Franzosen benahmen sich wie übermütige Schuljungen, bastelten Papierflugzeuge, die sie sich zuwarfen, und nahmen niemanden ernst. Denn in ihren Augen mußte man schon ein unzivilisierter Barbar sein, um an diesem Tag ein dienstliches Treffen abzuhalten. Schließlich weiß doch jedes Kind, was der

15. August einem Franzosen bedeutet: Es ist der höchste oder vielleicht der heiligste Ferientag; am 15. August steht das Land still. Da erhält man in Paris keine Baguette, da sind alle Betriebe im Land geschlossen, denn es ist der Tag von Marie, der Schutzpatronin Frankreichs. Aber Marie ist wahrscheinlich nur ein vorgeschobener Grund, um am 15. nichts zu tun. Dieser Tag ist der Höhepunkt des Urlaubs in Frankreich, danach wechselt auch im Süden das Wetter, dann beginnt der Sommer sich behutsam zu verabschieden. Doch ehe die Hitze weicht, machen noch einmal alle Urlaub. So war es, als man ein kleiner Junge war, so war es, als man seine ersten Liebschaften am Strand oder in der Campagne erlitt, so ist es immer noch. Wehe dem, der am 15. August so schwer erkrankt, daß er auf die Notstation muß! Ein Herzinfarkt an diesem Tag bedeutet den sicheren Tod.

Den Deutschen wird vorgeworfen, sie seien die Erfinder der Bürokratie, aber ganz ausnahmsweise wird ihnen da unrecht getan. Eigentlich sollte schon der Begriff »Bürokratie« auf sein Ursprungsland hinweisen, stammt das Wort doch nicht aus dem Deutschen, sondern dem Französischen. Die Bürokratie ist französisch – und zum Verzweifeln. Sie ist offenbar erfunden worden, um dem Staat zu ermöglichen, Entscheidungen oder Vorgänge zu verhindern, ohne sie verbieten zu müssen.

Als der französische Staat die eigene Wirtschaft vor der Einfuhr billiger japanischer Videogeräte protektionistisch schützen wollte, konnte er dies wegen internationaler Abmachungen nur auf Umwegen durchsetzen. So erklärte die zuständige Verwaltung, aus Japan eingeführte Geräte müßten ein besonderes Prüfsiegel erhalten. Dies wurde in dem von allen Wirtschaftswegen weit entfernten Poitiers von einem einzigen Zollangestellten auf die Geräte geklebt. Aber der dafür abgestellte Mann war nicht nur überlastet, sondern nahm seine nationale Aufgabe – im Interesse Frankreichs – so ernst, daß er nur ganz selten dazu kam, die Marken aufzukleben. Und die Bürokratie hatte die Sache so geschickt eingefädelt, daß für die gelagerten Geräte eine Gebühr gezahlt werden mußte. So stapelten sich die eingeführten Waren in Lagerhallen, und mit jeder Woche kamen neue hinzu, bis die Japaner verzweifelt aufgaben. Diese bürokratische Maßnahme hatte also Erfolg.

Die französische Bürokratie trägt die Verantwortung für den nicht enden wollenden Zuzug von Unternehmen in die Île-de-France, das Pariser Becken. Denn, so erklärte mir der Besitzer eines mittleren Unternehmens, wegen der Papiere müsse man immer wieder zu den Behörden nach Paris. Und da sei es ökonomischer, das Unternehmen in der Nähe von Paris anzusiedeln und von seinem Betrieb nach Paris hineinzufahren, als aus der Provinz anzureisen und vielleicht innerhalb von drei Tagen doch nichts zu erreichen. Wie ein Krake – vielleicht schlimmer: wie eine unheilbare Seuche – hat sich die Bürokratie über das Land gelegt und erschwert damit auch das Geschäftsleben.

Als ich in Paris an einer Filmdokumentation arbeitete, suchte ich nach Archivaufnahmen, deren Rechte bei der INA lagen. Wir wollten sie kaufen – also richtig Geld bezahlen. Drei Tage und zahlreiche Anrufe dauerte es, bis ich den Namen der zuständigen Bearbeiterin erfahren hatte. Und es hatte auch seinen Grund, weshalb dies so mühsam war, denn die Dame war im Urlaub. In vierzehn Tagen sollte sie zurückkommen. Ob mir jemand anders helfen könne? Nein, leider nicht. Sie kam tatsächlich zurück, aber das verbesserte meine Lage auch nur wenig. Jetzt hatte ich zwar eine Gesprächspartnerin, aber sie konnte die Unterlagen nicht finden. Ob ich genauere Angaben machen könnte? Das konnte ich. Sie versprach, sich wieder zu melden. Das tat sie aber nicht. Allmählich drängte die Zeit. Ich hatte mit dem Schnitt begonnen.

Weil die Archivaufnahmen die Dokumentation zusätzlich mit Glanz versehen hätten, mühte ich mich weiter, an sie heranzukommen. Aber nichts half. Die Bearbeiterin hatte kein Interesse daran, für ihr Archiv Geld zu verdienen. Und so geschieht es häufig. Ja, dieses Desinteresse kann sogar komische Züge annehmen.

Anläßlich der Zweihundertjahrfeier der Revolution wollte das deutsche Fernsehen eine Übertragung des Umzugs auf den Champs-Élysées übernehmen. Das französische Organisationskomitee verlangte astronomische Summen, und nur in äußerst zähen Verhandlungen gelang es den Vertretern des deutschen Fernsehens, einen Vertrag auszuhandeln. Die Rechte für zwanzig Minuten sollten mehr als 50000 Mark kosten. Die Sendung wurde ausgestrahlt, doch das deutsche Fernsehen erhielt nie eine Rechnung. An Ordnung gewöhnt, erkundigten sich die Deutschen schließlich, an wen sie wieviel Geld überweisen sollten. Aber da das Organisationskomitee seine Arbeit abgewickelt hatte, war es aufgelöst worden, und niemand kümmerte sich um die ausstehenden Zahlungen. Sie fielen einfach unter den Tisch.

Nun einmal mehr zurück zum Flug nach Nizza. Kaum hatte die Maschine trotz des Streiks und mit stundenlanger Verspätung und vollbepackt endlich abgehoben, geriet sie in unruhiges Wetter, und der Pilot meldete, das Flugzeug werde wegen des überfüllten Luftraums über Nizza zehn Minuten in einer Warteschleife fliegen. Der Flugraum über Nizza ist übrigens immer überfüllt.

Die Warteschleife lag unglücklicherweise mitten in einer Gewitterzone, weshalb das Flugzeug entsetzlich durchgeschüttelt wurde. Plötzlich hörte man einen Mann kräftig würgen und husten; er hatte mit der Luftkrankheit zu kämpfen und drückte in seiner Not auf den Kopf, der die Stewardeß herbeirufen sollte. Sie war eine kleine dunkelhaarige Frau mit einem netten, verschmitzten Gesicht, und bei besonders großen Luftlöchern rollte sie voll vermeintlicher Verzweiflung die großen braunen Augen nach oben. Zuerst rief sie nach hinten, sie könne den Platz nicht verlassen. Doch der arme Mann würgte und hustete, als würde er gleich sterben, so daß sie sich losschnallte, zu ihm hineilte und ihm erklärte, gleich nach der Landung werde sie sich um ihn kümmern.

Kaum hatte die Stewardeß sich wieder angeschnallt, sagte der Kapitän durch, bis zur Landung dauere es weitere fünf Minuten. Da ertönte wieder der Ruf nach der Stewardeß. Wieder erhob sie sich, doch dieses Mal war sie nicht von dem Luftkranken gerufen worden, sondern von jenem gräßlichen Menschen, der schon im Flughafen mit seinem wiederholten *»il me fait chier«* unangenehm aufgefallen war. Lauthals beklagte er sich über die Turbulenzen und die erneute Verspätung. Als die Stewardeß versuchte, ihn zu beruhigen, begann er zu schreien, bezeichnete die Fluggesellschaft als eine *»compagnie de merde«*, und dann schlug er kräftig auf die junge Frau ein, weil sie für solch eine *»compagnie de merde«* arbeite. Zuerst war die Stewardeß nur erschrocken, dann drehte sie sich weinend um, rannte in das Cockpit und forderte den Piloten auf, die Flughafenpolizei zu alarmieren.

Schließlich war die Maschine ausgerollt und an einem »Finger« zum Flughafengebäude angedockt, doch die Stewardeß weigerte sich, die Tür zu öffnen, solange die Polizei nicht eingetroffen sei, um den Schläger festzunehmen. Der wiederum krakeelte in der Mitte des Flugzeugs weiter. Schließlich griff der Pilot beschwichtigend ein, ließ die Tür öffnen und versprach der Stewardeß, sich um den brutalen Passagier zu kümmern. Aber er ließ ihn natürlich laufen. Alles andere wäre zu mühselig gewesen.

Köche sind Künstler

Frankreich nennt sich eine *méritocratie*, also eine Gesellschaft, in der sich die Hierarchie nach dem Verdienst richtet. Das gilt nicht nur für den Geist, sondern auch für die Macht, für die Wissenschaften, für den Sport, eben für alle gesellschaftlichen Bereiche. Wer Ski fährt, der strebt schon jung danach, die entsprechenden Abzeichen, ein, zwei, drei Sterne, zu ergattern. Wer als Tennisspieler ernstgenommen werden will, der muß auch danach trachten, genügend Punktspiele zu gewinnen, damit er auf gesellschaftlichem Parkett den richtigen Eindruck hinterläßt.

In der Literaturszene gibt es kaum größere Aufregung als an jenen Tagen, an denen sich die Juroren in die Hinterzimmer edler Lokale in Paris verziehen und darüber rechten, wem ein literarischer Preis verliehen werden soll, während die Kandidaten vom Schüttelfrost überfallen werden. Und wie die Dichter und Denker während dieser nicht enden wollenden Augenblicke leiden, so überfällt auch die französischen Köche seit Jahrzehnten immer wieder ein entsetzliches Unwohlsein an einem bestimmten Vormittag im Frühjahr. Dann sitzen sie früher als sonst mit ihren Kellnern, Sommeliers und dem Küchenpersonal um das Telefon herum, reißen den Hörer hoch, noch bevor der erste Klingelton abgebrochen ist, und rufen vor Aufregung übertrieben laut in die Sprechmuschel: »*Oui, âllo?*« Und alle schauen gespannt auf die Miene des Chefs. Jubelt er? Versteinert sich das Gesicht? Seufzt er bedrückt oder erleichtert? Legt sich seine Anspannung, oder bleibt er nervös? All das hängt davon ab, was der Informant am anderen Ende der Leitung erfahren und weiterzusagen hat. Wenige Stunden bevor der »Michelin«, der immer noch der maßgebliche Restaurantführer ist, auf dem Markt erscheint, bangen die Köche dem Urteil der Kritiker entgegen.

Der Chef jubelt? Endlich hat er den lang ersehnten Stern erhalten.

Er springt hoch? Der zweite Stern ist geschafft.

Er fällt mit beglücktem Gesicht scheinbar ohnmächtig auf seinen Stuhl zurück? Der kaum noch erwartete dritte Stern steht nun doch vor seinem Namen.

Er seufzt erleichtert? Es hat sich nichts verschlechtert. Wenigstens das, *ouff!*

Sein Gesicht versteinert sich? Der Stern ist futsch.

Er seufzt bedrückt? Ein Freund hat einen Stern verloren. Gewiß hängt die finanzielle Entwicklung eines Restaurants auch von der Einordnung durch den »Michelin« ab, doch an diesem einen Vormittag geht es den Chefs nicht um die Kasse, sondern um die Anerkennung dessen, was sie für die französische Kochkunst geleistet haben, durch die Verleihung eines Preises in Form eines Sterns oder, wenn es sich um die Küche eines aufstrebenden, jungen Chefs handelt, vielleicht um die zweite oder dritte Gabel als Vorläufer eines Sterns.

Das System der *méritocratie* in Frankreich ist schon jahrhundertealt. Und so ist auch die Gastronomie-Kritik keine neumodische Erfindung. Schon in den letzten Jahren des 18. Jahrhunderts, so schreibt der französische Soziologe Jean-Paul Aron, wurde die Küche zum Gegenstand fachmännischer Erörterungen: »Die Presse, die kleine und die große Literatur sprechen von ihr wie von einer ernsten Angelegenheit. Sicher, ein neueröffnetes Restaurant oder eine Mahlzeit bei M. de Talleyrand sind erwähnenswerte Ereignisse. Aber unter den verstreuten Einzelheiten der *faits divers* bemerkt man etwas Dauerhaftes und Grundlegendes, ein System von Werten, dem man die gleiche Beachtung schenkt wie den Wissenschaften oder den bildenden Künsten.«

Im Sommer 1998 hat die französische Nationalmannschaft das Unmögliche geschafft und die Fußballweltmeisterschaft gewonnen. Niemand in Frankreich hatte diesen Sieg im Endspiel gegen Brasilien auch nur im Traum zu erhoffen gewagt, doch nun stiegen die Beliebtheitswerte von Präsident Jacques Chirac und Premierminister Lionel Jospin um mehr als zehn Punkte – so als hätten die Politiker diesen Triumph erst ermöglicht. Und da die Mannschaft zum größten Teil aus Franzosen bestand, die aus ehemaligen Kolonialgebieten stammten, schwenkte selbst der in Ausländerfragen den Rechtsradikalen nahestehende ehemalige Innenminister Charles Pasqua um und sprach sich für die Integration von illegalen Zuwanderern aus. Der Erfolg der Mannschaft habe gezeigt, daß Frankreich seine Probleme selbst mit den illegalen Einwanderern grandios überwunden habe. Ein Kolumnist war so begeistert, daß er »vom Glück, Franzose zu sein« schrieb.

Als wir am Tag danach zum Mittagessen in Lorgues »Chez Bruno« einkehrten, wo des Trüffels im Überschwang gehuldigt wird, glaubten wir, es sei angebracht, bei dem mit einem Stern im »Michelin« ausgezeichneten Chef zum Sieg der Franzosen eine freundliche Andeutung zu machen: »Hat Ihnen das gefallen, gestern?«

Doch der 1,90 Meter große und 160 Kilo schwere Bruno seufzte nur, setzte eine ernste Miene auf und sagte: »*C'était trafiqué* – das war Betrug.« Schließlich ist man in Frankreich gewohnt, daß Siege im Fußball erkauft werden. Und drei zu null gegen Brasilien, da kann es nicht mit rechten Dingen zugegangen sein.

Doch nicht nur deshalb war der Erfolg schnell wieder vergessen. Denn kaum war die Fußballweltmeisterschaft zu Ende, begann der 95. Start zu einer völlig mißratenen Tour de France. Dieses schwerste Radrennen der Welt gilt in Frankreich noch mehr als Fußball, nicht nur, weil fast jeder Franzose einmal in seinem Leben ein Rennrad und die dazugehörige modische Montur besessen hat, sondern weil die Tour de France ein Teil der französischen Identität ist. Liebevoll nennen Franzosen das Rad »*la petite reine* – die kleine Königin«. Doch im Sommer 1998 wurde das Rennen von Doping-Skandalen überschattet, eine ganze Mannschaft wurde des Dopings überführt und von der Teilnahme an der Tour ausgeschlossen. Die Presse überschlug sich in Kritik und widmete den Fragen der Aufputschmittel mehr Platz und Sendezeit als den sportlichen Erfolgen. Daraufhin streikten die Radfahrer und drohten mit dem Abbruch des Rennens, denn schließlich seien sie keine Kriminellen, sondern Sportler.

Nun macht sich jeder zu den Fragen des Dopings im Sport seine Gedanken, und wie immer, wenn es um große gesellschaftliche Fragen geht, baten auch diesmal Journalisten die kompetentesten Denker des Landes um ihre Stellungnahme und um eine Einschätzung des Vorfalls. Es müssen ja nicht immer Politiker oder Mitglieder der Académie française das Wort erhalten, wenn es um Alltägliches wie Aufputschmittel geht, da hat die französische Zivilisation mehr zu bieten. Also öffnete die Tageszeitung »Le Figaro« ihre Spalten einem weltberühmten französischen Künstler für einen Kommentar zum Thema Doping bei der Tour de France: Joël Robuchon. Niemand wird Robuchon abstreiten, der beste französische Koch dieses Jahrhunderts zu sein. Als die »International Herald Tribune« – die ernsthafte Gastronomie-Kritik betreibt – Anfang der neunziger Jahre eine Rangfolge der zehn besten Köche der Welt aufstellte, befanden sich darunter Chinesen und Japaner, Engländer, Italiener und Spanier. Doch auf Platz eins setzte das Blatt den Franzosen Joël Robuchon.

In seinem Kommentar zum Doping bei der Tour traf Robuchon den Nagel auf den Kopf. Wenn Aufputschmittel schon ihren Weg in den Hochleistungssport fänden, dann müsse man darauf achten, daß diese Mittel nicht eines Tages unsere Teller füllen. Er erinnerte an den Skandal, als Kälber mit Hormonen behandelt wurden, um schneller zu wachsen, und Robuchon stellte die theoretische Frage, ob die Versuchung nicht groß sei, Gemüse zu »dopen«, damit es schneller wachse, größer und schöner werde und sich länger halte. Also: Doping im Sport und auf dem Teller. Da erhält die alte Volksweisheit, man kann sich sein Grab mit der Gabel schaufeln, eine neue Bedeutung. Robuchon forderte, die Werte zu verteidigen, und zwar die Werte einer guten Ernährung. Und weil Werte nur dann in einer Gesellschaft an Kraft gewinnen, wenn Kinder sie schon im zartesten Alter lernen, meinte der Koch, müßten die Kleinen bereits auf der Schulbank in der Grundschule systematisch zum guten Essen erzogen werden. »Was hält unser Erziehungsminister davon?« Mit dieser Frage beendete der Koch Robuchon seinen Kommentar und fügte nur noch hinzu: »*Voilà*, ein guter Vorsatz für den kommenden Schulanfang.«

Die Französische Revolution wird zu Recht als universell bezeichnet. Denn – man glaubt es kaum – der Sturm auf die Bastille am 14. Juli 1789 hatte schon drei Tage später Folgen für die französische Küche. Ja, ernstzunehmende französische Wissenschaftler behaupten sogar, die Revolution habe den Anstoß zu einer neuen Ernährungsordnung gegeben.

Der Prinz von Condé, wie viele andere Adelige, zögerte nicht lange, sondern packte, vom Aufstand des Pariser Pöbels erschreckt, flugs seine Kisten und Kasten und floh am 17. Juli

1789 ins Exil. Nun saß sein Hofstab arbeitslos auf der Straße, darunter eine ganze Reihe erstklassiger Künstler, Chefköche, Sauciers, Pastetenbäcker. Aus der Not machte Condés Küchenchef Robert eine Tugend und eröffnete mit Hilfe seiner alten Küchenmannschaft ein Restaurant in der Rue de Richelieu. Andere berühmte Chefs taten es ihm nach.

Vor der Revolution hatte Chef Beauvilliers dem Comte de Provence, dem späteren Louis XVIII, in der Küche gedient, jetzt bot er seine Künste in prächtigen Sälen in der Galerie de Valois an. Und Méot, der auch beim Prinzen von Condé angestellt gewesen war, eröffnete in der Rue de Valois ein luxuriöses Etablissement, in dem er die »ausgesuchtesten Leckereien« verkaufte.

So haben die Herren der Revolution unter den dem Adel entwundenen Privilegien plötzlich leibliche Genüsse entdeckt, von denen sie bisher nie gehört hatten, denn Nachrichten über die Hofgelage des Adels waren kaum aus den Schlössern und Palais nach außen gedrungen. Nun entstand eine paradoxe Situation. Die Revolution war ausgelöst worden durch eine Hungersnot. Die Frauen von Paris waren vor das Schloß des Königs nach Versailles gezogen und hatten nach Brot gerufen. Die naive Königin Marie-Antoinette soll ihnen daraufhin vorgeschlagen haben, wenn sie kein Brot hätten, sollten sie doch Brioche, köstliche Eierkuchen, essen.

Der König wurde gestürzt, doch das Volk hatte trotzdem nichts zu essen. Die Hungersnot dauerte noch Jahre an. 1793 war die Versorgung mit Lebensmitteln in Paris so gefährdet, daß der Konvent ein Gesetz gegen Hamsterkäufe verabschiedete und Keller und Speicher nach gehorteten Gütern durchsuchen ließ.

Aber die Revolutionäre ließen sich von der Not ihres Volkes genausowenig beeindrucken wie einst der König und schlemmten in den neuen Restaurants: Mahlzeiten mit unzähligen Gängen, zubereitet von den Chefs der alten Herrschaften, die aber ihrerseits auch nicht auf das gute Essen verzichten mochten. Selbst hinter Gittern ließen sich die vom Revolutionstribunal zum Tode verurteilten Adeligen Feinschmeckereien auftragen: »Die Opfer in den Gefängnissen huldigten ihren Mägen«, schreibt Louis-Sébastien Mercier, »und der enge Durchlaß in der Tür sah das zarteste Fleisch passieren, bestimmt für Männer, die ihrer letzten Mahlzeit entgegenharrten und sehr wohl darum wußten. Aus den Tiefen eines Kellerverlieses heraus schloß man einen Vertrag mit einem Restaurant, der von beiden Seiten unterzeichnet wurde und spezielle Vereinbarungen über die Vorspeisen enthielt. Nie besuchte man einen Gefangenen, ohne ihm seine Flasche Bordeaux, Liköre von den Antillen und das zarteste Gebäck mitzubringen. Der Konditor, der sehr wohl wußte, daß der Appetit beim Essen kommt, schickte seinerseits seine Karte bis in die hintersten Winkel der Gefängnisse.«

Bald hatten die verschiedenen Gruppen unter den Revolutionären ihre Stammlokale, in deren Hinterzimmern sie ihre Pläne schmiedeten. Und wenn es galt, im Kampf um die Macht einen Gegner zu erledigen, wurde zur Not auch die Genußsucht in ebenjenen Restaurants angeprangert. Zu den Vorwürfen gegen Danton gehörten auch seine Liebesmähler in der Grange-Batelière. Im April 1794 wurde er hingerichtet.

Doch die Vorwürfe der Schlemmerei störten die Mitglieder des Revolutionstribunals überhaupt nicht. Der öffentliche Ankläger Fouquier Tinville, die Geschworenen Dumas und Renaudin entspannten sich abends nach den anstrengenden Sitzungen des Tribunals mit einigen anderen im Restaurant von Méot. Und es scheint hoch hergegangen zu sein, denn der Geschworene Dumas scherzte über ihren Hausherrn, den ehemaligen Koch des Prinzen von Condé: »Dieser Méot macht sich gut an seinem Küchenherd; es wäre spaßig, ihn eines Morgens samt seiner Schürze ganz einfach abholen und auf der Stelle guillotinieren zu lassen. Da hätten wir sozusagen den Frikasseur frikassiert.« Diese Worte machten bald die Runde, bis sie dem Geheimkommissar d'Ossonville zu Ohren kamen, woraufhin die Geschworenen, um ihre Haut zu retten, den Vorfall schleunigst abstritten.

Zweihundert Jahre nach der Revolution urteilt Jean-Paul Aron: »Beauvilliers und Méot sind zweifellos ihre drei Sterne wert, gepflegter Rahmen und ausgezeichnete Küche. Möge der ›Guide Michelin‹ mir verzeihen: Ich borge mir seine Benotung. Ist sie nicht Teil unserer heutigen Denkungsart? Robert, der zwar ein angesehener Meister ist, aber nicht über einen angemessenen Rahmen verfügt, bekommt zwei Sterne.«

Während das Volk immer noch hungerte, festigte das an die Macht und in den Besitz der Privilegien gekommene Bürgertum das neue System. Und dazu gehörte auch die neue »Ernährungsordnung«.

Vor der Revolution gab es in Paris noch nicht einmal fünfzig Restaurants. Und daß man für Geld an einem Tisch Platz nehmen und ein Menü verzehren konnte, galt eher als Kuriosität, deren Entstehung auf das Jahr 1765 zurückgeführt wird. Ein Traiteur namens Boulanger hatte damals die Idee, in seinen Räumen in der Rue des Poulies in Paris Marmortische aufzustellen und den Kunden Essen zu servieren. Über die Eingangstür setzte er einen Satz aus dem Evangelium: »*Venite ad me omnes qui stomacho laboratis, et ego* restaurabo *vos.*« Was locker übersetzt bedeutet: Kommt zu mir, wenn euer Magen knurrt, ich werde euch restaurieren. Sein *Restaurant* sprach sich unter Bourgeois und Gentilhommes geschwind als Neuheit und Mode herum. *Tout le monde* eilte hin, und

Boulanger verdiente innerhalb eines Jahres so viel Geld, daß er sich zur Ruhe setzen und vom Gewinn zehn Jahre leben konnte. Er verkaufte sein Restaurant an zwei Freunde, Rozé und Pontaillé, die in ein eleganteres, mit Spiegeln ausgestattetes Lokal in der Rue Saint-Honoré umzogen. Der Erfolg fand Nachahmer, doch erst nach der Revolution veränderte sich das Verhalten der Bürger.

Eine neue Mentalität machte sich breit, wonach das Restaurant zum sozialen Treffpunkt wurde. Um 1820 war Paris nicht wiederzuerkennen, denn inzwischen existierten mehr als dreitausend dieser neumodischen Einrichtungen, die täglich rund 60 000 Personen ernährten.

In den Restaurants trafen sich die Abgeordneten, die aus allen Regionen Frankreichs in die Hauptstadt entsandt worden waren. Hierhin lud der neureiche Bourgeois seine Freunde ein, weil er nicht wagte, seinen plötzlichen Wohlstand und den Überfluß in seinem Stadthaus zu zeigen. Beim Essen wurden die Börsenkurse diskutiert, handelten Finanziers Kredite aus, schrieben die Journalisten Episteln, die in ihren Blättern dann in London, Madrid, Wien oder Berlin, ja sogar in Konstantinopel oder Mexiko erschienen. Selbst die Académie française hielt nicht all ihre Sitzungen im Institut ab. Eine stattliche Anzahl ihrer Mitglieder lehnte ein Essen an den renommiertesten Tischen nicht ab, und glücklich durfte sich der Kandidat schätzen, der über genügend Mittel verfügte, um seine Aufnahme in die Akademie mit Einladungen in die großen Restaurants zu fördern.

»Restaurateure, Ihr wißt gar nicht, was Ihr alles wert seid«, schrieb Anfang des 18. Jahrhunderts A. Caillot in einem Buch über Sitten und Gebräuche der Franzosen: »Ihr solltet Euch über Eure wirkliche Bedeutung in der Gesellschaft bewußt werden. Mit Euren *déjeuners* setzt Ihr die Maßstäbe für die herrschende Meinung, für die Finanzen, die Familieninteressen, die Wahlen am Institut und manchmal vielleicht die der Volkskammer. Ihr sorgt für den Triumph der Autoren und steigert durch Euren Einfluß auf die Künste des Theaters das Vergnügen auf der Bühne. In unserem schönen Frankreich dreht sich alles um Eure Tische und um Eure Flaschen.«

Die gute Küche entwickelte sich zum Statussymbol und bedeutete von nun an sogar Macht. Doch damit dieses kostbare Privileg nicht vom Plebs mißbraucht und entweiht würde, erfand die neue Gesellschaft ein Netz von Gebräuchen, wovon einer der wichtigsten darin bestand, über das Privileg der guten Küche zu reden. Während es in angelsächsischen und anderen puritanisch angehauchten Gesellschaften zum guten Ton gehört, über Tafelfreuden zu schweigen, verhält sich der französische Bourgeois genau umgekehrt, obwohl auch in Frankreich der gute Ton es eigentlich verbietet. Nur hier verstößt man eher gegen eine Regel, die vom strengen Adel und seinen Nachäffern aus der Hohen Bourgeoisie aufgestellt wurde. Honoré de Balzac goß einem Besucher einen *grand vin* ein, und daraufhin sagte der Gast:

»Diesen Wein, mein Freund, den streichelt man mit dem Blick.«

»Und dann?«

»Dann atmet man ihn ein.«

»Und dann?«

»Man stellt ihn demütig zurück auf den Tisch, ohne ihn berührt zu haben.«

»Und dann?«

»Danach spricht man über ihn.«

Man spricht über ihn. Schweigen mag, wer ein Gemälde betrachtet oder aber einem Musikstück gelauscht hat. Aber die Auslegung des Geschmacks eines großen Weins fügt dem Genuß nicht nur einen besonderen Wert hinzu, sondern sie unterscheidet auch den beliebigen Trinker von dem, der weiß, womit sein Glas gefüllt worden ist.

In Lyon bewirtete ich den Seidenfabrikanten Jacques Brochier in »La Tour Rose«, einem mit einem Stern ausgezeichneten Lokal. Brochier genoß es, redete über jeden ihm vorgesetzten Wein, hatte zu jedem Gang ein Wort zu sagen: über die Qualität des Produkts, die Gewürze, die exzellente Zubereitung, und meinte schließlich fast entschuldigend: »Vor dem Essen sprechen wir von den Köstlichkeiten, die wir am Abend zuvor verspeist haben. Während des Essens reden wir über die Feinheiten des augenblicklichen Genusses. Und nach dem Essen freuen wir uns auf das Mahl, das uns am nächsten Abend erwartet.«

Das Restaurant ist für die Franzosen längst ein Statussymbol, wie für die Deutschen das Auto. Während eine deutsche Firma ihren leitenden Angestellten Dienstwagen stellt, gewährt ein französisches Unternehmen statt dessen großzügig bemessene Bewirtungskosten, wobei – nebenbei bemerkt – der Dienstwagen ein Unternehmen wahrscheinlich billiger kommt. Wer Karriere machen will, der lädt in ein renommiertes Restaurant ein; wer gesellschaftlich aufsteigen will, muß guten Geschmack beweisen.

Durch regelmäßiges Erscheinen an den richtigen Orten, meint Jean-Paul Aron, stellt man sich als Vorbild hin. Völlig arriviert ist derjenige, der in einem stets ausgebuchten Restaurant immer noch einen Tisch reservieren kann. Das bedeutet wirklich etwas. So mußte man bei Joël Robuchon einen Tisch etwa zwei Monate im voraus buchen!

Und weil französische Schriftsteller schon immer gern am bürgerlichen Leben teilhatten und Einladungen an die Tafeln der Bourgeoisie befolgten, nahm die Gastronomie ab Mitte des 19. Jahrhunderts auch in der französischen Literatur eine immer größere Bedeutung ein. Damit erhielt die Kochkunst endgültig einen angemessenen Platz in der französischen Zivilisation, und seitdem kommen auch auf diesem Gebiet Franzosen nur noch selten Zweifel an der Einmaligkeit ihres Könnens.

In einer Zeitschrift, herausgegeben von der Alliance française in Mexiko, stand: »Von allen europäischen Völkern interessieren sich nur die Franzosen wirklich für das, was sie essen. Man kann sicher sein: Wenn in der westlichen Welt ein Restaurant wegen seiner Küche berühmt ist, dann flattert die Trikolore über dem Herd. Und wenn in München, Zürich oder London ein Koch überdurchschnittliche Talente zeigt, dann hat er es bei den Franzosen gelernt.«

Eine Umfrage ergab, daß 84 Prozent der Franzosen ihre Küche für die beste der Welt halten, gefolgt von vier Prozent, die für die chinesische, und nur jeweils zwei Prozent, die für die maghrebinische und die italienische Küche votierten. Das ist ungerecht, besonders was die italienische Küche angeht; denn – Franzosen hören es gar nicht gern – die Grundlage für die französische Küche stammt wahrscheinlich aus Italien. Als Mitte des 16. Jahrhunderts Henri II sich mit Catherine de Médicis vermählte, brachte die Tochter der reichen Florentiner Familie als Teil ihrer Aussteuer auch italienische Köche und die ersten Kenntnisse einer feinen Küche an den Hof von Paris.

Ein Koch in einem kleinen südfranzösischen Ort, der von Touristen lebt, erzählte mir, die Deutschen hätten die unangenehme Eigenschaft, nur ein *Plateau de fromage* zu bestellen und dann allen Käse, der vorgelegt wird, begleitet von viel *baguette,* aufzuessen. Woher soll der Deutsche auch wissen, daß es in Frankreich Usus ist, sich von der Käseplatte, auf der vielleicht zehn oder gar zwanzig verschiedene Sorten angeboten werden, nur zwei oder drei Stückchen abschneiden zu lassen? Da ausländische Gäste sich nicht an die heimischen Gebräuche gewöhnen konnten, hat der Koch schließlich seine Speisekarte geändert. »Ich habe den Eindruck«, sagte er, »als ginge es denen nur darum, satt zu werden, und nicht, die Vielfalt eines Menüs zu genießen.«

Etwas Wahres ist da schon dran, und so ist es kein Wunder, daß die Franzosen sagen, sie arbeiteten, um zu essen, während die Deutschen äßen, um zu arbeiten. Der eine verdient Geld, um sich den Genuß eines guten Essens leisten zu können, der andere schaufelt Kalorien in sich hinein, um Kraft für die Arbeit zu haben. Das klingt hochmütig, doch dahinter steckt eine tiefere Aussage. Im Gegensatz zu vielen anderen Ländern Europas ist die Nahrung in Frankreich schon im 19. Jahrhundert Teil der Kultur geworden. Sie gehört zur Zivilisation so wie die Behausung, die Kleidung, die Literatur, das Theater oder andere Unterhaltungen. Weil die Gastronomie von der Bourgeoisie zu einem Prestigewert erhoben wurde, ist sie ein Zeichen sozialen Aufstiegs. Und da die Werte der Bourgeoisie für die unteren Klassen Vorbild sind, hat auch die Arbeiterschaft immer großen Wert darauf gelegt, nicht nur genügend im Topf zu haben, sondern auch gut kochen zu können. Und in den besten – und teuersten – Restaurants Frankreichs trifft man Gäste aus fast allen Bevölkerungsschichten.

Einmal im Leben will auch der Automechaniker seine Familie – aus einem besonderen Anlaß – in ein Drei-Sterne-Lokal ausführen. Es ist nicht ungewöhnlich, daß die Besitzerin eines Frisiersalons in Paris morgens mit einer Freundin den Hochgeschwindigkeitszug TGV besteigt, der sie in zwei Stunden ins 500 Kilometer entfernte Lyon bringt. Dort nehmen sie ein Taxi zum Restaurant von Paul Bocuse, speisen drei Stunden lang, zahlen pro Person 300 Mark für das Essen, und zum Geschäftsschluß treffen sie mit dem TGV wieder in

Paris ein. Neben dem Genuß haben sie für Wochen Gesprächsstoff mit ihren Kunden.

In den letzten vierzig Jahren hat sich auch in der Gastronomie viel verändert. In den fünfziger Jahren war es noch gang und gäbe, daß eine Großfamilie sich jeden Sonntag in einem Gasthaus traf und das Mittagsmahl gemeinsam einnahm. Mein Freund Bertrand, der in Lyon aufgewachsen ist, erzählt aus seiner Jugend, an Sonntagen seien sie zu vierzig immer in das gleiche Lokal gefahren und hätten von zwölf Uhr mittags bis abends um sechs dort gegessen. Die Cousins und Cousinen konnten draußen spielen, die Eltern, Onkel und Tanten saßen drinnen an einem langen Tisch und aßen, tranken und redeten. Das ist heute eher die Ausnahme. Die Familien haben ihre Kommunikation verändert, die Köche ihre Rezepte, die Restaurants ihre Preise.

Es ist jedoch falsch, der französischen Küche – und deren Restaurants – ein einhelliges Lob auszusprechen. Wo viel Geld gemacht werden kann, da sind auch jene schnell dabei, die mit modischem Schnickschnack all jene anziehen, die sich zur mondänen Welt zählen – oder zählen wollen. Gerade in Paris eröffnen alle naselang Lokale, über die in den Gazetten geschrieben wird, weil irgendwelche Schauspieler, Literaten oder Politiker dort essen. In modischen Restaurants speist man immer schlecht, die Zutaten kommen meist aus der Tiefkühltruhe, und es kostet viel zuviel. Der momentane Ruf erlaubt den hohen Preis.

Natürlich schaut der kultiviert Speisende auf den bloß Essenden hinab, der in ein Lokal nicht wegen der hervorragenden Küche geht, sondern weil es schick ist. Wer als Esser ein In-Restaurant besucht, dem geht es darum, gesehen zu werden – und zu sehen. Trotzdem – oder vielleicht gerade deswegen? – haben manche Etablissements in Paris über hundertfünfzig Jahre und länger den »Schick« halten können. Das

»Café de Paris« in der Nähe der alten Oper war schon 1830 ein Anziehungsort für Leute, die sich von der prachtvollen Ausstattung und dem edlen Mobiliar genauso beeindrucken ließen wie von den großen Fenstern, durch die der Flaneur sie erblicken kann. Balzac macht sich über Salonlöwen lustig und schreibt: »Es gibt den Proszeniumslöwen aus der Oper, der dort sein voluminöses Opernglas, seine Seidenweste und sein geheimes Abkommen mit irgendeiner kleinen Ballettratte zur Schau stellt. Der diniert auch im ›Café de Paris‹, wo er dann sein Diner zur Schau stellt. Das Restaurant gefällt ihm, weil er sich dort durch die Fenster im Erdgeschoß selbst den Passanten zur Schau stellen kann.«

Wer für Feinheiten zugänglich ist, der wird feststellen, daß es Lokale gibt, in denen die verschiedensten Kreise verkehren. Wer etwa in die »Brasserie Lipp« geht, weil er meint, Prominente zu sehen, die dort zuhauf verkehren, der wird vom Maître d'hôtel in das obere Stockwerk zum Plebs geführt. Im »Café de Flore« setzt sich der Tourist – oder wer gesehen werden will – auf die Terrasse und schaut dem Trubel auf dem Boulevard Saint-Germain zu. Die einst berühmten Gäste Sartre, de Beauvoir, Aragon, Cocteau etc. saßen drinnen – hinten auf den Bänken. Und wenn sich heute der Philosoph Bernard-Henry Lévy immer an den gleichen Tisch innen rechts neben den Eingang setzt, so zeigt er damit seinen Exhibitionismus. Denn wer wirklich meint »in« zu sein, der steigt die kleine verschwiegene Treppe neben der Kasse hoch und setzt sich zum Gespräch an einen Tisch in der ersten Etage – dort, wo niemand jemanden vermutet, wo man nicht gesehen wird.

Auch seriöse Köche, die lange an ihren Sternen gearbeitet haben, mühen sich, Prominenz an ihre Tische zu ziehen. Ein mir bekannter Koch, der mit zwei Sternen ausgezeichnet ist, erzählte jedesmal, wenn ich ihn traf, wie weit sein Bemühen gediehen war, François Mitterrand, damals Staatspräsident, zu einem Abendessen in sein Restaurant in der Nähe der Tuilerien zu locken. Das bedurfte einer genau abgestimmten Strategie, die den Koch eine Menge von Einladungen kostete, bis er ein Geflecht von Beziehungen aufgebaut hatte, das so weit reichte, dem Präsidenten seine Küche schmackhaft zu machen. Er hat es schließlich geschafft.

So wie ein kultivierter Franzose einen Speisenden von einem Esser unterscheidet, so muß man auch zwischen den Spitzenküchen und der Vielzahl kleiner Restaurants unterscheiden. Denn es wäre falsch, den Ruf der hervorragenden Gastronomie auf ganz Frankreich zu übertragen. Nicht selten wird man selbst in gediegen wirkenden Restaurants genauso schlecht essen wie in Deutschland oder England – während in Italien eine Pasta auch in der abgelegensten Kaschemme köstlich schmeckt.

Man kann es nicht häufig genug erwähnen, daß die Franzosen auf ihre Kultur wie auf den Nabel der Welt schauen. Und sie sind immens stolz, wenn die vermeintlich besondere Rolle dieser Kultur von außen Zuspruch erhält. Doch in dem Moment, in dem der französischen Kultur eine Überfremdung droht, setzen Abwehrmechanismen ein. Über den bis ins Lächerliche gehenden Kampf um die Reinhaltung der französischen Sprache ist schon viel geschrieben worden. Und mit der Sprache vergleicht der berühmte französische Anthropologe Claude Lévi-Strauss die Küche: »Die Küche einer Gesellschaft ist eine Sprache, in der sie ihre Struktur unbewußt ausdrückt, es sei denn, sie zieht sich darin – auch das unwissentlich – auf ihre Widersprüche zurück.«

Die Franzosen wollen ihre Kultur gern ausführen – sie sprechen vom *rayonnement*, von der Ausstrahlung der französischen Zivilisation –, doch ein Fremder, der sie genießen will, der muß sich assimilieren, muß Franzose werden und die aus seinem Land herrührenden Eigenheiten ablegen. Wer aber Ausländer bleibt, dem wollen die Franzosen nur beschränkt Zugang zum Genuß ihrer Kultur geben. Das betrifft auch die Gastronomie und hat eine für Ausländer manchmal recht unangenehme Auswirkung. Es geht darum, wo ein Gast in einem edlen Lokal plaziert wird. Eines Tages lud ich meinen Freund, den Käsehändler Roland Barthélemy, und seine Frau zum Essen ein. Und da es ein gesellschaftlicher Affront gewesen wäre, sie in ein kleines Lokal auszuführen, reservierte ich einen Tisch in der »Fèrme Saint-Simon«, einem Lokal, das nicht nur renommiert war, sondern auch seine Käseplatte von Barthélemy bezog. Als guter Gastgeber betrat ich das Lokal eine gewisse Zeit vor der Verabredung und wurde in das Hinterzimmer geleitet. Ich äußerte den Wunsch, im Hauptraum zu sitzen, wurde jedoch abgewiesen, denn, *Monsieur,* Sie haben recht spät bestellt, dort ist nichts mehr frei. So speisten wir im Hinterzimmer, und schmunzelnd machte mich Roland auf die anderen Gäste in diesem Raum aufmerksam: Es waren ausschließlich Ausländer. Die Franzosen saßen im schöneren Hauptraum. Und Roland erklärte, viele gute Restaurants in Paris hätten sich angewöhnt, Ausländer in ein Nebengemach abzuschieben, wo sie dem französischen Publikum nicht auffielen; denn abweisen wollten sie niemanden, da die Preise inzwischen so horrend gestiegen sind, daß die französische Kundschaft die Restaurants nicht mehr füllt.

Andere Restaurants hatten den Brauch eingeführt, nicht mehr als ein Drittel der Tische von Ausländern reservieren zu lassen. Denn sie hatten die Erfahrung gemacht, daß Franzosen die Überfremdung nicht duldeten und ein Lokal, das diese Empfindsamkeit nicht berücksichtigte, mit Abwesenheit straften. Seitdem reserviere ich in Frankreich meist mit einem französischen Allerweltsnamen.

In Paris haben die Köche des Adels ihre Restaurants eröffnet und das soziale Leben verändert. Die Hauptstadt hat in den vergangenen Jahrhunderten ständig Einfluß auf die Entwicklung der Gastronomie genommen, aber ohne das Zutun der Provinz hätte die französische Küche nie ihre Höhen erreicht. Der Zentralismus wurde von den Jakobinern noch verstärkt. Und so gab Paris sogar die Geschmacksrichtungen vor. In der Hauptstadt entstand der Prototyp des neuen Essers und setzte sich durch. Jean-Paul Aron: »Dort ruft er zuerst einen schwunghaften Handel ins Leben, dort entwickelt er einen eigenen Stil, und dort stiftet er den unvergleichlichen Mythos, dessen Erben wir sind. Die Küche des 19. Jahrhunderts hat sich mit dem zentralistischen Regime identifiziert, das ihren Anfängen Raum gab.«

Im Jahr 1854 schrieb ein Journalist: »Es handelte sich also darum, die Küche ebenso zu zentralisieren wie den Verkehr, die Kleidung, die Möbel und überhaupt alle Gebrauchsgegenstände des täglichen Lebens.«

Als sich in Frankreich 1880 schließlich die Republik als Staatsform durchsetzte, hatte auch diese politische Entwicklung ihren Einfluß auf die Gastronomie. Die fürstlichen Herdfeuer erloschen wieder einmal. Die Republik führte eine Reihe von demokratischen Maßnahmen durch, wie etwa die allgemeine Schulpflicht. Und der Gelehrte Jules Favre schlug daraufhin vor, die französische Küche zu vulgarisieren und sie den Massen zur Verfügung zu stellen. Deshalb sollte man die Kochkunst auch in den Schulen lehren. Favre veröffentlichte eine Schrift über die Wissenschaft der guten Küche, die ganze Generationen französischer Köche prägte. Der Stadtrat von Paris schloß sich der Idee Favres an und ließ an fast allen Volksschulen des Departements Hauswirtschaftsklassen für Mädchen einrichten, in denen ihnen Kochen beigebracht wurde.

Doch nicht nur Kochen will gelernt sein, sondern auch das richtige Schmecken. Und um dies zu lehren, besteht heute noch das Institut des französischen Geschmacks in Tours. Jedes Jahr veranstaltet es mit Hilfe der berühmtesten französischen Köche in Schulklassen mit Acht- bis Zwölfjährigen Unterrichtsstunden, in denen die Kinder lernen, Geschmacksrichtungen zu unterscheiden. Sie sollen nicht nur Esser sein.

Der Zentralismus wird den französischen Geschmack noch lange bestimmen, und dies nicht nur, weil in Paris die meisten Kunden wohnen; dort leben und schreiben vor allem die Gastronomie-Kritiker. Dennoch hat die Provinz seit einigen Jahrzehnten an Einfluß gewonnen. Regionale Rezepte wurden wiederentdeckt, als den Kunden die Speisekarten zu eintönig erschienen und sie nach Abwechslung suchten. Manch ein hervorragender Koch eröffnete sein Restaurant weit weg von Paris – und zog die Kunden nach. Wenn Paris auch den Geschmack bestimmt, so hängt der Erfolg der Köche an den Produkten aus der Provinz. Die französischen Chefs seien schon deshalb anderen überlegen, meint Auguste Escoffier, weil auf französischem Boden die besten Gemüse und Früchte wüchsen, die feinsten Geflügel, das zarteste Fleisch gezogen werde, und aus den Gewässern stammten die schönsten Fische und Schalentiere.

Escoffier, großer Koch und Erfinder des Pêche-Melba, sieht im Ruhm der französischen Küche einen Beweis ihrer Zivilisation. Aber Joël Robuchon ist da kritischer. Es sei zwar richtig, daß Frankreich die beste Butter der Welt, besondere Früchte und Gemüse produziere, aber der Schinken sei in Spanien besser, das Olivenöl in Italien; das Fleisch im japanischen Kobe oder in Amerika schlage das französische bei weitem, wo man nur ein Mal von tausend gutes Fleisch finde, und auch das nur, wenn man den Metzger kennt. Der Ruhm der französischen Küche verdeckt die Mängel. Französische Froschschenkel stammen inzwischen aus Indien. Aus dem Périgord kommt die beste französische Gänse-Stopfleber. Doch sie wird immer häufiger von Ungarn, ja sogar aus Israel nach Frankreich transportiert und im Périgord nur noch verpackt. Es gibt allerdings eine Sorte von Produkten, deren Herstellung mit so viel Geschichte, Tradition, Handwerk und vielleicht auch Mühsal verbunden ist, daß sie nur aus Frankreich stammen kann – Rohmilchkäse.

Der Camembert unterm Bett

Als die kleine, drahtige Nicole, die Tochter des Fischhändlers, den jungen Roland heiratete, scherzte sie: »Ich habe eigentlich nur den Geruch gewechselt.« Denn ihr Schwiegervater betrieb den Käsestand, der neben dem Fischstand ihres Vaters jeden Tag der Woche auf dem Markt aufgebaut wurde.

Rolands Vater hatte für seinen Sprößling einst von Höherem geträumt und gehofft, daß der Sohn Mediziner oder Ingenieur werden würde; Geld für die Ausbildung war vorhanden, aber nein, der Geruch ließ Roland nicht los. Er blieb dem Käse treu ergeben. Und wie!

Als Nicole mit ihrem Roland ins Auto stieg, um zur Hochzeitsreise nach Spanien aufzubrechen, gehörte eine kleine Holzkiste zu seinem Gepäck: für vierzehn Tage Käseproviant. Er hatte ihn gut verpackt, im Auto rochen sie kaum etwas.

Im Hotelzimmer wurde die Wegzehrung unter dem Lotterbett versteckt. Und jeden Abend, nach der Mahlzeit im Hotel, schlichen sie sich aufs Zimmer und holten die Kiste hervor.

Schon als Vierzehnjähriger hatte Roland die Schule verlassen und in den von Baltard entworfenen Markthallen von Paris bei Käsegrossisten gearbeitet. Noch heute schwärmt Roland Barthélemy, inzwischen Propst der französischen Käsegilde, vom Gewusel und Gewirr in den alten »Halles de Paris«, wo sich alles Menschliche traf. Hier lernte er von der Pike auf den Umgang mit dem *fromage*. Wie man ihn aufbewahrt, liebevoll mit Calvados-, Weißwein- oder Bierlauge einreibt, seine langsame Entwicklung durch die Temperatur im Keller beeinflußt, bis er gereift ist und den Höhepunkt seines Geschmacks erreicht hat.

Sein ganzes Wissen hat Roland beim Packen der Holzkiste umgesetzt, und stolz erzählte er seiner Nicole, an jedem Tag der Reise werde ein anderer Käse seinen Geschmack und seinen Duft zur vollen Blüte entfalten. Käse ist für Roland ein sinnlicher Genuß. Das Zusammenwirken beider Sinne sei ja eines der Geheimnisse dieses köstlichen Produkts. Während die durch den Schimmelprozeß veredelten Käsemassen Faden-, Blätter- und Wallpapillen auf der Zunge so reizen, daß die einzelnen Geschmacksrichtungen deutlich wahrgenommen werden, ergänzt der Geruch den Genuß. Ein Geruch, der nicht nur von außen in die Nase steigt. Denn der Käse entfaltet noch im Mund einen starken Duft, der den Riechkolben direkt über die Rachenhöhle erreicht und betäubt.

In Spanien war es heiß. Sehr heiß. Auch im Zimmer des kleinen Hotels, in dem das Hochzeitspaar übernachtete. Nach zwei Tagen drang eine erste Ahnung aus der Holzkiste. Rolands ausgeklügelte Strategie des täglich abgestuften Reifungsvorgangs schmolz dahin und entwickelte die unvermeidlichen Düfte. Kräftige Gerüche!

Nicole machte sich Sorgen, was das Zimmermädchen denken möge. Ob das junge französische Pärchen zu arm sei, um essen zu gehen? Den Käse wegzuwerfen kam beiden nicht in den Sinn. Da blitzte ein Gedanke auf. Roland nahm seine Strümpfe und hängte sie gut sichtbar über einen Stuhl, um dem Zimmermädchen eine andere Quelle des vermeintlichen Gestanks vorzugaukeln.

Es ist ein himmelweiter Unterschied, ob man ein Lebensmittel dem Begriff »Nahrung« zuordnet oder es als Teil der Zivilisation des eigenen Landes, gar der nationalen Identität einschätzt. Der Unterschied ist so groß wie der zwischen Deutschen und Franzosen. Diese Differenz läßt sich mit dem jeweiligen Verständnis für Käse messen: Für die Deutschen besteht Käse aus pasteurisierter Milch und macht satt, für einen französischen Genießer wird der *fromage* aus frischer Milch hergestellt, und sein Genuß befriedigt.

Weshalb soviel Aufhebens um Käse? »Alles Käse« nennt der Deutsche abfällig, womit er nicht einverstanden ist. »Käse und Brot geht auch zur Not«, also wenn nichts Besseres vorhanden ist. Oder: »Käse schließt den Magen«, so als sei er ein Stöpsel, der schwer auf Braten und Tunke liegt.

Ganz anders ein Franzose, bei dem Schimmel keine intellektuell gnadenlosen Debatten auslöst. »*Fromages maintiendront*«, lautet der Wahlspruch der Compagnons de Saint-Uguzon, die sich geschworen haben, die Qualität des Käses zu bewahren, Käse hält aufrecht. Ob seines *fromage*, im übertragenen Sinn eine Sinekure, eine Pfründe, wird der Elitezögling beneidet, der sich im französischen Staatswesen wie eine Käsemade fühlt und einen hochdotierten Nebenjob ergattert hat.

Und von wegen – Käse schließe den Magen! Vor der Süßspeise wird der *fromage* serviert. Übrigens kam er früher gemeinsam mit einer Birne auf den Teller, woher die Redewendung stammt, man habe etwas »*entre la poire et le fromage*« gesagt, wenn der Frohsinn am größten und die Zunge zum äußersten gelockert ist. Doch der Ehrlichkeit halber sei zugegeben, daß der Käse erst seit kurzer Zeit seine besondere Stellung vor der Süßspeise errungen hat. Eigentlich war er ja nur ein Nahrungsmittel armer Bauern, und die aßen ihn am Ende der meist kargen Mahlzeit, bei der eine Süßspeise sowieso nie vorkam. Und weil Käse mit den unteren Schichten verbunden wurde, zögerte die bourgeoise Gesellschaft lange, ihn bei einem Festmahl aufzutischen. Diese Skrupel haben sich sogar bis in die offiziellen Staatsdiners fortgesetzt. Als General de Gaulle Staatspräsident war, wurde im Élysée-Palast zwar Käse angeboten, aber auf der Speisekarte wurde dieser Gang nicht vermerkt.

Vielleicht hat der französische Philosoph Pierre Bourdieu den feinen Unterschied zwischen Teutonen und Galliern entdeckt, als er feststellte, die Antithese von Kultur und Lust gründete im Gegensatz von intellektuellem Bürger, dem Abbild der Enthaltsamkeit, und dem Volk, »diesem phantasmagorischen Ort der rohen, ungebildeten Natur, dem reinen Genuß ausgelieferter Barbarei«. Denn das kann sich der dem Geiste Kants verschworene deutsche Asket nicht leisten, sich wie Gargantua barbarisch »dem reinen Genuß« auszuliefern. Und dann noch einem Schimmelprodukt ... Die Rede ist selbstverständlich von Käse aus roher, nicht pasteurisierter Milch.

Das mag nur derjenige verstehen, der Käse gegessen hat, wie er von Roland oder anderen Affineurs (von denen es inzwischen auch in Deutschland einige gibt) angeboten wird.

Milch ist nach dem Melken, wenn das Tier gesund ist, nicht nur frei von Krankheitserregern, sondern bleibt auch noch sechs Stunden lang keimfrei, da sie bakterizide Elemente enthält – Milchsäure- und Propiosäurebakterien, *Bacterium linens* –, die mit der Nahrung aufgenommen werden. Diese Bakterien verleihen dem Käse sein Aroma und seinen Geschmack.

Wird die Milch aber pasteurisiert, also kurz auf 74 Grad Celsius erhitzt, gehen Aroma- und Geschmacksstoffe verloren. Durch die Pasteurisierung bleibt ein Teil des Albumins am Kasein hängen, während bei der Verwendung von Rohmilch verschiedene Mineralsalze in die Molke übergehen. Der Rohmilchkäse muß also nach dem Melken rasch verarbeitet werden. Und da nichts empfindlicher ist als die Milch

– sie nimmt alle Gerüche auf, die im Raum sind –, dürfen die Hersteller keine schmutzigen Kleider oder Schürzen tragen.

So wichtig wie die Produktion durch den Bauern ist die Verfeinerung beim Händler, dem Affineur, der in seinem Reifekeller bei Temperaturen zwischen 10 und 14 Grad den Käse dreht und wendet, einreibt – und vielleicht auch bespricht. Denn der Umgang mit Käse ist unendlich viel schwieriger als mit einem hervorragenden Champagner, der auch regelmäßig und nach einem bestimmten System gerüttelt werden will.

Ein guter Affineur kennt nicht nur die besten Produzenten, sondern weiß auch, wessen Herde mit dem ersten Gras im Frühjahr gefüttert wurde, welcher Bauer gemolken hat, nachdem die ersten Wiesenblumen blühten, welcher Käse von Tieren stammt, die nach der ersten Ernte Heu gefressen haben, zu einer Zeit, in der das getrocknete Gras mehr Stickstoff und Salze enthält. Denn in jenen Tagen wird erfahrungsgemäß die beste Milch gemolken.

Schon Zeus, von seiner Mutter auf der Insel Kreta versteckt, wurde mit Milch und Käse der Ziege Amaltheia ernährt. Doch erst der Bauerngott Aristäus, Sohn des Apoll und der Nymphe Kyrene, hat die Käseherstellung erfunden. Wer aber Göttersagen nicht traut, der wird auf die Geschichte verweisen. Schon vor rund siebentausend Jahren waren in Mesopotamien gelochte Tongefäße in Gebrauch, wie sie heute noch zur Käseproduktion dienen. Griechen und Römer benutzten das Lab aus den Mägen junger Zicklein und Lämmer, um die Milch zum Gerinnen zu bringen.

Den Hebräern hingegen war es nach dem Gesetz des Moses verboten, Mägen von jungen Wiederkäuern zu verwenden. Kein Teil einer Mutter sollte mit einem Teil des Kindes vermischt werden. Deshalb stellten sie für die Käseproduktion Essenzen aus Wurzeln, Stengeln des Feigenbaumes oder Blüten von Labkraut und Distel her.

In den ältesten Schriften findet der Käse literarische Erwähnung, 443mal allein in der Bibel, hat ein Fromageomane gezählt, 49mal in der »Ilias« und sogar 85mal in der »Odyssee«. Und auch in der französischen Geschichte und Literatur hat der *fromage* seinen Platz. Schon Charlemagne erklärte den Roquefort zu seinem Lieblingskäse, doch erst Charles VI unterschrieb im April 1411 die Charta, die den Einwohnern von Roquefort das »Privileg für die Reifung des Käses, wie sie seit undenklichen Zeiten in den Höhlen des genannten Dorfes vollzogen wird«, einräumte.

Auch der Brie wurde von Karl dem Großen geschätzt. In den Registern des Hofes der Champagne ist er verzeichnet, und im 19. Jahrhundert wurde ihm eine besondere Aufmerksamkeit geschenkt, als der französische Diplomat und Politiker Charles de Talleyrand beim Wiener Kongreß ein Festessen gab und die Gäste den Brie zum »König der Käse« kürten.

Dagegen erhielt der Reblochon, der schon seit vielen hundert Jahren in den Tälern der Haute-Savoie hergestellt wird, seinen Namen, weil er der Käse der Zinsbetrüger ist. Im 15. Jahrhundert berechneten sich die jährlichen Abgaben eines Pächters nach der von seinen Kühen produzierten Milchmenge. Um sich vor hohen Abgaben zu drücken, verfielen die Bauern auf eine List: Wenn der Zinseintreiber vorbeikam, molken sie ihre Kühe nicht aus und hielten die Milchmenge niedrig. Erst abends, wenn die Luft wieder rein war, legten die Bauern noch einmal Hand an den Euter, und aus dem besonders fettreichen Nachgemelk, im dortigen Dialekt *la rebloche*, wurde der Reblochon hergestellt.

Und der legendäre Camembert, den jeder Karikaturist dem baskenmützentragenden Franzosen zu seinem Rotwein und zur Baguette malt, wurde schon Anfang des 18. Jahrhunderts im Wörterbuch von Thomas Corneille, dem Bruder des großen dramatischen Dichters, als hervorragender Käse erwähnt.

Doch als eigentliche Erfinderin gilt die junge Bäuerin Marie Harel aus Vimoutiers in der Normandie, die zu Zeiten der Revolution einen aufständischen Priester in ihrer Scheune versteckte. Zum Dank für die empfangenen Wohltaten verriet er ihr Geheimnisse des Käseherstellens, mit denen sie dann einen neuartigen Käse erfand, der sowohl dem früheren Camembert als auch dem Brie ähnelt.

Kaiser Napoleon III., ein großer Liebhaber des Camembert, ließ ihn später in den Tuilerien auftischen. Doch den Durchbruch schaffte dieser Käse aus der Normandie erst durch die Erfindung des Ingenieurs Riedel, der im Jahr 1880 auf die Idee kam, den – sobald er reif ist – leicht laufenden Laib in eine Schachtel aus dünnem Holz zu verpacken. Dadurch war es möglich, ihn über große Entfernungen zu verschicken und sogar auszuführen.

Weil Käse teuer und ein gutes Geschäft ist, werden einige Marken inzwischen mit Herkunftsbezeichnungen geschützt. Doch im Kampf der globalen Player ist jedes Argument gut, um Protektionismus zu betreiben. Die vermeintliche Angst vor dem Schimmel läßt sich leicht umsetzen in ein Verbot von Käse, der nicht aus pasteurisierter Milch erzeugt wird.

Verzweifelt, aber umsonst hat die deutsche Käseindustrie Gerichte bemüht. Jetzt benutzt sie die Europäische Union gegen die französischen Rohmilch-Gourmets. Ein richtiger Käsekrieg ist zwischen den Ländern des Nordens und denen des Südens ausgebrochen. Fabrikkäse gegen handgemachten. Neuerdings gibt es eine europäische Listerin-Verordnung. Denn die Rinde von Rohmilchkäse ist ein beliebter Aufenthaltsort der Listerin-Bakterie, die durch Erhitzen abgetötet werden kann. Bei Erwachsenen verläuft die von diesen Bakterien ausgelöste Listeriose wie eine leichte Grippe, bei Schwangeren hingegen kann sie zu einer Früh- oder gar Totgeburt führen.

Doch weswegen essen die Europäer so gern Käse, während die Chinesen die verschimmelte Milch abscheulich und ekelerregend finden? Von Gewohnheiten hängt die Psychologie des Essens und Trinkens, so hat die amerikanische Ernährungspsychologin A. W. Longue herausgefunden, weniger ab als von ethnischen Umständen. Nordeuropäer trinken nicht nur Milch, sie essen auch viele Milchprodukte, während andere ethnische Gruppen, wie die Chinesen, weder Milch noch deren Erzeugnisse verzehren. Wieder andere Stämme, wie die Hausa-Fulani in Nigeria, stellen zwar Joghurt her, verschmähen aber Milch. Gruppen, die nicht zur Milch als Ernährungsmittel greifen, so fanden Wissenschaftler heraus, verfügen über eine Laktose-Intoleranz: Ihr Körper ist unfähig, den in der Milch enthaltenen Zucker zu verwerten.

»Die Laktose-Intoleranz eines Individuums wird durch die vorhandenen Mengen an Laktase, einem Milchzucker spaltenden Enzym des Darmsaftes, bestimmt ... Bei Menschen, die nur über unzureichende Mengen an Laktase verfügen, gelangt die Laktose unverdaut in den Dickdarm«, was starken Durchfall und entsetzliche Blähungen verursacht. Käse wiederum ist leichter zu verdauen als Milch. Diese Erkenntnis führt Forscher zu der Hypothese, daß »im Verlauf der menschlichen Evolutionsgeschichte« jene Erwachsenen, die aus ihrem Viehbestand stammende Milch in Hungerszeiten verwerten konnten, einen »Selektionsvorteil gegenüber allen anderen« hatten.

Nun wissen viele Völker nichts von der Laktose-Intoleranz und glauben statt dessen, Käse mache krank. In Zeiten des Internet bietet der findige Marc Refabert, ein Franzose in Tours, Käseplatten zwischen 189 und 595 Franc an – weltweit natürlich.

»Ich bin viel gereist«, erzählt Refabert, »besonders in Asien. Daher weiß ich, daß Franzosen, die im Ausland leben, von den heimischen Lebensmitteln den Käse am meisten vermissen.«

Refabert verstand zwar weder etwas von Käse noch vom Internet – aber viel von den Bedürfnissen eines Franzosen fern der Heimat. Wegen des Internet-Zugangs bemühte er einen Amerikaner, wegen des Käses wandte er sich an den *maître-fromager* Pascal Beillevaire aus Nantes. Gemeinsam bauten sie ein Vertriebsnetz auf, so daß innerhalb von drei Tagen die per Internet unter *fromage.com* bestellten Käse-Assortiments in einer besonderen Verpackung an den wichtigsten Orten der Welt eintreffen. Noch kämpfen sie voller Verzweiflung gegen Zölle und Gesundheitsgesetze, weshalb sie Kunden in Ländern wie Mexiko oder Korea, Indien oder Brasilien nicht beliefern können. Nur mit dem nordamerikanischen Markt haben sie keine Probleme, obwohl doch gerade die Food and Drug Administration panisch auf Hygiene achtet. Aber der Schimmelpilz des Roquefort ist derselbe, der Penicillin herstellt – was kann es also Gesünderes geben. Der Traum von Marc Refabert ist, einen virtuellen Käseladen einzurichten, so daß jeder Kunde sich sein persönliches *Plateau de fromage* zusammenstellen kann.

Es gibt natürlich auch unter Liebhabern von Rohmilchkäse heftige Streitereien. Zunächst: Welchen Wein trinkt man zu welchem Käse? Es muß nicht immer ein Roter sein. Auf den Munster (der übrigens ursprünglich aus Irland stammt!) kann man Kümmel streuen und dazu einen Weißen aus dem Elsaß (wie auch zu manchem Ziegenkäse) oder gar Bier trinken. Zum Roquefort reichen sogar die Hersteller einen weißen Sauternes und auch ein paar Rosinen.

Aber die Gretchenfrage lautet: Was tun mit der Rinde des *fromage*? Nun, das kommt auf den Käse und die Art der Rinde an. Die Kruste, so vorhanden, soll dem Käse Halt geben und als Verschluß dienen, damit während der Reifezeit

Aroma- und Geschmackstoffe nicht entweichen. Nach außen hin bildet sie einen Schutz gegen unerwünschte Bakterien. Während das Innere des Käselaibs saftig bleibt, trocknet die Rinde aus, und ihr herber Geschmack kann den feinen des inneren Teiges beeinträchtigen. Der französische Käsepapst, Pierre H. Androuet, pflegte auf die Frage »Rinde mitessen oder nicht?« genüßlich zu antworten, die Rinde sei das Behältnis, wie eine Flasche für den Wein. Und wer käme auf die Idee, sobald er den Wein ausgetrunken hat, die Flasche aufzuessen?

Gepflückte Kartoffeln zum Nachtisch

An nur einigen wenigen Tagen Anfang Mai bieten in Paris die acht Restaurants der Kette »Chez Clément« als Dessert eine rare Köstlichkeit an: dünn geschnittene, leicht geröstete Kartoffelscheiben – entweder *(en pétales avec un mousseux de vanille aux fraises)* bedeckt mit einer schaumigen Vanillecreme und Erdbeeren oder *(avec des fraises et ganache chocolat)* mit einer dünnen Schokoladeschicht und Erdbeeren.

Zwar haben die französischen Köche im Zuge der Nouvelle cuisine manch merkwürdige Kombination erfunden, die man nicht zweimal essen möchte – wie etwa Ziegenkäse auf Seezunge –, doch die Idee, Kartoffeln als Grundlage für diesen Nachtisch zu verwenden, ist weniger abstrus, als man zunächst glauben möchte. Es handelt sich nämlich um eine ganz besondere Kartoffelsorte, deren Existenz selbst den meisten Franzosen unbekannt ist – und das hat auch seine Gründe. Zum einen ist *la bonnotte*, wie die teuerste Kartoffel der Welt genannt wird, noch nicht lange auf dem Markt, zum anderen werden jährlich gerade mal vierzig Tonnen dieser edlen Knolle geerntet. Die Mühe, die sich einige wenige Noirmoutriner machen, nur um einigen Kennern einmal im Jahr eine besondere Kartoffel servieren zu können, ist ein Beweis für die Vorrangstellung der guten Küche in der französischen Zivilisation.

Als 1996 die Ernte des Jahres im Pariser Auktionshaus Drouot versteigert wurde, erfolgte der Zuschlag erst bei 3000 Franc pro Kilo, was jedoch kein Wunder ist; denn Feinschmecker schwärmen von dem süßlichen Geschmack dieser Knolle, die aus festem Fleisch besteht und doch auf der Zunge zerschmilzt. Selbst ihre hauchdünne Haut wird als eine Besonderheit beschrieben, die sich bei der leisesten Berührung löst. Und wegen dieser unvergleichlichen Wirkung auf die Papillen eines Gourmets hat die französische Akademie der Naturwissenschaften der Bonnotte im Jahr 1938 ihren Adelsbrief verliehen.

Die Bonnotte ist eine Seltenheit, weil sie unter ganz besonderen Bedingungen, die nur auf der Atlantikinsel Noirmoutier gegeben sind, gedeiht. In den zwanziger Jahren hatte ein Landwirt dieser Insel von einer Reise, die ihn in die Gegend von Barfleur führte, eine besondere Kartoffel mitgebracht, die den Einheimischen so gut schmeckte, daß sie aus dem französischen Begriff *bon* den Namen *bonnet, bonnette* oder – wie es ihrem Dialekt entspricht *bounotte* – bildeten, woraus sich schließlich *la bonnotte* entwickelte.

Schon die Pflanze ist besonders empfindlich, weswegen sie mit der Hand gesetzt und geerntet werden muß. Der 55jährige Lucien Yvrenogeau hat von der Arbeit in der Erde harte Schwielen an den Händen und schwelgt von der Bonnotte: »Meine Eltern haben nur die Bonnotte angepflanzt. Dann verschwand sie langsam, aber heute ist sie wieder da. Damit finde ich auch ein wenig von meiner Kindheit und meiner Jugend wieder.«

Und aus der Zeit, die er mit den Eltern auf den Kartoffelfeldern verbrachte, hat Lucien Yvrenogeau sein Auge, die richtigen Handgriffe und den Sinn für die kleinen, aber wichtigen Nuancen bewahrt: »Die anderen Kartoffelsorten sammelt man ein, die Bonnotte, die pflückt man. Denn im Gegensatz zu den anderen bleibt die Bonnotte an ihren Wurzeln haften, und man muß sie richtig in die Hand nehmen. Das macht den Charme aus, und deshalb kann die Ernte auch nie mechanisiert werden.«

»Vor fünfzehn oder zwanzig Jahren haben wir uns mit den Eltern gestritten«, erzählt Jean-Pierre Tessier, Bonnotte-Produzent, »weil sie wenigstens in die äußerste Furche des Akkers Bonnottes aussetzen wollten. Wir aber waren zu faul, sie mit der Hand zu ernten. Heute sehen wir es anders. Denn die Bonnotte gehört inzwischen zu unserer Identität. Sie dient als Gesprächsstoff und bringt uns gleichzeitig bei potentiellen Käufern ins Gespräch.«

Die alten Noirmoutriner hatten in ihren Gemüsegärten die Bonnotte weiterhin angepflanzt, allerdings nur noch für den eigenen Verbrauch, bis sich Mitte der neunziger Jahre die Kartoffel-Genossenschaft von Noirmoutier dieser Spezialität erinnerte, sich ihrer annahm und damit den Verkauf der gängigen, maschinell zu erntenden Kartoffeln aus eigener Produktion ankurbelte.

Die rund fünfzig Bonnotte-Bauern kommen finanziell nie auf ihre Kosten. Denn eine Sprosse produziert nur hundert oder zweihundert Gramm neue Knollen: Knollen, die rund sind und vielleicht eben mal dreieinhalb Zentimeter im Durchmesser haben. Damit diese ihren unvergleichlichen Geschmack erhalten, schaffen die Bauern im Herbst Tang von den Stränden auf die nahe dem Meer gelegenen Felder. Sie pflügen fünfzig bis sechzig Tonnen Tang in jeden Hektar ihres Kartoffelackers. Dieser besondere Dünger zersetzt sich und gibt Jod frei, der zum süßen Geschmack der Knolle beiträgt.

Doch wie ein handgemachter Käse muß auch die Bonnotte richtig reifen. Deshalb wird sie zu *Chandeleur* (Lichtmeß), einem katholischen Feiertag am 2. Februar, gesetzt, es sei denn, was wegen des milden Atlantikklimas selten vorkommt, es sind noch Frostnächte zu erwarten. Nur neunzig Tage Zeit erhält der Wurzelsproß, um sich zu vermehren. In diesen drei Monaten wechselt das Wetter ständig zwischen Sonne und Sturm. Da weht der Wind heftig vom Westen, bläst die Gischt der salzigen Meereswellen über die Äcker und gibt somit das Seine dem Geschmack hinzu. Und wie bei einem gut affinierten Camembert entscheidet bei dieser Kartoffel auch der genaue Zeitpunkt ihrer Entwicklung über den Höhepunkt des Geschmacks.

Lucien Yvrenogeau sagt: »Man muß drei Monate nach der Aussaat auf die Ernte warten. Wenn man sie zu früh ausbuddelt oder zu spät, hat sie nicht den gleichen Geschmack. Man muß sie wirklich im richtigen Moment packen.«

So wird die Bonnotte an ein und demselben Tag geerntet und die gesamte Ausbeute an ein und demselben Ort zu ein und derselben Stunde versteigert. Und nach spätestens einer Woche ist die gesamte Ernte auch schon verzehrt.

»Was zählt«, fügt Luc Jeanneau, Bonnotte-Anbauer auch er, hinzu, »ist, daß wir eine Kartoffel von großer Qualität herstellen. Unsere Produktion gehört in den Bereich der französischen Luxusklasse. Und davon hängt unsere Zukunft ab.«

Das sieht Luc Jeanneau ähnlich wie ein deutscher Automobilhersteller, der seine Angebotspalette um Rolls-Royce erweitert, damit er seine Kleinwagen besser verkauft. Allerdings käme solch ein profaner Vergleich einem französischen Liebhaber der Bonnotte nie in den Sinn, denn ein Auto besteht aus Stahl und Plastik, während die Kartoffel, und gerade diese, ein von der Natur geschaffenes Kunstwerk ist. Also nennt ein Noirmoutriner sie, die Knollen mit einem seltenen Wein vergleichend, den Château d'Yquem, den ersten unter allen süßen Sauternes-Weinen.

Aber eine Kartoffel ist mehr als nur eine Kartoffel, wenn sie Bonnotte heißt. Hat nicht van Gogh schon Kartoffelbauern gemalt oder eine Bäuerin aus Nuenen beim Schälen von Erdäpfeln gezeichnet? Unter dem Motto »Ein Kunstwerk der Natur wird zu einem Kunstwerk der Malerei« machten sich, angeregt von der Kartoffel-Genossenschaft Noirmoutier, acht »europäische« Künstler ans Werk, der Bonnotte zu huldigen. Die Bilder wurden im Mai 1998 in Paris ausgestellt – während die Bonnotte in den Restaurants »Chez Clément« als Dessert auf der Speisekarte angeboten wurde. Der Auktionator mit dem wohlklingenden Namen Pierre Cornette de Saint Cyr brachte sie unter den Hammer. Allerdings scheinen die Gourmets der Naturprodukte nicht unbedingt auch Kunstliebhaber zu sein, denn Robert Combas' Bild einer Kartoffel »In the Zizi Jeanmaire Style« in der Größe von 88 mal 74 Zentimeter fand keinen Käufer, trotz eines wunderschönen Goldrahmens. Aber vielleicht war der Preis von mehr als 20000 Mark dann doch zu hoch – im Vergleich zu einem Kilo Bonnotte.

Man glaubt es kaum, aber selbst die Kartoffelpflanze, die ursprünglich aus Peru stammt, dient manchem Franzosen noch zum nationalistischen Cocorico (wie der gallische Hahn auf der Höhe des Misthaufens schreit, vgl. S. 15 f.). Im »Figaromagazine« schrieb Pierre Deville: »Wenn Frankreich ein Gemüse wäre – dann eine Kartoffel. Ein Franzose ohne Fritten ist genauso wenig vorstellbar wie ein Chinese ohne Reis und ein Italiener ohne Spaghetti. Selbst die angelsächsischen Länder erkennen unsere Überlegenheit im Reich der Knollen an, indem sie die Kartoffel ›French potato‹ nennen.«

Das ist natürlich nichts als dummes Zeug. Denn die Angelsachsen nennen nur die Fritten »French fries«, und die sind außerdem eine Erfindung der Belgier. Die Franzosen essen wahrscheinlich deswegen die Kartoffel meist fritiert, weil die gängigen Sorten sich zu nichts anderem eignen. Das hat jeder schon einmal erfahren, der in einem französischen Supermarkt versucht hat, wirklich gute Kartoffeln einzukaufen.

Überheblichkeit, was die Knollen angeht, verbietet sich jedem Franzosen, denn die langwierige Geschichte, bis die Kartoffel in Frankreich als Lebensmittel erkannt wurde, ist voller Peinlichkeiten. Sie ist peinlich, aber auch typisch für das französische Gesellschaftssystem. Von oben wurde der Verzehr der Kartoffel erst einmal verboten – während die Kartoffel in allen anderen Ländern Europas als Segen gegen die Hungersnöte empfunden wurde. 1625 und 1629 war die Getreideernte in Frankreich sehr schlecht ausgefallen, und die Bevölkerung hungerte. Doch 1630, unter der Herrschaft Ludwigs XIII., beschloß das Parlament von Besançon ein Verbot, Kartoffeln anzupflanzen, da man von ihrem Verzehr die Lepra bekomme. Lepra!

Die französische Kartoffelspezialistin Lucienne Desnoues vermutet Böses: »Kam dieses Gerücht aus England? Mir gefällt die Vorstellung, Shakespeare könnte sehr entfernt dafür verantwortlich sein, er, der den Geist von Hamlets Vater diese Worte aussprechen läßt:

> ... Da ich im Garten schlief,
> Wie immer meine Sitte nachmittags,
> Beschlich dein Oheim meine sichre Stunde
> Mit Saft verfluchten Bilsenkrauts im Fläschchen,
> Und träufelt' in den Eingang meines Ohrs
> Das schwärende Getränk; ...
> Und Aussatz schuppte sich mir augenblicklich ...
> Mit ekler Rinde ganz um den glatten Leib.«

Auch das ist nichts als nationalistischer Quatsch, schließlich läßt Shakespeare Falstaff in den »Lustigen Weibern von Windsor« ausrufen: »Meine schlanke Ricke! Nun mag der Himmel Kartoffeln regnen: Er mag donnern nach der Melodie vom grünen Ärmel ... Es erhebe sich ein Sturm von Versuchungen.« Das klingt eher so, als glaubte der englische Dichter, die Kartoffel sei ein Liebeselixir!

Es waren häufig Armeen, die auf ihren Feldzügen die Kartoffel als Lebensmittel mitführten und so in andere Länder trugen. Englische Truppen brachten sie im Krieg gegen Ludwig XIV. nach Flandern, über italienische Soldaten soll Friedrich I. von Preußen von der Kartoffel erfahren haben.

Das vom Parlament in Besançon erlassene Verbot, Kartoffeln anzubauen, blieb fast anderthalb Jahrhunderte in Kraft und wurde Bestandteil des Volksglaubens. Nun mag die Behauptung, von Kartoffeln werde man krank, auch einen wirtschaftlichen Grund gehabt haben. Der König, die Minister, die Hof-Intendanten und Gebietspräsidenten spekulierten mit Weizen und machten gerade in knappen Zeiten besonders große Gewinne, sie verdienten also am Hunger der Bevölkerung. Es war ein Zufall, daß sich die Beziehung der Franzosen zum Erdapfel änderte.

Im Jahr 1757 geriet ein zwanzig Jahre alter französischer Hilfsapotheker namens Antoine-Augustin Parmentier in preußische Gefangenschaft und kostete dort zum ersten Mal die »*racines de Hanovre* – die Wurzeln von Hannover«. Er machte sich kundig und versuchte, nach Frankreich zurückgekehrt, die Kartoffel als Nahrungsmittel gegen die Hungersnot einzuführen. Und er war nicht der einzige, der die Kartoffel populär machen wollte. Aber das Verbot hatte sich im Denken des Volkes so sehr festgesetzt, daß kaum jemand bereit war, diese Pflanze, die doch seit Generationen als Lepra-Träger bekannt war, zu verzehren.

Also schrieb die Akademie von Besançon 1772 einen Wettbewerb aus, welche Lebensmittel geeignet sein könnten, Hungersnöte zu lindern. Parmentier reichte eine Arbeit über den Segen der Kartoffel ein und wurde von der Medizinischen Fakultät der Akademie belobigt. Und plötzlich taten alle so, als habe es das Verbot nie gegeben. Das von den Medizinern gepriesene Gutachten Parmentiers hätte auf Volk und Bauern aufklärend wirken können, doch mit Vernunft allein kommt man den Franzosen nicht immer bei. Wenn etwas von oben verboten wird, dann muß es auch von oben wieder erlaubt werden. Und nicht nur das, dann muß die Obrigkeit auch noch mit gutem Beispiel vorangehen.

Also ließ Antoine-Augustin Parmentier, inzwischen Heeres-Apotheker, Kartoffeln in einem Feld anpflanzen, das tagsüber von Soldaten bewacht wurde, denn angeblich sollten hier ganz seltene und wertvolle Köstlichkeiten für die Tafel des Königs herangezogen werden. Am Tag von Saint-Louis blühten die Kartoffelpflanzen, und Parmentier brachte einige Büschel an den Hof von Versailles, wo der König seinen Hut damit schmückte und Königin Marie-Antoinette sie an ihre Corsage steckte. Eine bessere Werbekampagne hätte sich Parmentier nicht ausdenken können. Der Hofstaat nahm das Getue um die Kartoffelpflanze staunend wahr. Doch dies war nur ein erster Schritt.

Parmentier war listig. Sobald die Kartoffeln reif waren, ließ er die Soldaten nachts abziehen. Und da es sich ja angeblich um ein besonderes Genußmittel handelte, kamen im Dunkeln die Diebe. Jeder Dieb, meinte Parmentier, werde für seine Pflanze Werbung machen. Aber um auch den Adel und die Bourgeoisie davon zu überzeugen, daß die Kartoffel ein Segen sei, richtete Parmentier im königlichen Suppengarten des Schlosses von Rambouillet ein Kartoffelbeet ein, was die Höf- und Bücklinge veranlaßte, nun ihrerseits schnellstens Bauern zu beauftragen, auch für sie einen Kartoffelacker anzulegen.

Wenn bei Hofe eine Mode ausbricht, und sei es auch nur die eines eßbaren Nachtschattengewächses, dann wird sie in alle Bereiche übertragen, die für die Franzosen die Zivilisation ausmachen. (Das gilt auch heute noch, denn der Sitz des Staatspräsidenten, das Palais de l'Élysée, wird im Volksmund als der »Hof« bezeichnet, und mit erstaunlicher Unterwürfigkeit richten sich die Höflinge nach den jeweiligen Moden.) Um der in Mode kommenden Kartoffel den richtigen Platz in der Zivilisation einzuräumen, entstanden große Ölgemälde, auf denen dargestellt wurde, wie Parmentier dem Königspaar auf dem Feld Kartoffeln zeigt. Kartoffeln wurden als Muster in Seide gewebt, auf Fayencen oder Papiertapeten gemalt, und wie einst die Königin, so schmückten nun auch die Hofdamen ihre Frisur mit Kartoffelblüten.

Parmentier scheute keine Mühe, um seine »Wurzel von Hannover« populär zu machen, und deshalb gilt er heute als Erfinder des Arbeitsessens. Parmentier lud le Tout-Paris und le Tout-Versailles zu Abendessen ein, bei denen alles – von der Suppe bis zum Kaffee – aus der Kartoffelpflanze zubereitet worden war. Nur auf eines verzichtete er: Aus Sorge, daß manche Leute allzu unvernünftig kräftigen Likören zuneigen, ließ er keinen Branntwein aus Kartoffeln reichen. Sonst würden die Franzosen heute vielleicht auch noch behaupten, der Wodka sei ein typisch französisches Produkt.

Ein Jahrhundert nach Parmentiers Werbung für die Knolle hat Alexandre Dumas in seinem »Grand Dictionnaire de cuisine« sogar eine besondere Zigarre empfohlen: »Die getrockneten Blätter der Kartoffel ergeben einen besseren Geschmack als normaler Tabak.«

Parmentier erhielt schon zu Lebzeiten den Beinamen »Erfinder der Kartoffel«, und heute ist nach ihm eine Metro-Station in Paris benannt, versehen mit einer ständigen Ausstellung über die Kartoffel. Als er allerdings während der Revolution für die Volksversammlung kandidieren wollte, schrie der Pöbel: »Wählt ihn nicht! Der läßt uns nur Kartoffeln essen. Er hat sie nämlich erfunden.«

Um seine Sicherheit besorgt, unternahm Parmentier daraufhin eine längere Dienstreise in die Schweiz. Die Revolution war es jedoch, die aus der Kartoffel in Frankreich ein Volksnahrungsmittel machte, und auch das nach gut französischer Manier, nämlich mit einem staatlichen Dekret, das sowohl in französisch als auch auf bretonisch gedruckt wurde. Damit wurden die Bauern verpflichtet, auf mindestens einem Zwanzigstel ihrer Ackerfläche Kartoffeln anzubauen. Und wer dieser Anordnung nicht folgte, dem wurde als Strafe die Verdoppelung der Grundsteuer angedroht.

Parmentier trug noch durch viele Rezepte zur Verbreitung der Kartoffel bei, ein Gericht ist sogar nach ihm benannt. Trotzdem sind die Franzosen vor der höchsten Ehrung zurückgeschreckt: Als nämlich François de Neufchâteau 1840 vorschlug, den Begriff *pommes de terres* zu ersetzen und von nun an von der *parmentière* zu sprechen. Aber damals kannte man ja auch *la bonnotte* noch nicht!

Sucht nach Privilegien

Die Werte der Französischen Revolution werden von ihren Anhängern heute noch als das Nonplusultra der Demokratie angesehen. Ohne Freiheit, Gleichheit, Brüderlichkeit wäre die Revolution nicht das, als was sie anzusehen ist: nämlich universell. Frei geboren sei der Mensch, gleich vor dem Gesetz, brüderlich unterstützt, wenn in Not. Und um diese Werte zu verwirklichen, mußte dem Adel und dem Klerus die Macht genommen werden. Denn sie hatten für sich unendlich viele Privilegien gegenüber dem Volk herausgenommen.

Freiheit, Gleichheit, Brüderlichkeit nehmen sich gut aus als Dreieinigkeit auf Fahnen und als Parolen der Revolution. Aber es soll bloß niemand glauben, daß die französische Bourgeoisie diese Werte so verstand, wie sie ehrenwerte Denker und Philosophen als Grundlage der Menschenrechte interpretieren. Die Bourgeois nutzten die ideellen Werte zwar, um dem König und dem Kardinal die standesgemäßen Privilegien zu nehmen. Aber dies bedeutete noch längst nicht, sie auch abzuschaffen!

Denn ein wesentlicher Grund für den Sturz von Adel und Kirche war, daß der Bourgeois endlich auch einmal Privilegien genießen wollte – wie es bisher nur Königen und Kardinälen zustand. Privilegien empfanden die Franzosen nie als etwas Schlechtes. Es kommt ihnen nur darauf an, *wer* privilegiert ist. Vor der Revolution mußte man adlig sein oder eine hohe Stelle in der katholischen Kirche bekleiden, um ein Anrecht auf besondere Vergünstigungen zu erhalten. Wer nicht zu diesem erlauchten Kreis gehörte, der konnte jede Hoffnung, auch einmal zu den wenigen Begünstigten zu zählen, in den Wind schreiben.

Jahrhundertelang funktionierte die Verteilung von Vorzügen, da Adel und Kirche stark genug waren, um irgendwelche Auflehnung gegen sie im Keim zu ersticken. Doch die Bourgeoisie wuchs und nahm an wirtschaftlicher Kraft zu. Ihre Denker begannen, das unwissend gehaltene Volk aufzuklären, und kritisierten den ungerechten Feudalstaat. Die Folge ist hinreichend bekannt: Nachdem das hungernde Volk (nicht die hungernde Bourgeoisie – die war gut genährt) vor den Palast in Versailles gezogen war und nach Brot gerufen hatte, besorgte es das Geschäft für die Bourgeoisie und stürzte Adel und Kirche, woraufhin sich die Bourgeois manche Privilegien der Gestürzten aneignen konnten.

Und die Franzosen haben sich in den vergangenen zweihundert Jahren so an die Privilegienwirtschaft gewöhnt, daß ihnen nicht in den Sinn kommt, daran sei auch nur das Geringste nicht in Ordnung. Ein Musterbeispiel dafür lieferte Edith Cresson Anfang 1999, als sie sich weigerte, im Finanzskandal in Brüssel eigenes Fehlverhalten einzugestehen, so daß schließlich die gesamte EU-Kommission zurücktreten mußte. Vorrechte in gehobenen Positionen stehen einem eben zu ... Ein Prinzip der französischen Gesellschaft nennt sich: Hoffnung. Solange Privilegien auf den Adel und den Klerus beschränkt waren, konnte ein Bourgeois – geschweige denn ein Mitglied der unteren Klassen – nicht hoffen, jemals in den Besitz von Privilegien zu kommen. Seit der Revolution aber kann jeder davon träumen, auch einmal Sonderrechte in Anspruch zu nehmen. Und sollte man es selber nicht schaffen, so bleibt immer noch die Aussicht, daß die Kinder eines Tages in der Gesellschaft nach oben steigen und dann vielleicht in die greifbare Nähe von Privilegien geraten könnten.

Den Kampfruf der Revolution – von der Freiheit, der Gleichheit und der Brüderlichkeit – kann man also auch anders interpretieren. Mit Freiheit meinen die nach der Revolution neu Privilegierten: Ich bin so *frei* zu grabschen, was immer in meiner Reichweite ist. Und *gleich* ist besser als später, denn vielleicht habe ich dann mein Amt, das mir den Zugriff ermöglicht, schon wieder verloren. Überdies, was heißt schon *brüderlich* teilen? Das haben mein (älterer) Bruder und ich – im Kindesalter – stets so verstanden: Wenn zwei Brüder vor einem Kuchen sitzen, dann darf der ältere als erster zugreifen. Und er nimmt sich nicht etwa die Hälfte, sondern er schneidet sich selbstverständlich ein allzu großes Stück ab. Denn er platzt lieber, als dem jüngeren auch nur die Chance auf eine gerechte Teilung zu lassen.

Dieses Bedürfnis, privilegiert zu sein, hat mich in Paris manchmal auf die Palme gebracht und überlegen lassen, keine Filme mehr in Kinos der Kette UGC anzuschauen. Denn UGC nutzte diese Schwäche ihrer Kunden schamlos aus und verkaufte ihnen eine *carte privilège*. Wer diese Karte besaß, der mußte zwar innerhalb einer bestimmten Zeit mehrmals ein Kino von UGC besuchen, aber dafür hatte er das Privileg, an der Schlange der Wartenden vorbeigehen zu dürfen. Und wer das Gedränge und Gewürge vor einem Kino in Paris kennt, der weiß solch ein Privileg zu schätzen.

Je höher jemand in der staatlichen Hierarchie Frankreichs steigt, desto mehr Privilegien werden ihm zuteil. Und weil Vorrechte so unverblümt verteilt werden, geht den meisten, die sie erhalten, das Gefühl ab, hier könne es sich etwa um eine Ungerechtigkeit handeln. Wer in Frankreich im Staat eine wichtige Stellung einnimmt, der meint, er habe geradezu ein Anrecht auf Privilegien. So beklagen die hohen Beamten des Finanzministeriums gern, die leitenden Herren in anderen Ministerien genössen unerträglich viele Privilegien. Doch sie selbst bedienen sich, wo sie nur können. So haben sie besondere Regelungen eingeführt, um möglichst wenig arbeiten zu müssen. 1999 betrug die reguläre Arbeitszeit 39 Stunden in der Woche. Doch Finanzbeamte in Paris, Lyon, Lille oder Marseille brauchen nur 37,5 Stunden ins Büro zu gehen, da sie »besonderen Anforderungen« unterworfen sind – etwa Verkehrsstaus, wenn sie ins Büro fahren. Auf einen weiter nicht begründeten »Pariser Brauch« berufen sich die Mitarbeiter der Zollabteilung des Finanzministeriums und kommen nur 35 Stunden in den Dienst. Und die Angestellten der beiden wichtigsten Abteilungen – Steuerverwaltung und Schatzamt – haben sich neben dem Urlaub von 27 Arbeitstagen noch zusätzlich sieben freie Tage eingerichtet: »Tage des Ministers«, »Tage des Abteilungsleiters«, »Frühlingstag« und »Wintertag« oder ganz dreist einen »Kirmestag«. Auf das Jahr umgerechnet liegen die Finanzbeamten deshalb bei einer Wochenarbeitszeit von 34 Stunden. Da sie ihre Arbeitszeit selbständig einteilen dürfen, nehmen sie sich bis zu acht halbe Tage frei für angeblich geleistete »Überstunden«, falls sie sich die nicht auszahlen lassen.

Wer den Sprung vom hohen Beamten in die Politik geschafft hat, dem offenbaren sich immer mehr Wohltaten. Dienstwohnung mit Personal, Fahrer und Wagen gehören zur Grundausstattung schon kleinerer Ämter. In Paris steht jedem Minister nicht nur eine Wohnung zu, sondern auch ein Koch. Zwar trat der sozialistische Premierminister Lionel Jospin 1997 sein Amt mit dem Versprechen an, die Ämterhäufung zu beseitigen, doch das war leichter gesagt als getan. Denn fast alle, die solch einen Beschluß mittragen müßten, haben zu viele Ämter. Und wer wird sich schon selbst kasteien?

Abgeordnete, die gleichzeitig Regionalfürsten sind, führen häufig auch ein fürstliches Leben. Zu Hause im Wahlkreis wohnt die Familie und sorgt ein Amt als Bürgermeister, Regionalrat oder gar als Präsident des Regionalrats nicht nur für zusätzliches Ansehen, sondern auch für Gehalt und Wohnung, Personal und Dienstwagen. In Paris kostet das Leben viel, besonders wenn man sich dort eine Freundin hält. Und da ist es gang und gäbe, sich fiktive Arbeitsverträge bei irgendwelchen staatlichen Institutionen oder öffentlichen Betrieben zu besorgen. Von dort erhält man ein Gehalt, muß aber nicht erscheinen. Besonders beliebt sind Anstellungen, die mit der Aushändigung einer Firmen-Kreditkarte verbunden sind. Damit kann man dann auf Kosten des Unternehmens reisen und speisen.

Derlei Privilegien werden als Gunstbeweise von staatlich ernannten Unternehmenschefs oder anderen Politikern vergeben, die so Abhängigkeiten schaffen. Als Jacques Chirac Bürgermeister von Paris war und das Amt des Staatspräsidenten anstrebte, stellte das Rathaus von Paris einige hundert Phantomverträge für Leute aus, die im Rathaus nie gesehen wurden – aber monatlich ein Gehalt erhielten. Andere Arbeitsverträge wurden abgeschlossen mit *fils d'archevêques* (Söhnen von Erzbischöfen), wie man Kinder von hochgestellten Vätern nennt. Die wurden angestellt, mußten aber tatsächlich auch arbeiten. Zur Finanzierung der Parteizentrale und von Chiracs Präsidentschaftskandidatur hatte die neogaullistische RPR in ihren Hochburgen in Paris und Umgebung ein geniales Finanzierungssystem mittels Erpressung eingerichtet. Betriebe, die öffentliche Aufträge erhielten, mußten die Besoldung von Sekretärinnen und anderen Mitarbeitern der Parteizentrale übernehmen – und zusätzlich rund zehn Prozent der Summe, die ihren Auftrag ausmachte, in bar an die Partei abliefern.

Privilegien werden nicht angetastet, wenn man diejenigen daran beteiligt, die Kritik üben könnten. Und nach diesem Motto machte das Rathaus von Paris unter dem Bürgermeister von Paris sogar die Kommunisten mundtot.

Das Rathaus von Paris ist der größte Immobilien- und Grundbesitzer der französischen Hauptstadt. Zwölf Prozent der Gebäude mit mehr als 70 000 Wohnungen und fast die Hälfte allen Bodens gehört der Gemeinde. Die Ursache dafür liegt in den Umbauplänen des letzten Jahrhunderts, als Baron Haussmann die Stadt umgestaltete. So sollte etwa die Rue de Rennes bis zum Quai Malaquais an der Seine durchgezogen werden, doch schließlich endet sie bereits am Boulevard Saint-Germain, dort, wo das »Café Deux Magots« steht. Die Stadt hatte aber die übrigen Häuser schon gekauft, die – bei einem weiteren Durchstich über die Rue Jacob hinaus – hätten abgerissen werden müssen.

Auf der rechten Seine-Seite, hinter der Kirche Saint-Gervais, nur wenige Schritte vom Hôtel de Ville, dem Rathaus, entfernt, gehören der Stadt Paris mehrere Gebäudekomplexe, von denen einige im Besitz jüdischer Familien waren, die während des Zweiten Weltkriegs in deutsche Konzentrationslager deportiert wurden. Die Gebäude waren nach 1945 in Staatsbesitz übergegangen und wurden dann von der Stadt Paris vereinnahmt.

Ihre schönsten Wohnungen vermietet die Stadt zu Spottpreisen bevorzugten Privilegierten, darunter nicht nur konservativen Politikern, die zur Mehrheit im Stadtparlament gehören, sondern auch an Sozialisten und sogar Kommunisten von der Opposition.

Im Rathaus selbst steht dem Bürgermeister eine Dienstwohnung von mehr als tausend Quadratmetern Fläche zur Verfügung – mit dem notwendigen Personal. Dort lebte Jacques Chirac mit seiner Familie, doch weil er nach Höherem strebte, wollte er sich vorsorglich eine private Bleibe zulegen. Da fand er in der Rue du Bac, im Herzen von Paris, dort, wo früher der alte Adel seine Palais hatte, eine schöne Wohnung mit großem Garten – eine Seltenheit. Dieses Appartement kaufte ein städtisches Unternehmen, das eigentlich nur für den sozialen Wohnungsbau zuständig ist, richtete es her und vermietete es dem Bürgermeister Jacques Chirac für 11 000 Franc, etwa ein Drittel des gängigen Marktpreises.

Da Presse und Justiz seit einigen Jahren Privilegien gegenüber kritischer geworden sind, sah sich der von Staatspräsident Jacques Chirac zum Premierminister ernannte Alain Juppé in großen Schwierigkeiten. Denn es kam heraus, wie selbstherrlich der an Privilegienwirtschaft gewöhnte Politiker für sich und die Seinen gesorgt hatte. Juppé war einst Bürgermeister Chiracs rechte Hand im Rathaus und auch gleichzeitig in der Partei gewesen. Im Rathaus war er zuständig für Wirtschaft und Finanzen, und damit unterstand ihm auch indirekt der Immobilienbesitz der Stadt.

Juppé suchte eine neue Wohnung und beauftragte den Chef des Wohnungsamtes der Stadt, Philippe Lafouge, sich im Immobilienbesitz der Stadt umzuschauen. Wie es der Zufall wollte, wurden zwei Wohnungen in einem ehemaligen Palais im vornehmen Saint-Germain-des-Prés frei. Der hohe Beamte Lafouge schickte eine Notiz an seinen Vorgesetzten Juppé, der Umbau beider Wohnungen zu einem Appartement und die Renovierung würden rund eine Million Franc (300 000 Mark) kosten. Er bitte um Bestätigung, damit die Arbeiten vorgenommen werden könnten. Juppé war klug genug, das Papier nicht selber zu unterschreiben, sondern von einem Vertreter abzeichnen zu lassen.

Zwei Monate später waren edelste Parkettböden gelegt, Marmorkamine und teuerste Sicherheitstüren eingebaut. Nun konnte Juppé einziehen, zu einer beschämend billigen

Miete von gerade 10 000 Franc. Das Dreifache wäre üblich gewesen. Sein erwachsener Sohn Laurent erhielt im gleichen Haus ein Studio, für das er der Stadt knapp 600 Mark monatliche Miete überweisen mußte. Juppés geschiedene Frau und eine Tochter wohnten schon in Sozialwohnungen, die der Stadt gehörten. Sohn Laurent wiederum wollte sich vergrößern, und einmal mehr fand Monsieur Lafouge ein passendes Objekt: nun eine 88 Quadratmeter große Dreizimmerwohnung, die erst einmal für 300 000 Franc zu Lasten der Stadt Paris instand gesetzt wurde. Der Leiter des Wohnungsamtes schlug Alain Juppé vor, eine Miete von 7000 Franc zu berechnen, denn dies sei der Quadratmeterpreis, der vier Jahre zuvor berechnet worden sei. Vater Juppé zeigte seinen ausgesprochenen Sinn für die Familie, als er auf den Vermerk schrieb: »Abgerundet auf 6000 Franc«.

Auch Frankreichs Gesellschaft bleibt vom Wandel nicht verschont. Und weil zu offensichtliche Privilegien inzwischen einen Hautgoût haben, machte sich die Presse über Juppé her. Dieser saß aber längst nicht mehr im Rathaus; er war kurze Zeit Außenminister gewesen und hatte auf Amtspapier seines Ministeriums das Rathaus gebeten, Reparaturen an seinen Fensterläden vorzunehmen. Mittlerweile war Jacques Chirac auch nicht mehr Bürgermeister von Paris, sondern Präsident von ganz Frankreich. Und sein getreuer Hofmarschall wurde Premierminister der Republik. Er wohnte aber weiterhin äußerst billig in der städtischen Wohnung der Rue Jacob. Damit hatte die Presse ihr Thema und – noch schlimmer – eine Gruppe privilegienfeindlicher Bürger Anlaß zur Gründung des Vereins zur Verteidigung der Pariser Steuerzahler. Dieser Verein klagte Juppé nicht wegen seiner Wohnung an, aber doch wegen der Mietminderung im Fall seines Sohnes.

Und es kam noch dicker: Vierzehn sozialistische Abgeordnete, die offenbar nicht in städtischen Wohnungen untergebracht waren, riefen den zum Justizministerium gehörenden »Zentraldienst zur Verhinderung von Korruption« (SCPC) an, mit der Bitte, das Verhalten von Juppé gegenüber seinem Sohn Laurent zu beurteilen. Die Herren dieses Zentraldienstes schienen ganz vorsichtig der Ansicht, daß Juppé sich des Amtsmißbrauchs strafbar gemacht haben könnte.

Über die Gerüchteküche erfuhr Juppés Parteifreund, Justizminister Jacques Toubon, von dem für den Premierminister peinlichen Ausgang der Untersuchung. Vorsitzender des Zentraldienstes zur Verhinderung von Korruption war Richter Challe. Aber glücklicherweise war Challe weisungsgebunden. Der Justizminister ließ ihn kommen und forderte ihn zum Rücktritt auf, da er sein Amt zu politischen Zwecken mißbraucht habe. Er habe die Angelegenheit Juppé so behandelt, daß die sozialistischen Abgeordneten dem konservativen Premierminister Ungemach bereiten könnten. Und damit der unglückliche Richter nicht zu sehr mit seinem Schicksal haderte, gab das Ministerium den Abgang flugs bekannt und verteidigte die Absetzung eines Richters mit dem Argument, bei dem Zentraldienst handele es sich um keine Instanz der Justiz. Im übrigen könne man sich überlegen, diesen 1993 von den Sozialisten geschaffenen und mit linken Juristen besetzten Dienst wieder aufzulösen.

Doch der Justizminister hatte wenig Glück. Der Zentraldienst veröffentlichte sein Gutachten, das äußerst vorsichtig formuliert war. Es besagte lediglich, daß es sich um einen Amtsmißbrauch handeln könnte, wenn eine gewählte Person sich so verhalten habe, wie es Alain Juppé vorgeworfen wurde. Nun war die Justiz gefordert.

Der Staatsanwalt von Paris, Bruno Cotte, mühte sich redlich, um den Premierminister zu schonen. Die Sache mit der Wohnung des Sohnes werde nicht verfolgt, da Alain Juppé nicht im eigenen Interesse gehandelt habe. Aber, so schrieb Cotte dem Verein zur Verteidigung der Pariser Steuerzahler, ein Amtsmißbrauch liege vor im Fall der eigenen Wohnung Juppés. Nach deutschem Recht hätte der Premierminister nun angeklagt werden müssen. Nicht so in Frankreich. Aus Gründen der Opportunität, schließlich wolle er keine politische Krise hervorrufen, so der Staatsanwalt, werde er den Regierungschef nicht belangen – allerdings unter einer Bedingung: Juppé müsse bis Jahresende aus der billigen Wohnung ausziehen. Das bereitete dem Premierminister kein Kopfzerbrechen, denn sein Amtssitz, das Hôtel de Matignon, verfügt über eine prächtige Dienstwohnung.

Der Anwalt des Vereins, Maître Arnaud Montebourg, meinte resigniert: »Es ist schwer, in dieser Entscheidung nicht die Wiederherstellung juristischer Privilegien zu sehen. Damit wird der Beweis erbracht, daß das republikanische Recht nicht gleich streng mit allen umgeht, je nachdem, ob man Premierminister ist oder nicht, ob man mächtig oder arm ist.«

Premierminister Alain Juppé verfügte über die Mehrheit im Parlament. Und wer die Mehrheit hat, dem stehen die Privilegien zu. Hier galt, was 1981 der zur damaligen Mehrheitsfraktion gehörende Abgeordnete André Laignel der Opposition zurief: »Sie haben juristisch unrecht, weil sie sich politisch in der Minderheit befinden.«

Die »Wachen des Kardinals«

Die Frau kam aus der Richtung Boulevard Saint-Michel und bog durch das hohe, prunkvoll mit goldenen Spitzen geschmückte Gitter in den Hof des Palais de Justice ein. Sie schritt die große Freitreppe hinauf, trat zwischen den Säulen hindurch in die pompöse Wandelhalle und suchte den Gang, in dem die Büros der Untersuchungsrichter liegen. Der wachhabende Gendarm wird sich später daran erinnern, daß sie ziemlich groß wirkte und die braunen Haare in Höhe des Nackenansatzes glatt abgeschnitten trug. Sie übergab dem Gendarmen einen Umschlag, mit der Bitte, ihn sofort dem Untersuchungsrichter Jean-Paul Valat auszuhändigen. Als Absender stand auf dem Papier Maître Berger, ein erfundener Name. Als Richter Valat den Brief wenig später öffnete, entdeckte er darin fünf Disketten, die lediglich den handschriftlichen Vermerk »Backup« trugen und von 1 bis 5 numeriert waren.

Richter Valat bat sein Sekretariat um einen Ausdruck der gespeicherten Texte, doch gelang es nicht, die Disketten einzulesen. Daraufhin übergab Valat die Disketten dem Informatik-Experten Jean-Pierre Augendre. Aber auch er stieß auf unerwartete Hindernisse: Der Inhalt war mit den gängigen Programmen nicht zu entschlüsseln. Da den Richter eine Ahnung überkam, worum es sich bei dieser Trouvaille handeln könnte, schlug er dem Experten vor, er möge es einmal mit dem Textverarbeitungssystem versuchen, das IBM unter dem Begriff »Filing« vertreibt.

Valat war seit zwei Monaten mit einem äußerst heiklen Fall beschäftigt. Er untersuchte den von Journalisten erhobenen Vorwurf, sie – sowie einige Rechtsanwälte, Politiker und Privatpersonen – seien illegal abgehört worden, und zwar nicht von irgendeiner beliebigen Stelle, sondern von einer geheimen Abteilung im Élysée-Palast, dem Sitz des Staatspräsidenten. Die Spur der Dunkelmänner an den Abhörgeräten führte direkt zu François Mitterrand und seinem engsten Mitarbeiterstab. Aber es fehlten die Beweise. Nun hatte die Tageszeitung »Le Monde« erfahren, ihr Mitarbeiter Edwy Plenel habe zu den Belauschten gehört, und Recherchen ergaben, daß im Élysée eine Antiterroreinheit existierte, deren Mitarbeiter ironisch »*les gardes du cardinal* – die Wachen des Kardinals« genannt wurden und zu deren Aufgabenbereich Abhörmaßnahmen gehörten. Diese Sondereinheit benutzte jenes in den Büros des Élysée eingeführte IBM-Programm namens »Filing«. Darauf hatte »Le Monde« in einem Artikel hingewiesen. Und tatsächlich konnte Augendre mit diesem Programm die Disketten knacken. Richter Valat erhielt auf diese Weise Einblick in mehr als 5000 Vorgänge, in denen minutiös festgehalten war, wer zu welchem Zeitpunkt – und häufig auch aus welchem Grund – belauscht worden war.

Erst einige Jahre später gab Gilles Ménage, der damalige Bürochef von François Mitterrand, zu, der Präsident persönlich habe die Abhörmaßnahmen angeordnet. Die Gründe waren teils offensichtlich machtpolitisch, teils so unerklärlich privat, daß man sich bis heute noch keinen Reim darauf machen kann. Weshalb, so fragte man sich lange, war etwa die (äußerst schöne) Schauspielerin Carole Bouquet 1985 in ihrer Privatwohnung belauscht worden? Vierzehn Jahre später kam durch eine Aussage von Gilles Ménage heraus, daß der damalige Lebensgefährte von Carole Bouquet, der Filmproduzent Jean-Pierre Rassam, verdächtigt worden war, in Waffengeschäfte verstrickt zu sein. Da aber Rassam nie das Telefon von Carole Bouquet benutzte, waren die Abhörmaßnahmen wieder eingestellt worden.

Die Namen und Daten einer ganzen Reihe prominenter, kritischer Journalisten waren auf den Disketten verzeichnet. Edwy Plenel hatte im Frühjahr 1985 in »Le Monde« zwei Artikel veröffentlicht, worin er in allen Einzelheiten enthüllte, wie ein sowjetischer Spionagering in Frankreich jahrelang agiert hatte, bis er durch den französischen Geheimdienst enttarnt wurde. Dieser Vorfall war bekannt, denn er hatte zwei Jahre zuvor zur spektakulären Ausweisung von 47 Diplomaten der Botschaft der UdSSR in Paris geführt. In seinen Artikeln hatte Plenel nun die Details der Arbeitsweise jener russischen Spione in Frankreich veröffentlicht.

»Der Staatspräsident war der Meinung«, so Gilles Ménage, »daß die Enthüllungen von ›Le Monde‹ politisch sehr ungelegen kamen, da sie die diplomatischen Beziehungen Frankreichs mit der UdSSR hätten stören können.« Denn so kochte eine eigentlich längst erledigte Sache noch einmal hoch. Und der äußerst mißtrauische, stets Verschwörungen witternde Präsident fragte sich außerdem, ob diese Enthüllungen nicht von einem Land aus dem westlichen Lager ferngesteuert wurden. Der Hintergrund war jedoch ein abenteuerliches Durcheinander in den französischen Geheimdiensten. Denn kurz nachdem Plenels Artikel erschienen war, stellte sich heraus, daß der Chef des französischen Inlands-Geheimdienstes DST dem Journalisten Plenel die Geheimunterlagen aus zwei Gründen zugespielt hatte: einmal, um vor der französischen Öffentlichkeit einen scheinbar neuen Erfolg zu demonstrieren, zum zweiten aber auch, um die Russen zu täuschen. Denn die französischen Agenten hatten einige Daten in den Papieren verändert, was der Journalist Plenel nicht wissen konnte. Er veröffentlichte die leicht gefälschten Papiere, womit den Russen vorgegaukelt werden sollte, die Franzosen hätten über einen Spion Zugang zu geheimen Vorgängen in der russischen Hierarchie. Aus diesem Grund nun wurde Plenel vom Élysée abgehört, der Chef der DST aber wurde geschaßt.

Die »Wachen des Kardinals« waren nicht nur eifrige Lauscher, sondern ebenso penible Bürokraten: Sie registrierten alle Gespräche, verzeichneten, wer mit wem was gesprochen hatte, und fügten überdies Adressen und Beruf der Abgehörten hinzu. Und da der Journalist Edwy Plenel – wie auch sein Kollege Georges Marion, der ebenfalls zur Redaktion von »Le Monde« gehört – häufig mit der Frau des Politikers Laurent Fabius telefonierte, befand sich auf den Disketten auch ein Eintrag über Laurent Fabius, in dem es unter anderem heißt: »Seine Ehefrau, geborene Castro, ist eine griechisch-türkische Jüdin, in Mexiko geboren, naturalisierte Französin.« Fabius war zu dieser Zeit Premierminister.

Nach Aussage seines Büroleiters Ménage war Präsident Mitterrand sehr zufrieden mit den Ergebnissen des Lauschangriffs gegen Plenel. Auch Gilles Ménage wird sich vergnügt die Hände gerieben haben, denn er – der engste Mitarbeiter eines »linken« Präsidenten – hatte eine besondere Abneigung gegen kritische Journalisten, und der Linken zugerechnete Journalisten waren ihm besonders suspekt. Allen voran ein Journalist, der die Versenkung des Greenpeace-Schiffes »Rainbow Warrior« durch den französischen Geheimdienst untersuchte.

Die Aufzeichnungen brachten den Lauschern reiche Beute. Abgehört wurde auch der als äußerst kritisch, ja als zynisch bekannte Schriftsteller Jean-Edern Hallier. Denn – so der Chef der Antiterroreinheit im Élysée – Hallier bereitete ein Buch vor über Mazarine, die uneheliche Tochter von

François Mitterrand, deren Existenz damals in der Öffentlichkeit noch nicht bekannt war.

Die Agenten dieser Einheit schreckten selbst vor Sabotage nicht zurück. Über die französische Stasi, die *Renseignements généraux* (RG), hatten sie erfahren, daß Radio Carbone 14, ein kleiner Privatsender in Paris, eine Sendereihe mit Geschichten aus dem Privatleben François Mitterrands plante – und da gab es wahrlich viel zu erzählen. Um die Ausstrahlung zu verhindern, kletterten die »fröhlichen Musketiere« mehrmals nachts auf die Dächer von Paris und schnitten in der Rue de Provence die Sendekabel von Radio Carbone durch. Ja, es wurde sogar Gilles Khaelhin, ein als politisch links geltender Inspektor der RG, abgehört. Doch das schien selbst den Sicherheitsbeamten des Élysée ziemlich heikel zu sein, denn in die Rubrik »Beruf« trugen sie bei dem Inspektor ein: »wird noch überprüft«.

Rechtlich und auch technisch hatten die »Wachen des Kardinals« kaum Schwierigkeiten zu überwinden. In Frankreich genehmigen Gerichte das Abhören, falls ein Verbrechen aufgeklärt werden soll. Geht es um Fragen der nationalen Sicherheit, um Terrorismus, wissenschaftliche Geheimhaltung oder um illegale Parteienfinanzierung usw., dann erteilt entweder der Innen- oder der Verteidigungsminister die Zustimmung, die aber zusätzlich vom Premierminister bestätigt werden muß. Das klingt in der Theorie schön demokratisch, doch in Frankreich sieht die Wirklichkeit meist anders aus als die Regel auf dem Papier; Alexis de Tocqueville schrieb vor mehr als hundertfünfzig Jahren, Frankreich sei ein Land mit drakonischen Gesetzen, aber einer äußerst laschen Handhabung. Und die Gesetze werden sogar nach Gutdünken ausgelegt, wo eine Gegenmacht, eine Kontrolle, fehlt. So kann sich die Macht des Präsidenten vor allem dann frei entfalten, wenn der Premierminister aus demselben politischen Lager stammt – wie eben Anfang der achtziger Jahre.

Die Antiterroreinheit des Élysée verlangte von Verteidigungsminister Charles Hernu, er möge veranlassen, daß der ihm unterstehende Geheimdienst DGSE zwanzig Abhörplätze abtrete. Das Ministerbüro wehrte sich. Doch die Geheimagenten im Élysée beriefen sich auf den Wunsch des Staatspräsidenten. Und wenn der französische Präsident einen Wunsch ausspricht, wagt ihm auch kein Verteidigungsminister zu widersprechen. Schließlich verzichteten sowohl der Verteidigungs- wie auch der Premierminister – nach einer weiteren, kurzen und heftigen Auseinandersetzung mit dem Amt des Staatspräsidenten – auf die umstrittenen Abhörplätze und zudem noch auf ihr Recht, die einzelnen Abhörvorgänge zu genehmigen. Der Staatspräsident konnte sich nicht vorstellen, vom Gutdünken einiger von ihm gnädig ernannter Regierungsmitglieder abhängig zu sein.

Als allerdings im März 1986 die Konservativen mit Jacques Chirac als Premierminister die Regierungsgeschäfte übernahmen, informierten die Beamten des Verteidigungsministeriums ihren neuen Chef über die Unverfrorenheit der Mitarbeiter des Élysée, und so wurden die zwanzig Abhörplätze wieder kassiert. Das *cabinet noir*, wie jene Einheit auch genannt wurde, mußte sich fortan anderer Mittel bedienen.

Morgens um sieben, mitten im Winter 1987, näherten sich drei Männer dem Eingang eines Gebäudes in Paris. Da sie den Einlaß-Code nicht kannten, warteten sie, bis jemand das Haus betrat, und quetschten sich dann schnell mit durch das zufallende Tor. Zwei begaben sich in die erste Etage, wo sie in die Wohnung des Gerichtsbeamten Yves Lutbert eindrangen, der sich gerade im Urlaub befand. Der dritte verschaffte sich Zutritt zu einem kleinen Kämmerchen im Erdgeschoß, wo die Telefonleitungen des Hauses zusammenliefen. Ein Nachbar, dem die drei merkwürdigen Gestalten aufgefallen waren, rief die Polizei, die schon wenige Minuten später eintraf. Die beiden Männer aus der Wohnung versuchten zu fliehen, wurden aber festgenommen. Die Polizisten glaubten, es mit einer Einbrecherbande zu tun zu haben, und waren baß erstaunt, als sie deren Identität überprüften. Es waren frisch pensionierte Gendarmen. Es dauerte eine Weile, bis auch der dritte in seinem Versteck entdeckt wurde. Er war Elektrotechniker und hatte alle Utensilien mit dabei, um eine geheime Abhöranlage einzubauen.

Die Einbrecher wurden der Kriminalpolizei übergeben, wo sie sich als Angestellte eines Unternehmens für industrielle Sicherheit und Nachforschungen ausgaben. Da wurden die Kriminalbeamten hellhörig. Sie kannten dieses Unternehmen, weil es der ehemalige Kommissar Charles Pellegrini gegründet hatte. Kommissar Pellegrini hatte einige Jahre im *cabinet noir* des Élysée gearbeitet. Die drei gaben zuerst an, sie seien hinter einem säumigen Zahler her; schließlich legten sie die Fotokopie einer Abhörgenehmigung wegen eines Drogenvergehens vor.

Die Sache schien auf den ersten Blick völlig legal zu sein. Doch nach einigen Tagen Recherchenarbeit fand die Kriminalpolizei heraus, daß die drei Herren als Subunternehmer für die Antiterroreinheit des Élysée arbeiteten, da das Amt des Staatspräsidenten nach dem Regierungswechsel nicht mehr über die Technik verfügte, um Telefone abzuhören. Der Hintergrund war auch bald aufgeklärt: Der Gerichtsdiener Lutbert, dessen Telefon sie anzapfen sollten, wurde verdächtigt, als Zwischenträger bei einer politischen Intrige mitgespielt zu haben. Denn private Briefe des Staatspräsidenten an die von ihm ernannte Generalsekretärin des Hohen Rates der Magistratur, Danièle Burguburu, waren – vielleicht mit Hilfe Lutberts – in die Hände von politischen Gegnern im Justizministerium gefallen. Das war für den Präsidenten besonders peinlich, denn er hatte in den persönlichen Briefen offen äußerst unfreundlich über einige hohe Richter geurteilt.

Vierzehn Tage später hat dann die Presse von diesem Vorfall Wind bekommen – was nicht weiter verwunderlich war, denn die Mitteilungen waren politisch gesteuert: Der konservative Innenminister Pasqua hatte sein durch die politische Polizei erhaltenes Wissen eingesetzt, um das gegnerische Lager, angeführt von Staatspräsident François Mitterrand, zu schwächen. Die Meldungen über den Vorfall verursachten in der Öffentlichkeit große Aufregung. Schließlich waren es nur noch fünf Monate bis zur Präsidentschaftswahl, in der François Mitterrand sich um die Wiederwahl bewarb. Doch was in den Vereinigten Staaten sicherlich zum politischen Ende eines Präsidenten geführt hätte, wurde in Frankreich unter den Tisch gekehrt. Das Élysée stritt einfach jegliche Beteiligung ab und behauptete, hier handle es sich um eine interne Auseinandersetzung zwischen verschiedenen Polizei-Diensten. Denn der Elektrotechniker hatte, wenige Tage bevor er festgenommen wurde, auf Antrag eines Untersuchungsrichters eine Abhöreinrichtung bei dem Polizeikommissar Yves Jobic angebracht, dem vorgeworfen wurde, Prostituierte zu »beschützen«. Daraufhin hätten Kollegen dieses Polizeikommissars versucht, den Elektrotechniker reinzulegen. Und so laufen die Dinge häufig in Frankreich ... Sie verlaufen im Sande.

Abhören scheint in der französischen Politik ein Kavaliersdelikt der besonderen Art zu sein – etwas, wofür man jeden vor den Kadi zerrt, nur nicht die Herren aus besseren Kreisen; sie kommen im allgemeinen mit einem Augenzwinkern davon. Zu einer tolldreisten Farce kam es, als General de Gaulle

1969 das Amt des Staatspräsidenten aus innenpolitischen Gründen unerwartet plötzlich niederlegte. Wie es die französische Verfassung vorsieht, übernahm der Senatspräsident, damals Alain Poher, dieses Amt für die Zeit bis zur Neuwahl. Um die Staatsgeschäfte protokollarisch korrekt führen zu können, zog Poher mit seinem Stab in den Élysée-Palast ein. Nun ist es in Frankreich üblich, daß die Mitarbeiter des Élysée vom jeweiligen Präsidenten persönlich ausgewählt werden und mit dessen Abgang auch meist ihre Position wieder verlieren. Eine Regel, die hier wohl allzu wörtlich genommen wurde. Als die Mitarbeiter Pohers ihre Büros betraten, fanden sie jedenfalls außer den Möbeln nichts mehr vor. Alle Akten waren von ihren Vorgängern abgeräumt worden, und in der Kasse befand sich kein Franc mehr. Bei der verzweifelten Suche nach Unterlagen stießen Pohers Leute in einem Büro auf eine Kommode im Stil von Louis XV, deren Schubladen sich jedoch nicht öffnen ließen. Durch puren Zufall hob jemand die Platte des antiken Möbelstücks an und entdeckte in seinem Inneren eine perfekte Abhöranlage. Von dieser Kommode aus liefen Leitungen in jedes Büro des Élysée, und an ihren Enden befanden sich starke Mikrophone. Selbst im Amtszimmer von General de Gaulle konnten alle Gespräche mitgehört und aufgenommen werden.

In diesem Büro hatte Jacques Foccard gesessen, den Alain Poher entlassen hatte, weil er dessen äußerst zweifelhaftem Ruf mißtraute. Foccard war eine der geheimnisvollsten grauen Eminenzen der Fünften Republik. Bis zum Rücktritt de Gaulles lautete seine offizielle Amtsbezeichnung Generalsekretär für afrikanische Angelegenheiten. Über lange Jahre hinweg hatte Foccard ein einflußreiches Netz von Beziehungen und Abhängigkeiten aufgebaut, so daß er in der Lage war, die französische Afrika-Politik zu bestimmen. Und Foccard hatte wohl auch bei so manchem Staatsstreich die Fäden gezogen. Aber seine wirkliche Macht reichte unter de Gaulle sehr viel weiter. Als Schattenmann kontrollierte er alle offiziellen und »parallelen« Geheimdienste der Republik. Foccard steckte hinter vielen dunklen Machenschaften. Ob er auch de Gaulle abgehört hat? Unüblich wäre es nicht gewesen. Schon Fouché, Polizeiminister von Napoleon, spionierte den Kaiser aus – und seine beste Agentin war Kaiserin Joséphine persönlich. Für Foccard hatte die Entdeckung seiner merkwürdigen Kommode keine Folgen. Denn wenige Wochen später berief der neugewählte Präsident Georges Pompidou den Afrika-Spezialisten wieder auf seinen alten Posten.

Drei Jahre später kam es zu dem bis dahin größten Abhörskandal in Frankreich. Agenten des Inlands-Geheimdienstes DST wurden in flagranti ertappt, als sie die Räume des kritisch-satirischen Wochenblatts »Le Canard enchaîné« mit Wanzen versehen wollten. Es stellte sich heraus, daß zehn Geheimagenten in die Abhöraffäre verwickelt waren. Der »Canard« reichte Klage ein, doch die Regierung verschanzte sich hinter der Ausrede, es handle sich um ein *secret-défense* – also um einen geheimen Vorgang, der die Sicherheit des Staates betreffe. Fünf Jahre später wurde das Verfahren wegen Verjährung eingestellt.

Frankreichs Stasi

Das politische System eines jeden Landes entwickelt sich aus seiner Geschichte und Kultur, aus den Eigenheiten, ja sogar den Merkwürdigkeiten seiner Bewohner. Zu den Eigenheiten der Franzosen zählt die Diskretion, »eine der hervorragenden Werte der Bourgeoisie«. Doch auf einen offenen, freundlichen Ausländer mag manch ein Franzose, der besonderen Wert auf Diskretion legt, merkwürdig arrogant und verschlossen wirken. So beeindruckte ein Bourgeois den russischen Romanschriftsteller Fjodor Dostojewski, als ihn dieser auf seiner Frankreichreise vor hundert Jahren nach seinem Ergehen fragte. Der Bourgeois flehte ihn an: »Mich gibt es gar nicht auf der Welt. Ich verstecke mich. Gehen Sie weiter, bitte, und bemerken Sie mich nicht. Tun Sie, als sähen Sie mich nicht. Gehen Sie! ... Gehen Sie! ...«

Weil die Regierenden in Frankreich die Vorliebe ihrer Landsleute für Versteckspiele kennen, versuchen sie Mittel und Wege zu finden, um ins Verborgene zu schauen. Denn, so argumentiert ein hoher französischer Beamter, der Präfekt Jacques Fournet, die Regierung benötige Auskünfte über die bürgerliche Gesellschaft, um Krisen zu verhindern. Verfüge die Regierung über das richtige Wissen, dann könne sie im richtigen Augenblick richtige Entscheidungen treffen, die auch noch richtig formuliert seien, so daß sie von der öffentlichen Meinung verstanden würden. *Richtig* verstanden werden, meint Fournet wahrscheinlich, und das heißt: im Sinne der Regierung.

Fournet sagte dies, kurz nachdem ihn Staatspräsident François Mitterrand im August 1988 zum Chef des französischen Staatssicherheitsdienstes *Renseignements généraux* (RG) ernannt hatte. Fournet stand Mitterrand nahe, denn er war nicht nur Sozialist, sondern auch ehemaliger Präfekt des Departements Nièvre, wo Mitterrand über Jahrzehnte Bürgermeister von Château-Chinon gewesen war und wo sein Wahlkreis gelegen hatte. Mitterrand gab Fournet bei dessen Amtsantritt den Wunsch mit auf den Weg, aus den RG einen »republikanischen Dienst« zu machen.

Fournet brachte die französische Stasi schnell auf Vordermann. Die RG verfügen über einen großen, gut ausgebildeten Stab von Beamten. Allein in der Hauptstadt Paris spionieren achthundert Geheimagenten die Gesellschaft aus. Und jeder Ausländer, der seine Akkreditierung als Korrespondent beantragt, wird überprüft. So erhielt auch ich, als ich mich für einige Jahre in Frankreich als Korrespondent niederließ, die Aufforderung zu einem Gespräch mit zwei Beamten des »Innenministeriums«. Ich traf sie zur verabredeten Stunde in einem Bistro, wo sie mir äußerst banale Fragen stellten. Sie waren freundlich, und nach einer Stunde – mir belanglos erscheinender – Unterhaltung verabschiedeten wir uns. Aber nicht immer sind die Agenten der französischen Stasi völlig harmlos. Auslandskorrespondenten, die wegen kritischer Artikel wiederholt den Zorn der Regierung in Paris auf sich zogen, wurden vorgeladen und bürokratisch »überprüft« oder in einzelnen Fällen sogar abgehört.

Offenbar funktionieren Staatssicherheitsdienste überall in der Welt nach ähnlichen Methoden, denn genauso, wie es die Deutschen von der DDR-Stasi kennen, beschäftigen die RG eine große Zahl von informellen Mitarbeitern. So schnüffelte Bernard M. als IM »Mathurin« bei der Postverteilstelle in Metz und sortierte alle Briefe an die Kommunistische Partei aus. Sie wurden von einem Inspektor der RG geöffnet, fotokopiert und weitergeschickt. Ihr Inhalt diente dem Inspektor dazu, politische Analysen für die politische Abteilung der RG in Paris anzufertigen. IM »Mathurin« erhielt monatlich zwischen 300 und 400 Franc Belohnung und wurde – eine besondere Vergünstigung – ab und zu von seinem Führungskommissar zum Essen in ein gutes Restaurant eingeladen. Die RG hatten Mathurin für diese Aufgabe rekrutiert, da er bei Kommunalwahlen für die Rechte kandidiert hatte und als Kommunistenfresser bekannt war. Zur gleichen Zeit wurde ein Arbeiter bei der Autofabrik Renault in Boulogne-Billancourt, einem Vorort von Paris, als IM »Brahim« geführt. Wenn er interessante Auskünfte über geplante Aktionen der kommunistischen Gewerkschaft CGT meldete, wurde er mit tausend Franc belohnt.

Überall in Frankreich, an jedem Ort, ist die französische Stasi mit ihren Agenten vertreten. Mehr als dreitausend festangestellte Geheimpolizisten arbeiten für die RG. Doch nicht überall, insbesondere nicht in allen sozialen Schichten, verfügen die *Renseignements généraux* über IM. Deshalb ließ Fournet das Netz ausbauen. Er forderte seine Agenten auf, auch an Schulen, Universitäten, bei den Trotzkisten und Skinheads nach IM zu suchen. Jedoch erschien ihm die bisherige Art, jemanden zur Mitarbeit zu überreden, zu altmodisch. Fournet forderte seine Agenten auf, nicht mit dem Geldbeutel zu locken, sondern erst einmal eine Person ins Visier zu nehmen, die als IM besonders wertvoll sein könnte. Dann sei in deren Leben nach Schwachstellen zu suchen, die irgendwann als Druckmittel dienen könnten. Die Bindung an den Geheimdienst sei auf diese Weise sehr viel stärker.

Während die IM im geheimen arbeiten, sind die Kommissare der RG gerade in kleinen Orten und in ländlichen Gebieten meistens wohlbekannt. Das kann für alle von Vorteil sein.

Wenn die Bauern vor der Präfektur gegen eine staatliche Maßnahme demonstrieren wollen, dann sprechen sie darüber laut in dem Bistro, in dem der Kommissar verkehrt. Und sie können daraufhin sicher sein, daß am Tag ihrer Aktion Hunderte von schwerbewaffneten Sicherheitsbeamten die Präfektur beschützen und die Presse Bescheid weiß. Mancher Agent spielt auch mit seinem Wissen und korrigiert das politische Geschehen.

So hat ein Kommissar der RG im Juni 1991 im Departement Saône-et-Loire, wo er Dienst tat, die Blockade von Straßen durch wütende Bauern verhindert. Er hatte von ihrem Plan erfahren und sie diskret darauf hingewiesen, daß ihr Protest sehr viel größere Beachtung fände, wenn sie ein paar Tage später in Solutré demonstrieren würden. Denn dorthin pilgerte François Mitterrand jedes Jahr zu Pfingsten, umgeben von seinen engsten Freunden – und der nationalen Presse. Die Bauern waren für den Hinweis dankbar, rückten von dem Bau der geplanten Straßensperren ab und überlegten, wie sich statt dessen der Besuch des Staatspräsidenten in Solutré für ihre Sache nutzen ließe. Der Agent der französischen Stasi aber schrieb einen Bericht an den Präfekten des Departements und unterrichtete ihn von der veränderten Lage, schwieg sich darin jedoch über seinen Anteil an der neuen Situation aus. Der Präfekt erschrak, denn nun drohte der auf lokaler Ebene entstandene Ärger mit den Bauern zu einer nationalen Affäre auszuufern. Er lud die Vertreter der Landwirte ein und löste den Konflikt, der seit einigen Wochen dahindümpelte, an Ort und Stelle.

So spielen die Geheimagenten häufig eine merkwürdige Doppelrolle – besonders bei Unruhen, die sich auf das ganze Land erstrecken. Mit schöner Regelmäßigkeit wird das Ausland erschreckt, wenn die französischen Lastwagenfahrer den Verkehr im ganzen Land lahmlegen und damit etwa in

Deutschland benötigte Einzelteile aus Spanien nicht an ihre Produktionsstätten gelangen. So war es auch im Juli 1992. Die Regierung in Paris hatte nach deutschem Muster das System von Strafpunkten für Verkehrssünder eingeführt. Nun fürchteten die Brummi-Piloten um ihre Jobs, schließlich kämen die Strafpunkte unweigerlich schnell zusammen. Denn ein Franzose denkt im Fall der Neueinführung einer Strafe nicht daran, sich zu bessern, sondern daß die Strafe, die ihn von nun an treffen würde, viel zu streng sei.

Straßenblockaden sind in Frankreich auch mit einem noch so gut funktionierenden Geheimdienst nicht zu verhindern, da sich die Wut häufig aus einem spontanen Anfall in irgendeiner Ecke des Landes entzündet und dann meist wie ein Lauffeuer verbreitet. Auf Frankreichs Straßen bewegte sich im Juli 1992 wegen der Strafpunkte für Verkehrssünder nichts mehr. Da machte die Regierung in Paris Druck auf die örtlichen Politiker, sie sollten für Ordnung sorgen und die Straßen räumen lassen. Nun grübelten die Präfekten als Statthalter des Innenministers in den Departements darüber nach, wie sie dieser dienstlichen Anweisung nachkommen könnten, ohne selbst zuviel Schaden in ihrem Bereich anzurichten.

Ein Kommissar der RG, damals in der Region Midi-Pyrénées eingesetzt, erinnert sich an eine Mission, mit der er beauftragt wurde: »Ich nahm in der Präfektur an einer Sitzung mit Gendarmen, CRS-Sicherheitspolizei und gewöhnlichen Polizisten teil. Es wurde über den Einsatz eines mobilen Kommandos der Gendarmen gesprochen, von Tränengasgranaten, von Angriffen. Niemand fragte sich, ob es sinnvoll sei, mit Gewalt vorzugehen, und ob es nicht eine andere Lösung gebe. Am Ende der Versammlung nahm mich der Präfekt zur Seite, um mir zu sagen, er habe beschlossen, eine Zugangsstraße nach Toulouse räumen zu lassen; aber er wolle um alles in der Welt verhindern, daß in den Medien Bilder von gewalttätigen

Auseinandersetzungen erschienen. Ich solle mich *debrouillieren*, eben alles tun, damit diese Räumung in aller Ruhe ablaufe. Ich bin zu der Straßensperre gegangen. Ich war schon vom ersten Tag an dort gewesen und hatte mich vorgestellt, von Amts wegen. Am Anfang war ich von einer Bande übergeschnappter Kraftmeier umringt worden, die mich prügeln oder als Geisel nehmen wollten. Doch dann hat man geredet und einen Happen zusammen gegessen. Diesmal, erklärte ich ihnen, wird's rumsen. Der Präfekt sei zu allem entschlossen, und vermutlich würden ihre Lastwagen dabei was abbekommen. Sie haben mich angehört und die Straßensperre aufgehoben, sobald sie die CRS-Sicherheitspolizei und die gepanzerten Fahrzeuge anrücken sahen. Aber als die Polizisten nach einigen Stunden wieder abzogen, haben die Fahrer die Straßensperre erneut errichtet. Trotzdem war der Präfekt zufrieden, denn er konnte etwas Positives nach Paris melden. Von da an habe ich häufig als Mittler von Nachrichten zwischen den Fahrern und der Präfektur und umgekehrt gedient. Das ist mir übrigens auch mit den Bauern oder den Händlern passiert. Und so ist das auch bei den meisten meiner Kollegen.«

Der Streik der Lastwagenfahrer dauerte Tage. Jeden Abend erhielt der Innenminister von den RG einen präzisen Stimmungsbericht über die Lage in den einzelnen Gegenden. Und so wußte er, wo der Einsatz von Gewalt am meisten Wirkung zeitigen würde. Während Vertreter der Fahrer in Paris mit der Regierung verhandelten, erfuhr die Staatsgewalt von ihren Agenten, wie die Lage an der Basis war – und konnte ihre Strategie danach ausrichten.

Joseph Fouché wurde im Juli 1799 zum Polizeiminister der Republik ernannt. Er richtete als erster französischer Minister eine strukturierte Geheimpolizei ein, die bis hin zum letzten Gerücht über alles informiert sein sollte. Unter Kaiser Napoleon I. funktionierte sie hervorragend, aber schon die Machthaber der Restauration und der Zweiten Republik ließen das von Fouché aufgebaute Instrument staatlicher Kontrolle einschlummern. Doch als Napoleon Bonaparte, der Neffe des Kaisers, zum Staatspräsidenten gewählt worden war, ernannte er 1852 den Herzog von Persigny zum Innenminister und beklagte sich bei ihm, als Präsident wisse er zuwenig über die Vorgänge im Land und es gebe leider keine Einrichtung, die den Stand der öffentlichen Meinung schnell und genau erfasse. Zum Kaiser aufgestiegen, machte sich Napoleon III. noch mehr Gedanken, was die Franzosen wohl von seinem Regime halten mochten. Darüber informiert zu sein schien ihm immer wichtiger, da Gedanken und Menschen schneller und schneller reisten. So wurde die Eisenbahnpolizei eingeführt. Dreißig Kommissare und siebzig Inspektoren meldeten den Präfekten, und die leiteten an den Innenminister weiter, was auf ihren jeweiligen Strecken in den Abteilen geredet wurde. Und schon bald wurde die Überwachung der Reisenden ausgedehnt auf alle, von denen der Staat meinte, sie könnten dem Kaiserreich Unannehmlichkeiten bereiten: Republikaner, Arbeiter, Ausländer ...

Die geheime Polizei arbeitete noch lange weiter, auch nachdem Napoleon III. abgesetzt und die Dritte Republik ausgerufen worden war. Zwanzig Jahre waren ins Land gegangen, die Republik hatte sich stabilisiert, als sich überzeugte Republikaner endlich die Frage stellten, ob eine Geheimpolizei mit ihren demokratischen Idealen überhaupt vereinbar sei. Die Debatte um die Auflösung dieser Schnüffeleinrichtung war in vollem Gange, als am 9. Dezember 1893 der Anarchist Auguste Vaillant eine Bombe in das Abgeordnetenhaus warf – und damit jede weitere Diskussion ethischer Natur abwürgte. Schon vierzehn Tage später wurden die Kompetenzen der Geheimpolizei per Dekret erweitert.

Im Wandel der Zeiten gab es immer wieder Politiker, die, solange sie in der Opposition waren, gegen die Geheimpolizei zu Felde zogen und ihre Abschaffung versprachen. Doch einmal im Amt, sah die Welt anders aus. Als der Linkssozialist Jean-Pierre Chevènement in der Regierung Lionel Jospin 1997 zum Innenminister ernannt wurde, mußte er in der Abgeordnetenkammer auf die Frage eingehen, wie er zu einer möglichen Abschaffung der RG stünde. Chevènement antwortete: »Die Auflösung der *Renseignements généraux* ist nicht vorstellbar, da ein republikanischer Staat über eine gewisse Anzahl von Informationen verfügen muß, die ihm nur Agenten vor Ort liefern können. Aber«, so fügte der Innenminister hinzu, »die *Renseignements généraux* dürfen in Zukunft nicht mehr die politischen Parteien überwachen und müssen sich an genauer definierte Aufträge halten.« Es war jedoch stets eine der historischen Aufgaben der französischen Stasi, sich äußerst genau mit dem politischen Leben zu befassen, um so dem jeweiligen Innenminister Munition gegen den politischen Gegner zu liefern. Und selbst wenn die Regierungen wechseln, für die Geheimagenten ändert sich wenig.

Als die Linke 1981 zum erstenmal seit der Gründung der Fünften Republik die Wahlen gewann, hatten die Chefs der RG allerdings noch große Sorgen: »Die Linke an der Macht, das ist wie russische Panzer auf der Place de la Concorde«, sagten sie. Ihre Agenten hatten die Politiker der Linken überwacht, abgehört, waren in deren Wohnungen eingebrochen und hatten Aktionen durchgeführt, um sie beim Wähler zu diskreditieren. So war es kein Wunder, daß dem zum Innenminister ernannten Sozialisten Gaston Defferre nur leere Aktenordner vorgelegt wurden, als er nach bestimmten Vorgängen fragte.

Defferre: »Das ist unvorstellbar! Ich habe erfahren, daß in der kurzen Zeit zwischen der Präsidentschaftswahl und der

Bildung der neuen Regierung 22 Tonnen Dokumente zerstört oder verbrannt worden sind.«

In der französischen Stasi glaubten die meisten, nun werde eine Säuberungsaktion durchgeführt – wie nach der *Libération*, nach der Befreiung am Ende des Zweiten Weltkriegs. Sogar in der Provinz waren die Agenten auf das Schlimmste gefaßt. Da erhielt der für das Departement Haute-Marne zuständige Geheimagent auch schon einen Anruf aus Paris mit dem Hinweis, es handle sich »um etwas Unangenehmes«. Dem Manne schwante Arges: Im Zuständigkeitsbereich Haute-Marne befindet sich der Ort Colombey-les-deux-Églises, wo das Anwesen liegt, in dem General Charles de Gaulle zu Lebzeiten gewohnt hatte und das es immer noch zu beobachten galt. Zwar war dies seit dem Tod des Generals keine politische Aufgabe mehr, dennoch befürchtete der Agent, auf seinem Buckel werde jetzt der Zorn der neuen Herren abgeladen. Aber nein! Man bat ihn nur, seinen gerade ausgelieferten, nagelneuen Dienstwagen zu tauschen gegen das gebrauchte Auto des Kollegen vom Departement Nièvre, der politischen Heimat des neuen Staatspräsidenten.

Täglich fragen Politiker der Regierungsparteien, Abgeordnete oder Senatoren, Minister oder Präfekten bei den RG an und bitten um Auskünfte. Ein Minister sucht einen neuen Wahlkreis. Also läßt er sich von der Geheimpolizei ein politisches Gutachten erstellen, wo er auf wenig Gegner stoßen würde. Ein Präfekt wird von einem politischen Freund gebeten, den Bewerber für einen hohen Posten in seinem Unternehmen zu »durchleuchten«. Routinearbeit. Die RG verfügen über ein enormes Archiv, in dem all das gesammelt wird, was woanders dem Datenschutz unterliegt. Und in den Personalakten stehen auch Dinge, die vor Gericht nicht verwertet werden könnten: Gerüchte, Andeutungen, Vermutungen, Hinweise, für die Beweise fehlen. Doch allein für derlei Arbeiten benötigt eine Regierung keine politische Polizei. Die wirklich wichtige Aufgabe der RG besteht darin, zu erfahren, wer welchen Dreck am Stecken hat, welche Affären des Gegners sich politisch ausbeuten lassen, wie Wahlen ausgehen oder vielleicht noch manipuliert werden könnten.

Jeden Abend erhält der französische Innenminister das Dossier der RG. Darin befindet sich alles, was ein Politiker in Paris wissen will: Analysen politischer Vorgänge, Angaben über die illegale Finanzierung von Parteien, die Recherchen von Journalisten über eine politische Affäre, die drohende Veröffentlichung von Einzelheiten aus dem Privatleben des Präsidenten, bis hin zu geheimen Liebschaften von Politikern. Ganz heikle Vorgänge werden als anonymisierte *notes blanches* auf Papier ohne Briefkopf, ohne Hinweis auf die Herkunft, der abendlichen Akte des Ministers beigelegt. Die RG verfügen auch über eine Presseabteilung, doch deren Aufgabe ist es nicht, den Kontakt mit der Öffentlichkeit zu regeln, sondern schon Tage vor der Veröffentlichung brisanter Artikel den Inhalt und die Autoren zu kennen. Viele dieser Informationen veranlassen den Innenminister, Maßnahmen zu ergreifen. Nur eines tut er nie: Wenn er von einer strafbaren Handlung erfährt, dann wird er sich hüten, die Justiz zu informieren. Eher wird er – etwa wenn eine Wahl naht – seine besonderen Kenntnisse zu Aktionen gegen die Opposition nutzen.

Nun ist es das wichtigste demokratische Vorrecht des Volkes, bei Wahlen zu bestimmen, wer gewinnt und damit den Zugang zur Macht hat. Deshalb ist es für eine Regierung unerläßlich, die Stimmung im Volk – oder bildhafter ausgedrückt: die Temperatur des Patienten – stets genau zu kennen. Und um sie zu messen, richteten die RG Anfang der sechziger Jahre eine Abteilung ein, deren Aufgabe es war, genaue Umfragen durchzuführen. 1997 wurde die Abteilung zwar wieder aufgelöst, doch weil keine andere Einrichtung der Regierung beauftragt wurde, die Umfragen zu erstellen, blieb dies schließlich doch wieder an der politischen Polizei haften.

Wenn Wahlen bevorstehen, dann schaut die interessierte Öffentlichkeit stets auf die Umfrageergebnisse der Meinungsforscher. Doch die gelten in Paris nur als Informationen zweiter Klasse. Wer hingegen darauf verweisen kann, sein politisches Urteil sei geprägt von der Kenntnis der Zahlen der RG, dem wird Hochachtung gezollt, denn er hat scheinbar Zugang zu den wirklich wichtigen Informationen aus dem inneren Kreis der Mächtigen.

Präsidenten, Premierminister und viele Innenminister haben sich bei ihren Entscheidungen von den Statistiken der RG beeinflussen lassen. Dazu ein recht aufschlußreiches Beispiel: Im Frühjahr 1997 befand sich der französische Präsident Jacques Chirac in einer Zwickmühle. Die reguläre Legislaturperiode des Abgeordnetenhauses dauerte noch zwölf Monate. Ließ er die Wahlen zu dem vorgesehenen Zeitpunkt stattfinden, dann bestand die Gefahr, daß die – für den gleichen Zeitpunkt vorgesehene – Entscheidung über die Einführung des Euro den Wahlkampf überschattete. Ja, es hätte sogar passieren können, daß der Euro durch die in diesem Wahlkampf zu erwartende harte Auseinandersetzungen zwischen Gegnern und Befürwortern der europäischen Währung Schaden nehmen würde. Nun hat der französische Staatspräsident das Recht, die Volkskammer jederzeit nach eigenem Gutdünken aufzulösen und Neuwahlen auszuschreiben. Das schien ihm aber zu diesem Zeitpunkt zu gewagt, da sein Premierminister Alain Juppé zwar sein unbedingtes Vertrauen besaß, aber nicht das des Volkes. Juppé war so unbeliebt wie kein anderer Premierminister zuvor. Zwei hohe Beamte analysierten die Lage. Sie ließen die RG eine Umfrage erstellen, wie eine vorgezogene Wahl ausgehen würde. Die Zahlen beeindruckten die Beamten, die zwar über viel Fachwissen, aber über wenig politisches Gespür verfügten. Sie überredeten den Präsidenten, das Parlament sofort aufzulösen, verfolgten während des kurzen Wahlkampfs laufend die Erhebungen der RG und waren baß erstaunt, als das gegnerische Lager mit dem Sozialisten Lionel Jospin an der Spitze (übrigens auch zu dessen eigener Verwunderung) haushoch gewann. Diesmal hatten sich die RG in bezug auf die Stimmung geirrt.

Manchmal lagen sie zwar richtig, doch die Zahlen paßten den Politikern nicht, und die haben in Frankreich die merkwürdige Angewohnheit, zu glauben, sie brauchten nur die Analysen zu fälschen, um die Wirklichkeit zu ändern. So war es, als sich General de Gaulle 1965 zur Wiederwahl als Staatspräsident stellte. Damals trat der Sozialist François Mitterrand gegen ihn an. Mitterrand galt bei seinen Gegnern als eine zwielichtige Figur, die gegen den General wenig ausrichten würde. Doch die RG meldeten dem Innenminister, Roger Frey, Mitterrand werde so viele Stimmen erhalten, daß de Gaulle nicht wie erwartet – oder erhofft – schon im ersten Wahlgang gewinnen würde. Sakrileg! Der Innenminister wollte es nicht glauben und forderte eine zweite Umfrage an. Die wurde durchgeführt und kam zu dem gleichen Ergebnis. Doch Frey wagte es nicht, diese unangenehme Nachricht an General de Gaulle weiterzuleiten, sondern korrigierte die Zahlen so, daß sie einen Sieg des Generals im ersten Wahlgang vorhersagten. Um so größer war die Enttäuschung de Gaulles am Wahlabend.

Genauso feige war Innenminister Christian Bonnet im Frühjahr 1981, als Valéry Giscard d'Estaing sich um die Wiederwahl als Staatspräsident bemühte. Die RG sagten einen Sieg François Mitterrands voraus, doch Bonnet fand dies ein nicht annehmbares Ergebnis, verfälschte die Zahlen zugunsten des amtierenden Präsidenten, worauf sich Giscard d'Estaing schon in seinem Amt bestätigt wähnte. Und so war der psychologische Schock für ihn kaum zu bewältigen, als Mitterrands Sieg verkündet wurde.

Während eines Wahlkampfes kann die Veröffentlichung von Umfragen Trends festigen, vielleicht sogar beschleunigen. Deshalb erliegen Innenminister immer wieder der Versuchung, die Zahlen der RG zu ihren politischen Zwecken zu mißbrauchen. Im Präsidentschaftswahlkampf 1988 wollte der konservative Premierminister Jacques Chirac das amtierende Staatsoberhaupt François Mitterrand schlagen. Auf der Rechten überlegte der ehemalige Premierminister Raymond Barre, ob er nicht auch antreten solle. Innenminister Charles Pasqua, ein französischer Don Camillo, wußte genau, wie er sein Wissen von den RG und die Medien für seinen Kandidaten Chirac benutzen konnte. Drei Monate vor der Wahl trat er in den Abendnachrichten des staatlichen Fernsehsenders Antenne 2 auf und berief sich auf eine Umfrage der politischen Polizei, die den Ergebnissen aller anderen Umfrage-Institute widersprach und Chirac als Favoriten sah. Darüber hinaus ließ Innenminister Charles Pasqua am nächsten Morgen über einen Journalisten des vielgehörten Radiosenders Europe 1 die »vertraulichen« Zahlen der politischen Polizei veröffentlichen. Sie besagten, daß Chirac als einziger konservativer Politiker den Sozialisten Mitterrand mit 51 Prozent der Stimmen schlagen werde. Damit sollte Chiracs Konkurrent Barre abgeschreckt und Stimmung für den Premierminister erzeugt werden. Kein Wunder, daß sowohl Barre wie auch die Sozialisten protestierten.

In einem anderen Präsidentschaftswahlkampf, Jahre zuvor, hatte Jacques Chirac seinerseits als Innenminister den jungen, dynamischen Finanzminister Valéry Giscard d'Estaing gegen den älteren Gaullisten Jacques Chaban-Delmas mit den Kenntnissen der RG unterstützt. Chaban galt als gestandener Politiker, mit einer großen Vergangenheit als Held der *Libération* (er war schon mit 29 zum General ernannt worden) und als ehemaliger Premierminister. Als Herr der RG fiel es Chirac nicht schwer, dafür zu sorgen, daß Zahlen nach draußen sickerten, so daß einige Zeitungen mit der Schlagzeile aufmachen konnten: »Nach einer Umfrage des Innenministeriums siegt Giscard überwältigend vor Chaban«.

Was immer Jacques Chirac tat, immer wollte er erster sein. Und so ging er auch mit dem klaren Ziel in die Politik, eines Tages das Amt des Staatspräsidenten zu übernehmen. Insgeheim taktierte er deshalb 1981 gegen die Wiederwahl von Giscard, denn Chirac glaubte, wenn die Wähler jetzt Mitterrand in den Sattel hievten, weil sie Giscards überdrüssig wären, dann würden die Franzosen spätestens nach Mitterrands siebenjähriger Amtszeit des Sozialismus überdrüssig sein und dann ihn, den Neogaullisten Chirac, wählen. 1986 hatten die Wähler den Linken schon eine Absage bei den Parlamentswahlen erteilt, und Chirac war Premierminister geworden. Sein Innenminister war der äußerst rechts stehende und als skrupellos bekannte Charles Pasqua. Um Chirac politisch zu helfen, wollte Pasqua über alle Winkelzüge Mitterrands informiert sein, insbesondere darüber, welche politischen Allianzen er im Hinblick auf seine Wiederwahl einging. Also ließ der Innenminister den Staatspräsidenten von den *Renseignements généraux* observieren.

Und so sieht ein IM der RG eines Morgens den Staatspräsidenten mit einem Regierungsjet auf dem kleinen Provinzflughafen von Dole im Jura landen. Sofort ruft er den für das Departement zuständigen Geheimagenten an, der die Information nach Paris weitergibt. Von dort kommt postwendend der Befehl: »Finden Sie sofort den Präsidenten, und teilen Sie uns mit, was er bei Ihnen treibt.« In Lons-le-Saunier, dem Sitz der örtlichen RG, stellt man allerhand Überlegungen an, was das Reiseziel des Präsidenten sein könnte. Vielleicht trifft er sich mit dem ehemaligen Premierminister und langjährigen

Parlamentspräsidenten Edgar Faure, dessen politische Heimat das Jura ist. Mit Faure könnte Mitterrand über eine mögliche Öffnung zur politischen Mitte hin verhandeln und so wichtige Stimmenanteile auf sich ziehen.

Ein Inspektor erinnert sich jedoch daran, in »Le Rouge et le Noir«, einer Mitterrand-Biographie, irgend etwas gelesen zu haben, das mit der Gegend des Jura zu tun hat. Er sucht das Buch in der Dokumentationsabteilung des Geheimdienstes, findet es aber nicht. So setzt er sich in seinen Dienstwagen und fährt nach Hause, holt die Biographie aus seinem Bücherregal und beginnt darin zu blättern. Schließlich findet er auf Seite 96 den gesuchten Hinweis. Danach wohnen in der Nähe von Lons-le-Saunier angeheiratete Verwandte Mitterrands, die ihm in den vierziger Jahren Unterschlupf gewährt hatten, nachdem er aus einem Kriegsgefangenenlager in Deutschland geflohen war.

Die Geheimagenten machen sich also auf die Suche, finden schließlich das Haus der Verwandten, werden dort aber von den Leibwächtern des Präsidenten aufgehalten und daran gehindert, sich dem Garten zu nähern, in dem ein Familientreffen stattfindet. Die Agenten melden ihr Wissen nach Paris, und dort ist man zufrieden: Der Präsident hat sich nicht mit einem geheimnisvollen Gesprächspartner getroffen, sondern ist nur – wie es so seine Eigenart war – zu einem Ort seiner persönlichen Geschichte gepilgert.

»Diese Anekdote mag unwichtig erscheinen«, erklärte später ein Inspektor, der an der Suche nach dem Präsidenten beteiligt gewesen war. »Aber sie zeigt, welche Bedeutung das über ganz Frankreich gezogene feinmaschige Netz der RG für den Innenminister hat. Ein ›kleiner Posten‹ mag wenig nützlich erscheinen, aber an dem Tag, an dem der Minister eine äußerst genaue lokale Information benötigt, auf welchem Gebiet auch immer, ist er der einzige in der Regierung, der sie sofort liefern kann. Sobald die Minister sich mehr als einmal dieses Werkzeugs bedienen konnten, sprachen sie weniger davon, den Dienst aufzulösen.« Und natürlich wäscht jeder Geheimagent seine Hände in Unschuld: »Es fällt nicht in unsere Verantwortung, welchen Gebrauch sie von unseren Informationen machen.«

Wer in Frankreich Macht hat, der nutzt sie. Macht haben bedeutet, Gefälligkeiten aller Art zu erweisen. Das beginnt damit, daß ein Abgeordneter für einen treuen Wähler bei der Ordnungsbehörde interveniert, um einen Strafzettel rückgängig zu machen. Weil ein Kumpel ihn darum bittet, erläßt der Chef der Zollbehörde einer jungen Frau den Strafzoll wegen eines illegal eingeführten Autos. Um einen Geschäftsmann zu schützen, verzögert das Justizministerium ein gegen ihn eingeleitetes Untersuchungsverfahren; ja, die Gefälligkeiten gehen so weit, daß Justizminister oder gar der Staatspräsident einen erheblichen Druck auf Untersuchungsrichter ausübt, damit etwa illegale Zahlungen an politische Parteien gerichtlich nicht verfolgt werden.

»Seit zwanzig Jahren wird die Enthüllung aller Affären systematisch abgewürgt«, meinte der sozialistische Premierminister Pierre Bérégovoy im Dezember 1992. Der arme Mann nahm sich schließlich das Leben, als herauskam, daß er einen zinslosen Millionenkredit von einem Finanzier erhalten hatte und der Verdacht bestand, das Geschäft könnte mit einer gewissen politischen Handreichung verbunden gewesen sein.

Das französische System erlaubt es der Regierung, geheimzuhalten, was sie weiß und was sie tut. Denn die verantwortlichen Politiker haben einen Joker, den sie hervorziehen, wenn es die Opposition oder die Justiz wagt, unangenehme Fragen zu stellen. Ob es um den peinlichen Skandal des Schnüffel-Flugzeugs ging (S. 159 ff.), um die Abhöraffären, etwa des Élysée oder des »Canard enchaîné«, immer wieder beriefen sich die Verantwortlichen, wenn sie ertappt wurden, auf die Wunderformel *secret-défense* – und das hieße, nähme man die Übersetzung wörtlich, »Verteidigungs-« oder »Militärgeheimnis«, gemeint ist aber das allumfassende »Staatsgeheimnis«. Und so ist die vermutliche Beteiligung französischer Geheimagenten an unglaublichen Taten vertuscht worden. Sobald ein Untersuchungsrichter Einblick in Akten des Geheimdienstes haben oder gar einen Agenten vernehmen wollte, versteckte sich der Staatsapparat hinter dem *secret-défense*. Drei politische Morde blieben deshalb ungeklärt.

Der Führer der marokkanischen Opposition, Mehdi ben Barka, wurde in Paris auf dem Boulevard Saint-Germain entführt und verschwand auf Nimmerwiedersehen. Der Verdacht, daß ein französischer Geheimagent, Oberst Leroy-Finville, gemeinsam mit dem marokkanischen General Oufkir einen unbequemen Politiker beseitigt hatte, konnte nie erhärtet werden – obwohl alles auf ihre Täterschaft hindeutete. Der Leichnam ben Barkas wurde nie gefunden.

Auch ein militanter Oppositioneller ägyptischer Herkunft, Henri Curiel, wurde mitten auf der Straße in Paris ermordet. Er war lange Zeit vom französischen Geheimdienst beobachtet worden. Doch die Geheimagenten weigerten sich, ihr Wissen über den politischen Mord preiszugeben.

Genauso ungeklärt bleibt der Tod von Pierre Goldman. Goldman nannte sich »Jude, Revolutionär, Guerrillero, Gangster und Schriftsteller«. Der Mann störte politisch. Einer seiner Mörder sprach nach Angaben von Zeugen spanisch, und eine Organisation namens »Ehre der Polizei« bekannte sich zu dem Anschlag, den sie mit der Laschheit der Justiz begründete. Keine der Verdächtigungen gegen Geheimagenten des französischen Staates konnte erhärtet werden – weil es sich um »Staatsgeheimnisse« handelte.

Frankreich sieht sich gern als Land des Asyls. Viele politische Flüchtlinge aus allen Gegenden der Welt suchen in Paris Schutz vor Verfolgung, sind dort aber vor gedungenen Mördern nicht immer sicher. Zwischen den Geheimdiensten aller Länder gibt es Verbindungen, die weit über das hinausgehen, was Politiker wissen – oder wissen wollen. Und manch ein politischer Asylant mag die französische Politik stören, weil er die Beziehungen zwischen Paris und seinem Heimatland belastet. Und das wiederum kann unerwartete Folgen haben.

So hatte sich der Schiitenführer Ayatollah Khomeini in Neauphle-le-Château niedergelassen und dort drei Monate lang den Sturz des Schahs von Persien betrieben. Er schickte Tonbänder mit aufrührerischen Reden und Predigten nach Persien, und tatsächlich gelang es ihm, die Massen so aufzuhetzen, daß der Schah in immer größere Bedrängnis geriet. Daraufhin entsandte der damalige französische Staatspräsident einen Vertrauten nach Teheran und bot dem Schah an, sein Geheimdienst könne den Ayatollah in Frankreich umbringen, ohne daß die Franzosen eingreifen würden. Der Schah verzichtete dankend: Er befürchtete, der Mord an Khomeini würde ihm angelastet und dann unweigerlich zu seinem Sturz führen.

Dieses Versteckspiel mit der Ausrede des *secret-défense* wird geradezu menschenverachtend benutzt – und das nicht nur, wenn es sich um Geheimdienste dreht: Monsieur Paul war beim Kommissariat für Atomenergie angestellt. Er bewarb sich um eine Stelle bei der Atomanlage von Pierrelatte, wo der französische Staat angereichertes Uran für seine Atombomben herstellen läßt. Auf eigenen Antrag hin wurde er im Forschungslabor eingesetzt, wo er täglich mit einem chemischen Stoff namens Solvesso 150 hantierte. Dieses Lösungsmittel ist dreimal so flüchtig wie Äther, gelangt also auch dreimal so schnell in die Atemwege. Alle drei Monate mußte Monsieur Paul daher seinen Gesundheitszustand untersuchen lassen, die Ärzte nahmen regelmäßig Blut- und Urinproben. Nach vier Jahren Arbeit im Labor fühlte Monsieur Paul sich unwohl, hohes Fieber befiel ihn. Die Arbeitsmediziner von Pierrelatte versetzten ihn daraufhin für einige Monate vom Labor ins Büro, doch schließlich kehrte er zu seiner Forschungsarbeit mit dem hochauflöslichen Gift zurück. Und so ging es einige Jahre hin und her.

Monsieur Paul hatte volles Vertrauen in die Ärzte der Atomanlage von Pierrelatte. Schließlich waren sie Spezialisten in ihrem Fach, und kein Arzt in der Umgebung wußte besser Bescheid. Doch es ging dem Techniker im Forschungslabor immer schlechter, und eines Tages erklärte ihm der Arzt, auf Grund der chemischen Dämpfe sei er an Leukämie erkrankt. Nun endlich wandte er sich an außenstehende Mediziner, die den Befund bestätigten. Ein Professor hielt eine sofortige Operation für notwendig und bat Monsieur Paul, er möge seine Krankheitsakte vorlegen, woraufhin der sagte: »Meine Krankheitsakte? Die habe ich nie gesehen. Davon hat man mir nie etwas gesagt. Die ist vermutlich beim Atomkommissariat.«

Der Professor wandte sich also wegen der Unterlagen an die Atombehörde. Die jedoch weigerte sich, die Papiere herauszugeben, denn es handelte sich um Informationen, die unter das *secret-défense* fielen – da es sich um den Bau von Atombomben drehe! Der Mediziner antwortete, es gehe um das Leben eines Menschen, und mit Geschick und öffentlichem Druck gelangte er schließlich in den Besitz der Akte. Und dort entdeckte er das »Staatsgeheimnis«: Fünf Jahre lang hatten die von der Atomkommission beauftragten Ärzte dem Labortechniker verschwiegen, daß er an Leukämie erkrankt war, und so verhindert, daß er rechtzeitig behandelt wurde. Dieser schwere Verstoß gegen die medizinische Ethik hatte keinerlei Folgen – weder für sie noch für die Atomkommission.

Der Hang zum Geheimnis entspricht dem Denken von Franzosen. Deshalb haben sie sich auch nicht aufgeregt, als herauskam, daß ihr Staatspräsident François Mitterrand während seiner ganzen Amtszeit von vierzehn Jahren Bulletins über seinen Gesundheitszustand veröffentlichen ließ, die der Wahrheit nicht entsprachen. Des Präsidenten Leibarzt verschwieg der Öffentlichkeit die Krebserkrankung, an der Mitterrand wenige Monate nach Ende seines Mandats starb. Er berief sich auf die ärztliche Schweigepflicht.

Wenn Philosophen politische Systeme qualifizieren, dann nennen sie einen Staat äußerst demokratisch, in dem der einzelne so viele Geheimnisse wie möglich vor der Obrigkeit haben darf, der Staat aber nur das zum Geheimnis erklärt, was er unbedingt verbergen muß, um sich als Rechtsstaat zu schützen. Nun haben in Frankreich viele Bürger viele Geheimnisse vor der Staatsmacht. Da aber die Macht in diesem Staat wiederum von geheimniskrämerischen Bürgern ausgeübt wird, besteht auch der Staat auf seinen Geheimnissen.

Und weil in Frankreich dem Denken und Handeln des Volkes eine besondere Bedeutung zugemessen wird, muß auch dessen Meinung ständig erforscht werden. Deshalb werden in Paris mehr Umfragen in Auftrag gegeben als in irgendeinem anderen Land der Welt. Jedes Jahr erscheint ein vielbeachteter Band mit Untersuchungen über den »Stand der öffentlichen Meinung«. 1998 gab es da ein Kapitel zum Thema »Franzosen und Geheimnis«. An der Spitze der Geheimnisse, die nach Meinung der überwiegenden Mehrheit der Franzosen auf jeden Fall respektiert werden müssen, stehen das Beichtgeheimnis, das Privatleben von Stars und Politikern und schließlich das Militärgeheimnis. Und weil Franzosen daran gewöhnt sind, daß alle Geheimnistuer sind, meinten auch nur vierzehn Prozent der Befragten, die Enthüllungen über die geheimen Abhörmaßnahmen des Élysée hätten sie überrascht.

»Le Corbeau«

Jedes französische Schulkind kennt die Fabeln von Jean de La Fontaine. Eine der bekanntesten handelt von *maître Corbeau*, von Meister Rabe, dem *maître Renard*, der Fuchs, schmeichelt. Der listige Reineke will den Vogel zum Reden verlocken, damit er den Käse, den er in seinem Schnabel hält, fallen läßt. Der Fuchs lobt in höchsten Tönen die vermeintliche Schönheit des Gefieders, das nur noch vom Wohlklang der Stimme übertroffen werde ... Der eitle Vogel läßt sich verführen, den Schnabel zu öffnen, er krächzt begeistert auf, und der Käse fällt dem Fuchs vor die Füße.

Le corbeau heißt aber nicht nur Rabe. Das Wort hat vielmehr noch eine zweite Bedeutung, die besagt, daß ein schräger Vogel von sich aus redet, obwohl ihm gar nicht geschmeichelt wird. Im übertragenen Sinn ist *le corbeau* die Bezeichnung für einen anonymen Denunzianten. Und da es praktisch in jedem Dorf einen *corbeau* gibt, taucht der Begriff im französischen Alltag häufig auf.

Der *corbeau* schreibt dem Bürgermeister, wenn er meint, jemand habe gegen die guten Sitten oder vielleicht gar gegen ein Gesetz verstoßen. Das französische Steuergesetz sieht sogar vor, daß Denunzianten für ihre Anzeigen belohnt werden: Nach Artikel 1825 S des »Code général des impôts« erhält die Person, die eine Steuer- oder Zollsünde anzeigt, zwischen fünf und zehn Prozent der vom Staat nachträglich eingetriebenen Summe. Die Zahlung erfolgt bar und ist auch noch steuerfrei!

Der Begriff *corbeau* hat sich in der französischen Umgangssprache eingebürgert, nachdem Henri-Georges Clouzot im Jahr 1943 seinen berühmt gewordenen Film »Le Corbeau« mit Pierre Fresney in der Hauptrolle in die französischen Kinos gebracht hatte. »Le Corbeau« gilt als ein Meisterwerk der französischen Filmkunst.

Eine kleine Provinzstadt wird durch anonyme Briefe, die mit *Le Corbeau* gezeichnet sind, verunsichert. Erstes Ziel ist der undurchsichtige Dr. Rémi Germain: Ihm wird vorgeworfen, er treibe ab und sei der Liebhaber von Laura Vorzet, der Ehefrau des an der Klinik praktizierenden Psychiaters. Nacheinander werden der Klinikchef, dann der Verwalter von *Le Corbeau* angegriffen. Auch das Intimleben der Krankenschwester Marie Corbin ist Ziel von anonymen Briefen; und ein Patient des Hospitals trennt sich sogar die Kehle durch, als er vom Raben erfährt, daß er an Leberkrebs leide. Seine Mutter beschließt, den Tod ihres Sohnes zu rächen. Das Leben der Stadt wird vergiftet, und der Denunziant scheint Erfolg zu haben, denn die Notablen versammeln sich und kommen überein, Dr. Germain zu verjagen ... Doch Dr. Vorzet organisiert ein öffentliches Diktat, um den Verdächtigen zu entlarven ... Kurzum: In diesem Film wird die Identität des Denunzianten entlarvt, was in der Wirklichkeit nur selten geschieht. Clouzots Filmkomplott ist so spannend, daß Otto Preminger acht Jahre später in Hollywood ein Remake mit dem Titel »The Thirteenth Letter« drehte.

Als in den achtziger Jahren in einem nordfranzösischen Dorf ein Kind, der kleine Grégory, im Dorfbach ertrunken war und man einen Mord vermutete, hielt ein anonymer Denunziant alle in Atem, das Dorf und die Polizei, die Justiz und die Presse, somit ganz Frankreich. Wann auch immer Verdächtige aus dem Dorf bei ihrer Vernehmung die Unwahrheit sagten, ein falsches Alibi angaben, meldete sich der *Le Cor-*

beau schriftlich und teilte belastende Informationen mit, die zum größten Teil stimmten. Der Fall wurde zwar nie aufgeklärt – der Denunziant aber auch nie entdeckt.

Frankreich sei ein Land voller *corbeaux*, meint der Geschichtsforscher und Publizist Henri Amouroux. Er hat sich wie kein anderer darauf spezialisiert, das tägliche Leben in Frankreich während der deutschen Besatzung im Zweiten Weltkrieg zu dokumentieren. So trug er die größte Sammlung von Tagebüchern, Notizen und anderen Unterlagen zusammen, die mit persönlichen Ereignissen in jenen Jahren zu tun haben. Unter anderem zeigte er mir ein Papier, auf dem sich ein namentlich genanntes Mädchen von seinem Arzt bescheinigen ließ, Jungfrau zu sein. Das Dokument trug das Datum des 25. August 1944, des Tages nach der Befreiung von Paris. Sie befürchtete, ein *corbeau* (vielleicht ein verschmähter Liebhaber) könnte sie als Braut eines deutschen Soldaten anschwärzen, woraufhin sie dem Volkszorn ausgeliefert worden wäre. Man hätte ihr zumindest den Kopf kahlgeschoren, sie durch die Straßen getrieben und der öffentlichen Schande ausgesetzt. Amouroux schildert aber noch weitaus schrecklichere Beispiele menschlicher Schwäche. Es sei zu Zeiten der deutschen Besatzung und der Verfolgung von Juden vorgekommen, so sagt er, daß sich eine Französin von ihrer untergetauchten jüdischen Nachbarin eine Nähmaschine ausgeliehen habe, und kurz darauf sei die jüdische Familie von den Deutschen abgeholt worden, weil ein *corbeau* ihren Aufenthaltsort verpfiffen habe.

Der anonyme Denunziant kümmert sich jedoch nicht nur um private Angelegenheiten oder solche, die sich im Rahmen der Gemeinde abspielen; nein, der *corbeau* kennt sich überall aus – auch in den schmutzigen Geschäften der hohen Politik, der Justiz – und der Geheimdienste. So löste ein *corbeau* einen wahren Machtkampf zwischen der Gerichtsbarkeit und den *Renseignements généraux* aus, das Ziel des Denunzianten war aber wohl ein Spitzenpolitiker.

Die Vorgeschichte ist schnell erzählt: Die politischen Parteien in Frankreich hatten sich ein besonderes System zu ihrer Finanzierung ausgedacht. Firmen, die Aufträge von Gemeinden oder anderen politisch besetzten Einrichtungen erhielten, zahlten rund zehn Prozent der Vertragssumme an »Planungsbüros«, die in Wirklichkeit kaum etwas planten, sondern das Geld in die schwarzen Kassen ihrer Partei weiterleiteten, die im Gemeinderat oder in der *Mairie* über Aufträge entschied. Das war gang und gäbe. So finanzierten sich die Gaullisten, die Kommunisten, die Sozialisten – wer gerade über die Mehrheit im Gemeinde- oder Regionalrat verfügte. Daran änderte sich auch nichts, als ein Gesetz zur Parteienfinanzierung diese Gebräuche verbot. Denn die politische Klasse rechnete damit, daß Justitia nicht unter der Binde vor den Augen hindurchlugen würde. Zumindest war es immer so gewesen: Die Justiz tat der Politik nicht weh, schließlich hatte die Exekutive den längeren Arm.

Doch hatten sich die Parteipolitiker getäuscht. Immer mehr Untersuchungsrichter emanzipierten sich in den achtziger Jahren, in denen die Sozialisten herrschten, von der erdrückenden Macht der Politik. Und so untersuchte der Richter Philippe Assonion in Bourg-en-Bresse, einer Stadt mit knapp 50000 Einwohnern, eines Tages die Geschäfte der Straßenbaufirma *Maillard et Duclos*, einer Filiale der *Compagnie générale des eaux,* eines der mächtigsten Staatsunternehmen Frankreichs. Der Richter hatte Hinweise darauf erhalten, daß der Geschäftsführer von *Maillard et Duclos* überhöhte Rechnungen für öffentliche Aufträge ausgestellt und damit die schwarzen Kassen der neogaullistischen Partei RPR gefüllt hatte. Der Richter stieß auch schnell auf Indizien in der Buchhaltung. Daraufhin verhörte er Geschäftsführer Robert Bourachot, der aber schwieg. Richter Assonion raffte nun allen Mut zusammen und ließ den Geschäftsführer in Beugehaft nehmen.

Die Zelle machte Monsieur Bourachot mürbe, aber nicht so, wie es der Richter erwartet hatte. Schon lange bevor der Richter in Sachen illegale Parteienfinanzierung recherchierte, war eine Agentin der RG auf das Mutterunternehmen als Melkkuh der Parteien aufmerksam geworden und hatte so den Weg zu der Filiale gefunden. Schließlich bekam der Geschäftsführer Besuch von der französischen Stasi.

Es ist üblich, daß sich Mitarbeiter der politischen Polizei mit falschem Namen vorstellen und ihre wahre Herkunft verbergen. Doch die 43jährige Brigitte Henri, die beauftragt war, sich mit der Finanzierung der Parteien zu befassen, gab ihren richtigen Namen an und stellte sich sogar als Agentin der RG vor. Geschäftsführer Bourachot gestand ihr, daß er hohe Summen in die Schweiz auf geheime Konten geschmuggelt hatte, die dort von der neogaullistischen RPR angelegt worden waren. Er übergab Brigitte Henri sogar Unterlagen, die den damaligen Generalsekretär der RPR, Alain Juppé, schwer belasteten. Monsieur Bourachot wähnte sich dabei völlig sicher. Denn er ging davon aus, daß man der Geheimpolizei alles erzählen könne, ohne daß auch nur ein Sterbenswörtchen bekannt, geschweige denn an die Justiz weitergegeben würde. Im Gegenteil, als Gegenleistung für die Offenheit erwartete er Schutz vor Vorwürfen irgendwelcher Art. So war es bisher auch immer gewesen.

Aber, *tempora mutantur* ... Verdammt, wird Bourachot sich gedacht haben – mit den Zeiten ändern sich erstaunlicherweise auch in Frankreich die Sitten. Brigitte Henri verfaßte einige *notes blanches* über das, was sie erfahren hatte. Und nur ihr Chef, der Direktor der RG, und der Innenminister bekamen sie zu sehen.

Der immer noch eingesperrte Monsieur Bourachot hoffte unterdessen auf Hilfe von seiten der RG, denen er schließlich alles erzählt hatte im guten Glauben, sich auf diese Weise reinzuwaschen. Als der Untersuchungsrichter in seinen Nachforschungen jedoch nicht nachgab, wurde der inhaftierte Geschäftsführer ungeduldig. Zunächst beauftragte er seinen Anwalt, den Richter auf die geheimen Kontakte hinzuweisen, dann öffnete er ihm selbst sein Herz. Er gab nicht nur die genauen Daten seiner Verabredungen mit Brigitte Henri an, sondern auch die Namen und Adressen der Bars, in denen sie sich getroffen hatten.

Philippe Assonion gehörte zu einer neuen Generation mutiger Richter, die sich nicht an die Kungeleien ihrer Vorgänger hielten, sondern von der Unabhängigkeit der Justiz überzeugt waren. Kurzerhand lud er die Geheimagentin Henri vor. Sie lehnte ab, er ließ nicht nach. Wie in solchen Fällen üblich, wandte sich Brigitte Henri an ihren Vorgesetzten. Bisher hatten die Vorgesetzten stets geraten, einfach alles zu leugnen. Doch diesmal – zum erstenmal in der Geschichte der Geheimpolizei – gab der konservative Innenminister Charles Pasqua nach und erlaubte Brigitte Henri auszusagen. Pasqua wollte gegen einen Politiker im eigenen Lager intrigieren: Der damalige Generalsekretär der neogaullistischen RPR, Alain Juppé, war ihm ein Dorn im Auge.

Juppé war der engste Vertraute des RPR-Chefs Jacques Chirac, der gerade für das Amt des Staatspräsidenten kandidierte. Einmal gewählt, würde Chirac einen neuen Premierminister ernennen. Und Regierungschef wäre Pasqua um alles in seinem Leben gern geworden. Doch Juppé erschien ihm ein äußerst gefährlicher Konkurrent. Da kam dem Innenminister die Affäre um die Parteienfinanzierung gerade recht. Denn der Innenminister wußte aus den *notes blanches* der Geheimagentin mehr als der Richter, nämlich daß Monsieur Bourachot an Juppé 1,8 Millionen Franc für die schwarze Kasse der RPR gezahlt hatte. Und wenn nun der Richter dies durch eine Aussage von Brigitte Henri erfuhr und die Affäre an die Öffentlichkeit drang – so die Kalkulation Pasquas –, war Juppé aus dem Weg geräumt.

Richter Assonion lud die Agentin im März 1995 vor und verlangte eine schriftliche Aussage. Wenige Wochen später, am 7. Mai, wurde Jacques Chirac zum Präsidenten gewählt, aber die Aussage über Juppé lag noch nicht vor. Erst am 18. Mai übergab Brigitte Henri einen 115 Seiten langen Bericht über ihre Gespräche mit dem Unternehmer Bourachot. Ihr Wissen über die Beteiligung Juppés an den illegalen Geldzahlungen hielt sie jedoch zurück. Für das Gelingen der politischen Intrige war es sowieso zu spät – denn an diesem Tag ernannte Staatspräsident Jacques Chirac seinen Vertrauten Alain Juppé zum Premierminister.

Einen Tag später traf der erste Brief eines *corbeau* beim Gericht ein. Der anonyme Denunziant war bestens informiert und wies darauf hin, daß die Agentin Henri das Geheimnis der schwarzen Kassen der RPR kenne und sogar die Kopie eines Dokuments von Unternehmer Bourachot erhalten habe, aus dem hervorgehe, daß Alain Juppé 1,8 Millionen Franc auf illegalem Weg zugeflossen seien. Sie müsse auf jeden Fall zum Sprechen gezwungen werden. Der Richter forderte von Brigitte Henri die Unterlagen, doch was sie vorlegte, reichte nicht aus, um vor Gericht als Beweis zu dienen. Madame Henri erklärte dem Richter: »Meine Aufgabe ist es, Informationen über finanzielle Vorgänge zu sammeln, die eine Bedeutung für die Öffentlichkeit haben oder haben können. Ich bekomme sie über Mittelsmänner aus verschiedenen Kreisen, die aber keine hundertprozentigen Beweise haben.«

Le Corbeau schrieb zwei Jahre lang Briefe an Staatsanwälte, Richter und die Presse. Immer wenn jemand versuchte, etwas zu vertuschen, klärte der Denunziant auf und schickte Unterlagen. Er war bestens informiert, denn eines Tages landeten sogar Kopien von *notes blanches* unter dem Scheibenwischer des Privatwagens des Untersuchungsrichters. Jetzt wurde die Leitung des Geheimdienstes nervös, denn der Denunziant mußte an wichtiger Stelle der RG sitzen oder dort zumindest einen Informanten kennen, denn die *notes blanches* von Brigitte Henri waren nach der Lektüre durch den Chef des Geheimdienstes und des Innenministers vernichtet worden. Doch alle Innenminister dieser Zeit, gleichgültig ob sie politisch rechts oder links standen, stellten sich vor ihre Stasi. Sie fühlten sich von den Richtern in ihrem Recht bedroht, das Verhalten der Bürger zu durchleuchten. Der Denunziant brachte schließlich einen großen Teil des politischen Lebens in Paris durcheinander. Denn: »Wir kannten mindestens ein Drittel der Affären, in denen es um illegale Parteienfinanzierung geht«, meinte ein hoher Beamter, der einst der Leitung der französischen Stasi angehörte: »Es bestand ein stillschweigendes Einverständnis, wonach Informationen, gesammelt von den RG, im exklusiven Besitz des Innenministers blieben und daß er über die weitere Verwendung entscheidet.«

Die französischen Geheimdienste sind technisch so modern ausgerüstet, daß es ihnen ohne allzu große Mühe gelungen wäre, den Denunzianten zu entlarven. Doch wer wirklich hinter den Briefen stand, wollte niemand wissen, weder der konservative Innenminister noch sein sozialistischer Nachfolger oder gar der Geheimdienstchef. Denn sie alle vermuteten, daß die anonymen Briefe von einer Gruppe von Leuten aus Kreisen der neogaullistischen RPR und der Sozialistischen Partei stammten, die eine politische Allianz geschlossen hatten, um Alain Juppé politisch unschädlich zu machen.

Noch kurz bevor Juppé durch den Wahlsieg der Sozialisten im Mai 1997 gestürzt wurde, brachte der sozialistische Senator Michel Charasse, ehemals Minister unter Mitterrand, im Senat einen Antrag auf eine Gesetzesänderung ein. Danach sollte Verwaltungen und Gerichten verboten werden, auf anonyme Denunziationen einzugehen – außer es handelte sich um Kindesmißhandlung, die Sicherheit von Personen, Großkriminalität, Terrorismus oder die Sicherheit des Staates. Wenn es also nur um die illegale Finanzierung politischer Parteien ging, sollten anonyme Hinweise fortan nicht mehr ausgewertet werden dürfen.

Charasse begründete seinen Antrag vor dem Senat folgendermaßen: »Der Brauch, anonyme Briefe zu schreiben, oder das, was man im Umgangston *le corbeau* nennt, ist nicht neu. Aber in Zeiten der Krise, wenn die moralischen und republikanischen Werte die Tendenz haben, sich aufzuweichen, nimmt man ein Anwachsen dieser Praxis wahr.«

Der konservative Justizminister Jacques Toubon stimmte dem sozialistischen Senator Charasse zu, und so beschloß eine große Koalition von rechts und links die Gesetzesänderung im Senat. Sie wurde allerdings nie rechtskräftig, denn bevor das Abgeordnetenhaus seinerseits die notwendige Zustimmung geben konnte, schrieb Jacques Chirac Neuwahlen aus, die den Sturz von Alain Juppé einleiteten. Und da *Le Corbeau* sich nun kaum noch meldete, vergaßen die Abgeordneten ihr Vorhaben.

Der neuernannte Innenminister Jean-Pierre Chevènement, ein äußerst links stehender Sozialist, wurde nach sechs Monaten im Amt vor den Justizausschuß der Nationalversammlung geladen und gefragt, ob die Geheimpolizei nicht aufgelöst werden sollte. Chevènement antwortete, er könne sich nicht vorstellen, auf die *Renseignements généraux* zu verzichten, denn »ein republikanischer Staat muß über eine gewisse

Menge von Informationen verfügen, die ihm nur Agenten vor Ort besorgen können«.

Nun würde es einem demokratischen Staat entsprechen, daß eine politische Polizei wenigstens der parlamentarischen Kontrolle unterläge. Aber es gibt einen (vorgeschobenen) politischen Grund dafür, daß dem nicht so ist: Dann müßte man nämlich auch Mitglieder der Kommunistischen Partei, die im Parlament vertreten ist, in die Kontrollkommission aufnehmen. Es besteht aber Konsens unter allen nichtkommunistischen Politikern, daß dies nicht gehe, denn die Kommunisten würden all ihr Wissen doch sofort nach Moskau weiterleiten.

Der Schwerpunkt der Aufgaben der *Renseignements généraux* mag sich je nach politischer Lage und Couleur der jeweiligen Regierung ändern, dennoch werden sie immer eine politische Polizei bleiben. Aber die französische Stasi unterscheide sich von Geheimpolizeien in Diktaturen, meinte der Präfekt Emile Vié, der einst die RG leitete: »Wir verhaften und foltern niemals ... Ich würde ein wenig schematisierend sagen, die RG sind eine ›demokratische Gestapo‹.«

Die Maîtressen der Republik

»*Coucou, c'est moi*« (Kuckuck, ich bin's), rief die elegant gekleidete Frau – sehr lange Beine, sehr kurzer Rock –, nachdem sie, ohne anzuklopfen, die hohe Tür zum Arbeitszimmer des Außenministers im prunkvollen Palais am Quai d'Orsay einen Spaltbreit geöffnet hatte. Der diensthabende Türsteher, der sie daran nicht hindern konnte, war verärgert, ebenso die hohen Beamten, die gerade bei Roland Dumas versammelt waren. Doch sie wußten, »*Coucou, c'est moi*« ließ sich von niemandem aufhalten, wenn sie zu ihrem Geliebten strebte. Wie sie sich durchsetzen konnte, das hatte sie unter schwierigsten Umständen bewiesen. Dumas duldete ihre Eigenwilligkeiten, und ihr »*Coucou, c'est moi*« unterbrach so viele Sitzungen und Gespräche, daß der fröhliche Ruf sich bald als ihr Spitzname unter den Mitarbeitern des Ministers einbürgerte. Die im Quai d'Orsay arbeitenden Männer erinnern sich heute, daß die Länge ihrer Beine umgekehrt proportional zu der ihrer Röcke war. Den Frauen fielen ihre eleganten Kleider auf, das Glitzern des Schmucks und ihre theatralische Art, sich ständig in Szene zu setzen. Sie trat mit einem Anspruch auf, den sich keine Ehefrau eines Ministers angemaßt hätte.

Christine Deviers-Joncour erledigte Sonderaufträge für das größte französische Unternehmen, den Ölkonzern Elf-Aquitaine. Sie war 1989 vom zweiten Mann in der Hierarchie, Alfred Sirven, engagiert worden, weil sie über besonders gute Beziehungen zu Außenminister Roland Dumas verfügte. Den

25 Jahre älteren Politiker und Rechtsanwalt hatte Christine 1987 über die Familie von Georges Dayan, bis zu seinem Tod einer der engsten Freunde von François Mitterrand, kennengelernt. Die attraktive Frau stammte genauso wie der für sein charmantes Wesen bekannte Dumas aus dem Périgord, wo ihre Eltern in dem Wahlkreis lebten, um den sich Dumas in den Parlamentswahlen 1988 bewarb. Und über den Bezug zur heimatlichen Erde kamen sich der Politiker und die attraktive Frau näher. Die sozialistisch orientierten Eltern boten Roland Dumas ihr Haus als Bleibe während des Wahlkampfs an, und Christine, zu jener Zeit zum zweitenmal verheiratet, diente als Verbindungsperson zwischen dem Politiker in Paris und seinem Wahlkreis. Eine pikante Situation, denn Dumas' Gegner, Jean-Jacques de Peretti, war Christines erster Ehemann gewesen. Dumas gewann, zog 1988 wieder in die Volksversammlung ein, legte aber das Mandat gleich wieder nieder, da er von Staatspräsident François Mitterrand erneut zum Außenminister ernannt wurde.

Und weil es in Frankreich üblich ist, das Personal in staatlichen Unternehmen und öffentlichen Institutionen nach einer gewonnenen Wahl mit eigenen Anhängern zu besetzen, stand auch ein Wechsel im Vorstand von Elf-Aquitaine an. Dort Chef zu sein war eine Frage höchsten Prestiges. Der Manager Alfred Sirven, ein Machiavelli erster Güte, half seinem Freund Loïk Le Floch-Prigent über alle ihm verfügbaren Kanäle, so über Christines Beziehungen zu Dumas, einem der engsten Vertrauten des Staatspräsidenten, den Vorstandsvorsitz von Elf zu ergattern. Zum Dank machte ihn Floch-Prigent zu seinem zweiten Mann. Und Sirven nutzte die Kassen des Ölgiganten, um sein Netzwerk von Beziehungen und seinen Einfluß auf die Politik zu festigen. Dabei spielte Christine eine zentrale Rolle, da sie das Kopfkissen eines von Mitterrands Mandarinen teilte.

Später, als Alfred Sirven wegen eines Haftbefehls untertauchte, Loïk Le Floch-Prigent und auch Christine »*Coucou, c'est moi*« im Gefängnis saßen, wurde die 74jährige Jeanne-Marie Cardaire, seinerzeit Personalchefin von Elf, von der Untersuchungsrichterin gefragt, weshalb sie Christine Deviers-Joncour angestellt habe. »Alfred Sirven hat mir gesagt, Roland Dumas, der Außenminister, wünsche, daß Elf Frau Deviers-Joncour beschäftige«, antwortete Madame Cardaire und fügte hinzu, sie habe Christines berufliche Fähigkeiten nie überprüft, da es sich für sie darum handelte, eine Anweisung auszuführen. »Ich brauchte mir keine Gedanken zu machen, da es sich um den Wunsch eines Ministers handelte. Ich weiß, daß sie häufig an Reisen des Außenministers teilnahm.«

Sowohl Christine wie auch Roland Dumas widersprachen heftig. Nicht der Außenminister habe die Anstellung gefordert, sondern Sirven. Das mag schon stimmen, denn Sirven schreckte nie davor zurück, seine Wünsche mit einer Notlüge durchzusetzen. Und was wirkt besser auf einen alten Charmeur als eine attraktive Frau? Christine selber schilderte, als alles vorüber und sie wieder aus der Untersuchungshaft entlassen worden war, was ihre Aufgaben waren: In einem Buch mit dem provozierenden Titel »*La Putain de la République* – Die Hure der Republik« erzählt sie, daß eines schönen Septembertages das Telefon in ihrer Pariser Wohnung klingelte und Sirven fragte: »Wo ist Roland Dumas?«

»Er ist in New York.«

Der Außenminister war zur Eröffnung der Vollversammlung der Vereinten Nationen geflogen, die stets Ende September stattfindet und unter Diplomaten als äußerst wichtiger Termin gilt, weil sich bei dieser Gelegenheit die Außenminister aller Länder treffen. Zuweilen nehmen sogar Regierungs- oder Staatschefs an den politischen Gesprächen teil oder beraten am Rande dieser Konferenz.

»Du mußt sofort hinfliegen«, sagte Alfred Sirven. »Es eilt. Wir haben gerade erfahren, daß eine Reise des Staatspräsidenten in die Emirate vorbereitet wird. Dabei hat man einen der Golfstaaten ausgespart, in dem ausgerechnet wir große wirtschaftliche Interessen haben. Roland Dumas muß den Präsidenten unbedingt überzeugen, dort Station zu machen.«

Elf-Aquitaine hatte schon über den direkten Draht beim Élysée-Palast seine Interessen angemeldet, doch der persönliche Referent Mitterrands hatte geantwortet, der Präsident der Republik sei kein Handlungsreisender. Sirven war wütend. Immer noch außer sich, schrie er ins Telefon:

»Für wen halten die sich? Natürlich ist Mitterrand ein Handlungsreisender Frankreichs. Die verstehen rein gar nichts ... Man bringt dir gleich das Flugticket. Du mußt das bei Dumas regeln.«

Noch am selben Tag flog Christine nach New York, stellte die Koffer im Hemsley Hotel ab und ging die wenigen Straßenzüge hinüber in das UN-Plaza, wo die Außenminister der wichtigsten Länder für die Zeit der Eröffnungswoche je ein Stockwerk angemietet hatten. Dort ließ sich Christine von einer Sekretärin des französischen Außenministers, die »*Coucou, c'est moi*« und deren Bedeutung für Dumas wohl kannte, einen Sonderausweis ausstellen, der sie zum Mitglied der französischen Delegation machte und ihr im Hauptgebäude der UNO alle Türen öffnete. Christine erkundigte sich, wo der französische Außenminister gerade sei, und begab sich auf den Weg zum Weltsicherheitsrat.

»Ich finde schließlich eine nicht verschlossene Tür an der Seite des Saales, wo die fünfzehn Außenminister der Länder, die im Sicherheitsrat sitzen, unter Ausschluß der Öffentlichkeit tagen«, erzählt Christine Deviers-Joncour: »Ich öffne sie geräuschlos. Im Halbdunkel des Amphitheaters sitzt ein gutes Dutzend Personen an einem Tisch, der auf einem Podest steht und in helles Licht getaucht ist. Ich schlüpfe zwischen zwei Stuhlreihen durch und ducke mich mit klopfendem Herzen hinter eine Lehne. So kann ich, gut versteckt, einer von Roland Dumas vorzüglich vorgetragenen Replik auf eine Stellungnahme des amerikanischen Amtskollegen James Baker beiwohnen. Als sie den Saal verlassen, eile ich zu Roland Dumas, um ihm meine Bewunderung mitzuteilen.

›Sie hier? Was machen Sie denn?‹

Ohne auf meine Antwort zu warten, flieht er, wie immer in Eile.«

Einige Tage lang bemühte sich Christine, den Außenminister wiederzusehen, doch sein Terminkalender war übervoll, keine Minute frei. Da fiel Christine eine Kriegslist ein. Die Metropolitan Opera eröffnete die Saison mit dem »Rosenkavalier« von Richard Strauss, dirigiert von Carlos Kleiber. Sie besorgte zwei der unendlich teuren Karten, und Dumas versprach, sich mit ihr während der Aufführung zu treffen. In der Pause bummelten sie über den Platz vor der Oper. Dumas entspannte sich, und sie erklärte ihm die Bedeutung jenes Abstechers des Staatspräsidenten in das besagte Emirat.

Roland Dumas fragte sie: »Wie lange bleiben Sie?«

»Bis Sie eine Entscheidung herbeigeführt haben.«

Zwei Tage später klingelte das Telefon im Hotel Hemsley.

»Bravo, kleiner Soldat«, sagte eine ihr wohlbekannte Stimme. »Du hast gewonnen, du kannst nach Hause fahren.«

Elf konnte nach dem Staatsbesuch Mitterrands einen gigantischen Vertrag abschließen, und Christine meinte, schon allein dafür habe sie eine lebenslängliche Rente von ihrem damaligen Arbeitgeber Elf-Aquitaine verdient. Dabei wurde sie nicht schlecht bezahlt. Monatlich erhielt sie in Paris zwar nur rund 11 500 Franc (3 500 Mark) ausgezahlt, doch in der Schweiz kamen noch einmal 40 000 Franc dazu. Und – noch viel verlockender – ihr wurde eine Kreditkarte zur Verfügung gestellt, die auf das Konto von Elf lief. Damit konnte sie unbeschränkt einkaufen. Und völlig hemmungslos belastete sie diese Karte im Durchschnitt bis zu 200000 Franc (60000 Mark) monatlich für Kleidung, Schmuck, Restaurants und andere private Ausgaben. Von »ordentlichem Finanzgebaren« war da keine Spur mehr. Als Christine von Sirven angeheuert wurde, gab sie in ihrer Wohnung Essen, um Politiker und Wirtschaftsbosse diskret zusammenzuführen. Die Abrechnung nahm Sirven immer bar vor.

»Die Ausgaben für meine Essen erhielt ich ersetzt«, erzählt Christine: »Ich sehe Sirven noch, wie er mit seinem Wagen unten in der zweiten Reihe parkt und den Kofferraum öffnet. Er war zum Platzen voll mit 500-Franc-Scheinen, die unter einer karierten Decke versteckt waren. Er hat mir das Geld, das er mir schuldete, gegeben, aber da lagen mehrere Millionen in seinem Auto. An diesem Tag machte er seine ›Runde‹.«

In den guten Zeiten waren sich Christine und Roland immer nähergekommen. Sie verliebte sich in ihn, und er nahm sie auf unzählige Staatsbesuche mit, nach China, in den Iran, in die Sowjetunion oder nach Ägypten. Mit ihr tauchte er bei den Bayreuther Festspielen auf, und seine Diplomaten waren entsetzt, als eine deutsche Zeitung ein Foto des Paares mit der Unterschrift »Der französische Außenminister Roland Dumas mit seiner Freundin Christine« veröffentlichte.

In Frankreich wußten viele Journalisten Bescheid, doch über die Existenz einer Maîtresse deckt man dort den Mantel der Diskretion und des Schweigens. Denn Geld, Sex und Lügen gehören einer Welt an, so schreibt Hervé Gattegno, Journalist bei »Le Monde«, über die die französische Presse normalerweise nicht berichtet.

Ein *corbeau* brachte die Beziehung schließlich in die Schlagzeilen. Wieder einmal hatte eine Wahl zu einem Regierungswechsel und damit zu neuen Chefs bei verschiedenen

Staatsunternehmen geführt. Und nach dem Motto »Neue Besen kehren gut« ging der frisch ernannte Chef des Staatsunternehmens Thomson, Marc Roulet, Gerüchten nach, wonach seine Firma in Schmiergeldzahlungen verwickelt sei, und stach damit ein Wespennest an. Denn nicht nur im Namen von Thomson, auch aus den Kassen anderer Staatsunternehmen, besonders von Elf-Aquitaine, waren offenbar mehrere Milliarden Franc an Bestechungsgeldern und Provisionen gezahlt worden, unter anderem angeblich auch an eine Regierungspartei in Deutschland – wegen des Verkaufs der ostdeutschen Minol an Elf.

Tatsächlich stellte sich heraus, daß allein Elf-Chef Loïk Le Floch-Prigent mit ungeheuer hohen Schmiergeldern um sich geworfen hatte: Zunächst betrug die Gesamtsumme rund eine halbe Milliarde Franc pro Jahr, später bis zu drei Milliarden. Da die Firma sich in Staatsbesitz befand, holte der Wirtschaftsboß die Genehmigung für die einzelnen Zahlungen bei Staatspräsident François Mitterrand persönlich ein. Und weil es zur Natur solcher Geldgeschenke gehört, daß sie geheim bleiben, liefen sie meist über die Schweiz, so daß bei der Konzernzentrale von Elf in Paris keine Unterlagen zu finden waren. Zwischen dem Elf-Manager Alfred Sirven und dem Unternehmen Thomson gab es allerdings undurchsichtige Verstrickungen und Verwicklungen, die Marc Roulet merkwürdig vorkamen. Um sich abzusichern, entschloß er sich zur Anzeige gegen Unbekannt.

Zwei mutige Richterinnen befaßten sich mit der Sache. Und als der ehemalige Elf-Chef Loïk Le Floch-Prigent, gerade von Staatspräsident Jacques Chirac zum Chef von Gaz de France ernannt, zu keiner Aussage bereit war, steckten sie ihn in Beugehaft.

Und dann schlug wieder ein *corbeau* zu. Bei Gericht gingen mehrere anonyme Schreiben ein. Sie wiesen auf eine prunkvolle Wohnung hin, die auf der vornehmen Rive gauche von Paris in der Rue de Lille lag. Wenn man dort suche, werde man den Schlüssel für manche Ungereimtheiten bei Elf finden. Der Denunziant war hervorragend informiert.

Es war die Wohnung von Christine »*Coucou, c'est moi*«. Sie hatte sie einige Jahre zuvor für 17,5 Millionen Franc gekauft. Viel Geld für eine Frau, die offiziell nur wenig verdiente.

Die Untersuchungsrichterinnen zögerten einige Monate, bevor sie der vom *corbeau* gewiesenen Spur nachgingen. Schließlich klingelten eines Morgens um sechs Uhr die Beamten eines Untersuchungskommandos, weckten Christine Deviers-Joncour, durchstöberten vier Stunden lang die Wohnung und nahmen allerlei schriftliche Unterlagen mit. Christine selbst wurde den Richterinnen vorgeführt – und in Untersuchungshaft genommen. Es stellte sich heraus, daß sie für eine Angelegenheit, die nicht Elf, sondern das staatliche Unternehmen Thomson betraf, eine Provision von 45 Millionen Franc (fünfzehn Millionen Mark) erhalten hatte.

Insgesamt, so wurde während der richterlichen Untersuchung ermittelt, waren an Christine in den vier Jahren, die sie für Elf gearbeitet hatte, 66 Millionen Franc (23 Millionen Mark) geflossen. Der Drahtzieher hinter ihr war Alfred Sirven.

Die Provisionszahlung kam folgendermaßen zustande: Die Firma Thomson sollte im Auftrag der zum Verteidigungsministerium gehörenden (Kriegs-)Schiffbaudirektion sechs Fregatten auf Kiel legen und mit Elektronik ausrüsten. Der Vertrag ging über rund zwölf Milliarden Franc, vier Milliarden Mark. So etwas gehört zur Routine, aber die Sache hatte einen Haken. Die Kriegsschiffe waren von Taiwan bestellt worden. Frankreich war aber mit Rotchina vertraglich übereingekommen, an Taiwan keine Rüstungsgüter zu verkaufen. Doch der

Auftrag schien den meisten an der Entscheidung beteiligten Regierungsmitgliedern zu schön, um ihn einer vermeintlichen Lappalie zu opfern. Der Verteidigungsminister stimmte dem Vertrag zu, der Premierminister war einverstanden, nur der Außenminister legte sein Veto ein.

Nun galt es, den widerspenstigen Roland Dumas »umzudrehen«. Zur Schlüsselfigur wurde wieder Sirven, der zwar inzwischen für Elf arbeitete, aber in früheren Zeiten auch einmal bei Thomson beschäftigt gewesen war. Sirven erteilte Christine den Auftrag, Dumas von seinem Veto abzubringen.

Christine zögerte, machte den Einwand geltend, dies habe nichts mit ihrer Arbeit für Elf zu tun. Sie ließ sich aber dann doch überzeugen. Denn Sirven verfügte über ein nicht zu verachtendes Lockmittel: 45 Millionen Franc. So hoch sei Christines Anteil an der Kommission, die Thomson bereit wäre zu zahlen, falls das Geschäft zustande käme.

Christine begann umgehend, ihren Geliebten zu bearbeiten. Dumas blieb unbeugsam. Aber Alfred Sirven erhöhte den Druck auf Christine, schließlich erwarteten ihn 160 Millionen Franc Belohnung, falls der Coup gelingen sollte.

»Um dem Donnerwetter von Sirven zu entgehen«, erzählt Christine, »versuche ich die Sache intelligenter anzugehen. Ich nutze intimere Rendezvous, um Roland Dumas einige Argumente zu dem Problem mit den Fregatten ins Ohr zu flüstern … Aber er läßt sich nicht einwickeln und amüsiert sich. Wenn ich mal nicht davon spreche, dann bringt er das Thema auf.

›Na, Mata Hari, und die Fregatten?‹ fragt er mich lachend.

Ich melde Alfred trotzdem einige Informationen, seien sie auch negativ, um mein Gehalt zu rechtfertigen.«

Schließlich kommt das Geschäft zustande, denn es gelingt der französischen Politik, Peking so weit zu besänftigen, daß es bei einer Protestnote aus Rotchina gegen den Fregattenverkauf bleibt. Ein Blick in die französischen Staatsarchive ergibt, daß Roland Dumas bis zum Schluß gegen den Vertrag gestimmt hat. Er wurde jedoch vom Premierminister, vom Verteidigungsminister und schließlich auch von Staatspräsident François Mitterrand überstimmt.

Christine erhielt 45 Millionen Franc auf ein Schweizer Konto überwiesen. Die französische Steuer erfuhr nichts davon, denn der Vertrag von Thomson mit Taiwan war von Anfang an mit dem Stempel *secret-défense* versehen worden.

Dumas wurde irgendwann in Christines Leben durch einen anderen Mann ersetzt, und die Rolle der Maîtresse des Außenministers wäre in den Bereich der Anekdoten des Pariser Lebens versunken, wäre es nicht zu dem gerichtlichen Nachspiel gekommen. Weil Thomson Anzeige gegen Unbekannt erstattet hatte, wurde gegen die vom *corbeau* verpfiffene Christine ein Verfahren wegen Unterschlagung und Hehlerei eingeleitet. Schließlich blieb die Herkunft von 45 Millionen Franc unerklärlich.

Die Untersuchungsrichterinnen machten sich ans Werk, und da die meisten Menschen heute unendlich viele Spuren und Daten im elektronischen Gewebe des täglichen Lebens hinterlassen, flog auch die Beziehung zu Roland Dumas bald auf: Christine hatte mit der auf Elf lautenden Kreditkarte ein Paar handgemachte Schuhe für Dumas bezahlt. Dieses eine Paar Schuhe kostete 11 000 Franc, knapp 3000 Mark; rund 600 Mark mehr, als das durchschnittliche Monatseinkommen eines Franzosen beträgt. Solcher Luxus wirft selbst in Frankreich ein schlechtes Licht auf einen Politiker, besonders wenn sich dann auch noch herausstellt, daß die Abrechnung über die Kreditkarte eines Staatsunternehmens erfolgte.

Dumas war im Alter von dreißig Jahren beim Skifahren so unglücklich gestürzt, daß er sich ein Bein brach. Er nahm die Verletzung jedoch nicht ernst, und so blieb ein leichtes Hinken zurück. Christine überredete ihn, sich bei dem berühmten Schuster Berlutti in Paris orthopädische Schuhe anfertigen zu lassen. Auf Grund dieser so verursachten 11 000 Franc leiteten die Richterinnen nun auch gegen Dumas ein Verfahren »wegen Beihilfe zur Unterschlagung« ein. Eine besonders heikle Sache, denn Roland Dumas war inzwischen Präsident des Verfassungsgerichts und nahm jetzt protokollarisch den fünften Rang im Staate ein. Dumas gab vor, Christine habe die Schuhe für ihn nur abgeholt, und er habe ihr das Geld bar wiedergegeben. Christine bestätigte diese Aussage. In all ihren Verhören schützte sie den ehemaligen Geliebten.

Doch nun, da die Affäre eine politische Dimension erhielt, ließ die französische Presse ihre Zurückhaltung fallen und nahm sich der Sache an. Und auch Christine, nach fünf Monaten Untersuchungshaft vom Aufenthalt im Gefängnis seelisch gezeichnet, beschloß, sich an die Öffentlichkeit zu wenden – um sich zu verteidigen, indem sie die Liebesbeziehung zu Dumas beschrieb.

Das wollte Dumas nicht auf sich sitzenlassen: Der um seinen Ruf bangende ehemalige Außenminister und jetzige Präsident des Verfassungsgerichts reduzierte also seine Beziehung zu der 25 Jahre jüngeren Christine auf die kurze, aber vielsagende Formel: »Ich habe weder einen Anzug je bei ihr gelassen noch ein Paar Schuhe. Sie war nur eine Maîtresse.«

Schließlich war Roland Dumas seit 1964 mit Anne-Marie verheiratet, Erbin aus der Familie Lillet, die in Bordeaux einen Aperitif gleichen Namens erfunden hat. Praktischerweise behielt Frau Dumas das gemeinsame Herrenhaus bei Bordeaux als ihren Hauptwohnsitz bei und kam nur selten nach Paris. Solange die Beziehung zu der Maîtresse dauerte, räumte Roland Dumas Christine die Rolle ein, die Maîtressen wichtiger Persönlichkeiten in Paris in der Regel einnehmen. Fand ein Staatsbankett bei François Mitterrand im Élysée-Palast statt, dann erschien Roland Dumas mit seiner Maîtresse. Dieses Verhalten wurde vom Präsidenten geduldet; er sorgte allerdings dafür, daß Christine nie am Ehrentisch zu sitzen kam. Mitterrand war ein Mann, den bürgerliche Wertvorstellungen geprägt hatten, und so bestand er auf feinen Unterschieden. Wenn er »seinen Freund Roland« zu einem als privat bezeichneten Abendessen einlud, dann schickte das Präsidialamt einen Wagen, um Madame Dumas abzuholen.

Roland Dumas spielte die Rolle eines Grand Bourgeois des ausgehenden 19. Jahrhunderts. 1995 hatte ihn Mitterrand kurz vor dem Ende seiner zweiten Amtszeit, und schon vom nahenden Tod gezeichnet, noch zum Präsidenten des Verfassungsgerichts ernannt. Dumas' Vorgänger hatte die Tradition eingeführt, zum Jahresende die wichtigsten Würdenträger des Landes zu einem Klavierkonzert mit anschließendem Empfang in die würdevollen Prunksäle des Gerichts zu laden. Dumas übernahm diese Tradition, und als er am 2. Dezember 1995 seine Gäste empfing, strahlte die Maîtresse an seiner Seite, grüßte die wichtigsten Persönlichkeiten und tuschelte heimlich mit der einen oder anderen anwesenden Maîtresse. Man kannte sich, man ging zusammen aus, man teilte das gleiche Schicksal.

Und wozu hat man schon einen Minister zum Freund, wenn sich das nicht auch in barer Münze auszahlen sollte, mag sich Christine gesagt haben, als ihr nach einer Steuerprüfung die Aufforderung zu einer hohen Nachzahlung ins Haus flatterte. Roland Dumas schrieb dem zuständigen Minister Michel Charasse einen Brief, der sich flugs darum kümmerte. Inzwischen wird Dumas es bereut haben, das Antwortschreiben von Charasse seiner Maîtresse als Zeichen seiner Zuneigung überlassen zu haben; denn bei der Hausdurchsuchung fiel es den Untersuchungsrichterinnen in die Hand. Charasse hatte Druck auf die Finanzbehörden gemacht und Dumas anschließend mitgeteilt, die Verwaltung könne auf einen Teil der Steuerforderungen verzichten.

Als Dumas von den Untersuchungsrichterinnen gefragt wurde, was er über die Finanzen von Christine Deviers-Joncour wisse, gab er die lakonische Antwort, er habe bemerkt, daß sie einen gewissen Lebensstil habe, sich darüber aber keine Gedanken gemacht.

Gedanken machten sich allerdings diejenigen, die dafür zu sorgen haben, daß in Paris nichts wirklich geheim bleibt. Die politische Polizei, die RG, spionierte das Leben der Maîtresse des Außenministers aus und meldete dem Innenminister in einem Bericht von mehreren Seiten, daß in der Wohnung von Christine Deviers-Joncour ein mondänes Treiben stattfinde und dort große Abendeinladungen hohe Politiker, Wirtschaftsführer und lustige Frauen zusammenführten.

Der Innenminister wird, weil das in Paris üblich ist, dem Außenminister eine Kopie geschickt haben. Denn Christine Deviers-Joncour wußte nicht nur Bescheid, daß die Geheimpolizei wegen der Wohnung ermittelt hatte, sondern auch, daß der Auftrag dazu vom Amt des Staatspräsidenten erteilt worden – und dabei nichts Negatives herausgekommen war.

Christine »*Coucou, c'est moi*« entpuppte sich allerdings als eine Frau, die mehr war als nur eine Maîtresse. Sie war verletzt und begann Dumas öffentlich zu demontieren, bis ihm nichts anderes übrigblieb, als sein Amt als Präsident des Verfassungsgerichts ruhenzulassen, »bis alle Vorwürfe ausgeräumt sind«.

Die RG werden übrigens nicht nur benutzt, um herauszufinden, welche Politiker Maîtressen unterhalten, sondern auch, um persönliche Rechnungen zu begleichen. So schilderte die Maîtresse eines ehemaligen gaullistischen Ministers unter dem Pseudonym Mathilde in dem Frauenmagazin »Marie-Claire«, wie ein befreundeter Abgeordneter ihr das Geheimdossier über ihren Liebhaber, den Minister, zukommen ließ, um zu beweisen, daß der neben ihr noch weitere Geliebte hatte.

»Diese vertraulichen Akten«, so schildert es Mathilde, »basierten auf *blancs*, auf anonym gehaltenen Agentenberichten, in denen Chauffeure der Politiker jeden Abend minutiös das Kommen und Gehen ihrer Minister festhielten.«

Voller Erstaunen und Verwunderung schauen die Franzosen auf die Amerikaner, wenn dort ein Politiker wegen ehelich nicht korrekten Verhaltens an den Pranger gestellt und der Versuch gemacht wird, ihn um seinen Job zu bringen. Da sollte ein Senator zum Verteidigungsminister ernannt werden und wurde deshalb vor einen Senatsausschuß geladen. Das eine oder andere Verhältnis während seines langen Lebens wurde ans Tageslicht gezerrt, und der Senator mußte sich von dem Traum seines Lebensziels, einmal Minister gewesen zu sein, verabschieden.

Der damalige sozialistische Premierminister Michel Rocard meinte lakonisch: »Unter diesen Umständen müßte in Frankreich das gesamte Kabinett zurücktreten.«

Als Bill Clinton wegen der Affäre mit der Praktikantin Monica Lewinsky in immer ärgere Bedrängnis geriet, wandte sich der ehemalige französische Kulturminister Jack Lang in einem öffentlichen Brief an die Amerikaner, um ihnen die Absurdität der Anklage vor Augen zu führen. Voller Sehnsucht schauten deshalb liberale Amerikaner nach Frankreich und meinten, im Fall Clinton solle man eine »französische Lösung« anstreben oder eine »gallische Haltung« einnehmen. Gemeint war damit: Was ein Politiker hinter verschlossenen Türen privat macht, sollte ignoriert werden.

Die Franzosen gehen aber nicht nur mit der Frage des Sex entspannter um als die Amerikaner, sondern auch mit öffentlichen Lügen. Natürlich müsse ein Ehemann, wird er mit einer Geliebten erwischt, lügen, schrieb eine französische Tageszeitung über Clinton. Wenn man dem amerikanischen Präsidenten einen Vorwurf machen könne, so schrieb in der linken Tageszeitung »Libération« ein Professor von der altehrwürdigen Sorbonne, dann nicht den, fremdgegangen zu sein, sondern seiner Geliebten auch noch einen Gedichtband mit einer persönlichen Widmung geschickt zu haben. Damit sei Clinton zu weit gegangen, denn solch eine Gefühlsäußerung gehöre sich nicht gegenüber einer Maîtresse, sondern nur gegenüber der Ehefrau, die – bei aller Libertinage – »vom affektiven Standpunkt aus gesehen der privilegierte Partner« bleiben müsse.

Der kleine Unterschied zwischen Amerika und Frankreich ist der zwischen angelsächsischem Puritanismus und romanischem Katholizismus. Bill Clintons äußerst privates Verhalten wird einer juristischen Überprüfung unterzogen, während Frankreich private Sünden einer privaten Absolution überläßt. Die strenge amerikanische Haltung, der Präsident solle sich während seiner acht Amtsjahre unter Kontrolle halten, stößt in Paris auf Unverständnis, so als werde von ihm verlangt, er solle acht Jahre lang ohne Sex auskommen. Stillschweigend geht man davon aus, daß ein Paar sowieso bald nach der Trauung nicht mehr miteinander schläft, weil die Ehe zur Routine geworden ist.

Die katholische Denkweise betrifft eben nicht nur private, sondern auch nationale Verhaltensweisen. So haben die Franzosen sich ein »katholisches« Geschichtsverständnis angeeignet. Nach großen Umwälzungen – man denke an die Revolution von 1789, die Kommune von 1871, die Kollaboration 1940 bis 1944 – schlug zunächst die Stunde der Abrechnung der Sieger über die Verlierer, und zwar brutal, mit Terror und Mord, doch dem folgte stets die Absolution in Form einer Amnestie.

Hinter dem Gedanken, ein Partner müsse den andern über einen Seitensprung belügen, steckt für die Franzosen die Ansicht, Lügen über Sex gehörten zum anerkannten Sozialverhalten. Nach dem Motto: Es sei unmöglich, alle sozialen Bereiche transparent zu gestalten, denn unter solchen Umständen würde das soziale Leben unerträglich. Wenn dieses aber, wie in den USA, der Gerichtsbarkeit unterstellt werde, dann erhalte das Gesetz sakralen Charakter. Das können sich die Franzosen jedoch nicht vorstellen. Denn welche heilige Kraft soll in Rechtsanwaltskanzleien stecken, die jemanden zwingen, die Wahrheit über sein Sexleben zu erzählen, statt es geheimzuhalten? In der konservativen Tageszeitung »Le Figaro« schrieb der Religionswissenschaftler Pierre Chaunu, die Amerikaner hätten nicht nur die Wahrheit, sondern auch die bürgerliche Gesellschaft sakralisiert und bezeugten den Juristen einen Respekt, wie er nur Gott gebühre.

Und muß man eine sexuelle Verfehlung einem Richter auch noch unter Eid beichten? »Im Namen des Gesetzes«, schrieb ein anderer Kommentator des »Figaro«: »Was ist nicht alles in dessen Namen begangen worden! ›Er hat gelogen!‹ wird uns gesagt. Wo ist der untreue Mann, der *nicht* gelogen hat?«

Zwischen den Mann und seinen Eid gehören Betrachtungsweisen, die auf Galanterie, Diskretion und ehelichem Selbsterhalt gründen. Die »gallische Haltung« sieht vor, daß es keine Beziehung zwischen privatem Verhalten und öffentlichem Leben gibt.

Die Institution der Maîtresse stammt noch aus einer Zeit, in der Ehen aus dynastischen, geschäftlichen oder sonstigen Interessen und nicht aus Gefühl geschlossen wurden. Die aus großbürgerlichen Kreisen kommende Catherine meint dazu:

»Die Konzeption der bürgerlichen Ehe des 19. Jahrhunderts ist schuld am Scheitern der Ehe am Ende des 20. Jahrhunderts.«

Doch in den oberen Schichten tun die Herren noch gern so, als bestünden die alten Traditionen weiter. Eine Ehefrau als Mutter der Kinder, eine Maîtresse für andere Bedürfnisse. Und die Gesellschaft duldet diesen Lebenswandel, da ihre Vorbilder ihn immer ungenierter vorleben.

Für die Franzosen steht der Staatspräsident an vorderster Stelle, ganz gleich, worum es geht. Denn der Staatspräsident verkörpert Frankreich, die Republik, das Land, seine Geschichte und Kultur, kurz, die französische Zivilisation. Und so ist, was im Élysée-Palast geschieht, stilprägend für die Gesellschaft. Dabei könnte der Palast allein schon viel erzählen. Vor der Revolution wohnte hier Madame de Pompadour, die Maîtresse von König Louis XV, und der Saal im Erdgeschoß, wo ihr Bett stand, wird auch heute noch mit zweideutigem Raunen »Salon Pompadour« genannt.

Einen Präsidenten hat es sogar dahingerafft, als er sich einem Schäferstündchen mit seiner Maîtresse widmen wollte. Es war der 16. Februar 1899. Staatschef Félix Faure war etwas müde und hatte auf seinen morgendlichen Ausritt verzichtet. Um zehn Uhr war das Kabinett unter seinem Vorsitz zusammengetreten, um über die Dreyfus-Affäre zu beraten. Für den Nachmittag hatte der Präsident keine Termine vereinbart, denn er wollte mit Marguerite Steinheil, der Frau des Hofmalers, den neu eingerichteten Salon d'Argent »einweihen«. Dieser Raum liegt versteckt am äußersten Ende des Ostflügels des Élysée-Palastes. Seine Fenster blicken auf den Park.

Der knapp 58jährige Liebhaber nahm gegen drei Uhr ein Aphrodisiakum ein – die Zeiten von Viagra waren noch weit entfernt –, als ihm der überraschende Besuch von Kardinal

Richard, Erzbischof von Paris, gemeldet wurde. Der geistliche Würdenträger hatte eine dringende Botschaft des Papstes zu überbringen. Félix Faure fertigte den Kardinal schnell ab. Dann machte er sich auf den Weg zu Meg, wie er Madame Steinheil liebevoll nannte. Da wurde er, es war jetzt Viertel nach vier, wieder zurückgerufen. Der Prinz von Monaco war von einem Besuch in Berlin zurückgekommen, wo er mit Kaiser Wilhelm II. über die Dreyfus-Affäre gesprochen hatte. Wilhelm II. hatte Albert von Monaco versichert, kein deutscher Agent sei je mit dem wegen angeblicher Spionage für die Deutschen verurteilten französischen Offizier Dreyfus in Kontakt getreten. Dieser Besuch von Prinz Albert hätte vielleicht Licht in die Staatsaffäre bringen können. Doch Félix Faure spürte die nachlassende Kraft des Stärkungsmittels und hatte es nun besonders eilig, endlich zu Meg zu gelangen. Unruhig erhob er sich, schritt hin und her und näherte sich der Tür, so als wolle er Prinz Albert hinausgeleiten. Der Prinz von Monaco verstand den Wink und verabschiedete sich erzürnt. Schon bereute der französische Staatspräsident sein Fehlverhalten, und um seinen Fauxpas wiedergutzumachen, geleitete er nun den monegassischen Prinzen durch die Salons, weiter als es das Protokoll vorsah. Inzwischen hatte die Wirkung seines Zaubermittels endgültig nachgelassen, so griff er zu einer neuen Dosis.

Eine Dreiviertelstunde später wurden die Mitarbeiter des Präsidenten durch laute Schreie aufgeschreckt, die aus dem Salon d'Argent herübertönten. Ein Mitglied der Republikanischen Garde eilte hin, riß die Tür auf und erstarrte vor einem grotesken Schauspiel. Auf dem blau-silbern bezogenen Sofa lag der Präsident in großer Atemnot. Seine Finger hatten sich in die Haare der nackten Marguerite Steinheil verkrampft. Weil es niemandem gelang, die Hand von Félix Faure zu öffnen, rannte jemand los, um eine Schere zu holen, und schnitt die Haare der leidenden Frau ab. Kurz vor zehn Uhr abends verstarb der Präsident. Die Maîtresse hatte sich in aller Hast wieder angekleidet und war entschwunden. Doch sie hatte ihr Korsett vergessen. Das ergriff Louis Le Gall, der persönliche Sekretär des Staatspräsidenten, und hütete es fortan wie eine Reliquie.

Doch das war zu Zeiten der Dritten Republik, und die hat – wie auch die Vierte – bei den Franzosen keine gute Erinnerung hinterlassen. Die Dritte endete in der Kollaboration mit den Nazis, die Vierte fast im Bürgerkrieg um die Algerienfrage. Mit der Fünften Republik kehrte wieder Ordnung ins politische Gefüge Frankreichs ein. Charles de Gaulle organisierte den Staatsapparat neu – die damals verabschiedete Verfassung hat sich sogar als ideales Gerüst für die politische Stabilität des Landes erwiesen –, und »Tante Yvonne« führte die notwendige Zucht in moralischen Dingen ins Bewußtsein der Gesellschaft zurück.

»Tante Yvonne« war der Spitzname der strengen Madame de Gaulle. Die Auswirkungen ihrer Herrschaft sind noch heute im Élysée zu besichtigen.

Im Amt des Präsidenten ist es üblich, daß Tag und Nacht ein hoher Mitarbeiter anwesend ist, der die politische Entwicklung genau verfolgt und im Notfall den Präsidenten alarmiert. Um nun demjenigen, der zur Abend- und Nachtschicht eingeteilt ist, die Verpflichtung ein wenig angenehmer zu gestalten, steht ihm im Westflügel des Élysée ein Appartement mit Wohn- und Schlafzimmer zur Verfügung. Der Brauch will es, daß die Küche, die sonst Staatsbankette zubereitet, am Abend für ein paar Gäste des Diensthabenden ein Diner serviert.

Als Gast bei solch einem Abendessen wurde mir jenes Dienstappartement vorgeführt. Dabei fiel mir auf, daß im Schlafzimmer zwei Einzelbetten standen.

»Wieso zwei Betten?« fragte ich meinen Gastgeber.

»Eins für den Beamten«, antwortete er, »und eines für den Fall, daß seine Ehefrau bei ihm nächtigen sollte. Daß hier zwei Einzelbetten stehen und kein *grand lit*, keine Lotterwiese, dafür hat ›Tante Yvonne‹ gesorgt. Sie wollte gar keinen Zweifel aufkommen lassen, für wen diese Betten gedacht waren.«

Auch im Amtssitz des Premierministers, dem Hôtel de Matignon in der Rue de Varenne, befindet sich solch eine Dienstwohnung, doch dort herrschen nicht die strengen Sitten von »Tante Yvonne«.

»Zwei Jahre lang war unser Leben aufregend«, erzählt Maîtresse Mathilde. »Mein Geliebter war zum Berater des Premierministers ernannt worden. Ich habe ihn häufig in seinem Büro im Matignon besucht und dort auch ganze Nächte verbracht. Wie eine Angetraute. Er mußte alle zwei Monate Nachtdienst schieben. Seine Aufgabe war es, den Premierminister oder gar den Präsidenten der Republik in der Nacht zu wecken, falls es ein Attentat oder eine schwere Krise erforderte. In der ersten Nacht haben mich all das Gold und die schweren Lüster im Matignon beeindruckt. Es war wunderbar, sich in einem dieser Appartements der Residenz zu befinden, mit den Salons, den Schlaf- und Badezimmern. Das Diner oder das Frühstück wurde von Bediensteten mit weißen Handschuhen vor den großen Fenstern mit dem Blick auf den Park aufgetragen.«

Madame de Gaulle ging so weit, ihrem Mann zu suggerieren, wer wegen ehelicher Untreue als Minister nicht in Frage kam – oder deshalb nicht zum Staatsdiner in den Élysée-Palast eingeladen wurde. So wurde Olivier Guichard, einer der ganz treuen Anhänger de Gaulles, nicht zum Minister ernannt, da er ein stadtbekanntes Verhältnis mit einer Journalistin hatte. Doch pikanterweise konnte Roger Frey lange

Zeit als Innenminister überleben, obwohl er ein Techtelmechtel mit der Frau von Olivier Guichard hatte. Auch André Malraux, der berühmte Schriftsteller und Kulturminister unter de Gaulle, kam ungeschoren davon. Er hatte in zweiter Ehe die Witwe seines Bruders geheiratet, lebte aber mit seiner Maîtresse Louise de Vilmorin zusammen, und nach ihrem Tod ließ er sich mit deren Nichte, Sophie de Vilmorin, ein.

Mit Amtsantritt des jugendlichen Präsidenten Valéry Giscard d'Estaing wandte man sich aber wieder »moderneren« Sitten zu. Eines Morgens – es war um die Zeit, wenn der Milchmann unterwegs ist – kam Giscard mit seinem Wagen von einem Stelldichein zurück, was niemandem aufgefallen wäre, hätte er nicht in seinem Wohlgefühl einen Unfall verursacht. Nicht nur mit Schauspielerinnen wie dem »James-Bond-Girl« Marlène Jobert oder »Emanuelle« Sylvia Kristel wird ihm eine Liaison nachgesagt, vielmehr behauptete der afrikanische Kaiser Bokassa, nachdem er in Zentralafrika abgesetzt und in Frankreich in Ungnade gefallen war, er habe handschriftliche Liebesbriefe Giscards an eine seiner Frauen gefunden.

Die höfischen Gebräuche alter Zeiten kehrten schließlich mit Giscards Nachfolger François Mitterrand zurück. Er, der so unnahbar steif wirken konnte, war ein richtiger Frauenheld. Es wird erzählt, im Jahre 1954 habe er die Ernennung zum Innenminister fast verpaßt, weil er gerade ein Rendezvous mit der Schauspielerin Martine Carol hatte und deshalb zu spät zu einem Treffen mit dem Regierungschef Pierre Mendès-France kam.

1974 brachte seine Maîtresse Anne Pingeot eine Tochter zur Welt. Und ganz Paris wußte, daß Mitterrand jeden Sonntag um zwölf mit einer Baguette unter dem Arm in der Rue Jacob zum Mittagessen bei Maîtresse Anne und Tochter Mazarine erschien. Aber die Presse schwieg sich aus. Kurz vor dem Ende seiner zweiten Amtszeit – und den Tod schon vor Augen – hat Mitterrand sich insgeheim selbst darum bemüht, das Tabu zu brechen, denn er wollte der Existenz seiner Tochter ein öffentliches Siegel aufdrücken.

Selbst während seiner Amtszeit als Präsident war manch ein Rock vor Mitterrand nicht sicher. Nach seinem Tod veröffentlichte Christina Forsne Memoiren, aus denen hervorgeht, daß Mitterrand sich auf Auslandsreisen häufig von einer schwedischen Journalistin begleiten ließ, da sie ihm offenbar näherstand. Aber das waren Affären, keine Maîtressen, wie sie noch während der Dritten und Vierten Republik für Aufregung, ja sogar für politische Brisanz sorgten.

1951 wurde der gerade zum Minister ernannte Pierre Chevallier von seiner eifersüchtigen Frau erschossen. Chevallier hatte sich die Frau eines Tuchhändlers aus Orléans zur Maîtresse erkoren. Aus Angst, der Politiker werde sie verlassen, nahm sie zu dem Ehemann der Geliebten Kontakt auf. Doch der sagte ihr nur: »Vermeiden Sie jeden Skandal, denn ich bin Kaufmann in dieser Stadt. Ein Skandal könnte mir schaden. Und was würde er Ihnen schon nutzen?«

Die Frau stellte ihren Mann zur Rede. Der reagierte im Hochgefühl seiner Ernennung wahrlich ungeschickt und stellte fest: »Ich bin Minister. Ich werde die Scheidung meiner Geliebten durchdrücken, dann laß ich mich scheiden, und du, du bleibst im Dreck zurück.«

Daraufhin schoß die Betrogene den Politiker mit fünf Kugeln nieder. Die Geschworenen sprachen sie frei.

Zum Revolver griff auch Madame Caillaux, Ehefrau von Joseph Caillaux, Finanzminister kurz vor dem Ausbruch des Ersten Weltkriegs. Sie erschoß den Chefredakteur des »Figaro«, Gaston Calmette, da der ihren Mann verleumdet hatte.

Frauen haben in der französischen Politik immer eine wichtige Rolle gespielt. Und um sie zu würdigen, sind im Jardin du Luxembourg, der im Herzen von Paris liegt, alle Statuen Frauen gewidmet – den Königinnen des Landes, obwohl manch eine Maîtresse größeren Einfluß auf die Entscheidungen eines Königs hatte als die aus Staatsräson Angetraute.

Solche Gewohnheiten scheinen schwer zu ändern. Am Ende der Dritten Republik – die französische Armee stand zu Beginn des Zweiten Weltkriegs vor einem Debakel –, da stritten sich zwei Maîtressen für ihren jeweiligen Geliebten um die Macht. Hélène Rebuffet stammte aus einer reichen Familie aus Marseille. Sie heiratete den Grafen Jean de Portes, Sohn des Marquis de Portes und der Herzogin de Gadane. Sie hatte höher gezielt und ein Auge auf den Marquis de Crussol geworfen, der zog jedoch Jeanne, die Tochter eines Fabrikanten von Sardinenbüchsen in Nantes, vor. Wahrscheinlich war es Hélène de Portes, die den Spruch in die Welt setzte, Jeanne sei eine Sardine, die glaube, eine Seezunge zu sein.

Beide Frauen führten in Paris einen Salon, in dem alles verkehrte, was in Politik, Literatur und Kunst einen Namen hatte. Und beide hatten einen Hang zur Macht. So wurde die Gräfin de Portes die Maîtresse des Regierungschefs Paul Reynaud, und die Marquise de Crussol angelte sich Edouard Daladier, der nur noch Verteidigungsminister war. Reynaud hatte ihn als Regierungschef abgelöst. Die Maîtressen hatten nichts mehr im Sinn, als die politischen Karrieren ihrer Liebhaber durch Intrigen und Komplotte zu fördern. Sie scheuten aber auch nicht davor zurück, ihren Haß aufeinander auszuleben. Als sie beide, gemeinsam mit ihren *maîtres*, zu einem Wochenende auf dem Lande von der Gräfin Paule de Beaumont eingeladen wurden, fielen sie übereinander her und konnten nur mit Mühe davon abgehalten werden, sich gegenseitig die Haare auszureißen.

Hélène de Portes, die Maîtresse des Regierungschefs Paul Reynaud, entwickelte politischen Ehrgeiz, während sich Daladiers Maîtresse Jeanne de Crussol diskret im Hintergrund hielt. Als Reynaud am 27. April 1940, kurz bevor die Wehrmacht Frankreich überrollte, von einem politischen Besuch aus London krank zurückkehrte, steckte sie ihn ins Bett und übernahm die Führung der Regierungsgeschäfte. Pierre Lazareff erzählt, als er in diesen Tagen den Premierminister aufsuchen wollte, fand er »Hélène de Portes, hinter dem Schreibtisch von Paul Reynaud sitzend. Sie hielt Rat ab, umgeben von Generälen, hohen Offizieren, Abgeordneten und Beamten. Sie sprach viel und sehr schnell, mit einem bestimmenden Ton, Rat und Befehle austeilend. Von Zeit zu Zeit öffnete sie die Tür, und man hörte sie sagen: ›Wie geht es, Paul? Ruhe dich gut aus, wir arbeiten.‹«

Als Lazareff sie bat, Reynaud wegen einer wichtigen Angelegenheit allein zu sehen, antwortete sie: »Der Präsident ist leicht erkrankt, und ich versuche ihn so gut wie möglich zu ersetzen.«

Als die französische Armee im Juni 1940 unter dem Ansturm der deutschen Wehrmacht zusammenbrach, machten beide Maîtressen all ihren Einfluß geltend: die eine, damit Edouard Daladier mit den Deutschen einen Waffenstillstand aushandelte, die andere, damit sich Paul Reynaud nicht mit dem zum Widerstand aufrufenden General de Gaulle verbündete. Hélène de Portes siegte über Reynaud und handelte dessen Rücktritt vom Amt des Regierungschef mit Marschall Philippe Pétain aus. Dabei ertrotzte sie sich die Zusage, als Botschafterin Frankreichs nach Washington entsandt zu werden. Doch es kam anders. Denn der Wagen, in dem sie mit Paul Reynaud am 28. Juni 1940 von Bordeaux nach Sainte-Maxime unterwegs war, wurde in einen Unfall verwickelt. Während Reynaud mit einigen Prellungen davonkam, schlug das Gepäck von hinten in den Nacken von Hélène de Portes und brach ihr das Genick.

Vom Aberglauben an den Sieg der Technik

Die Franzosen haben den Deutschen eines voraus, sie glauben an das Motto: Wo ein Wille, da ist auch ein Weg. Vielleicht muß man den Weg erst suchen, doch in Wissenschaft und Technik leisten einzelne Franzosen gemäß diesem Motto immer wieder Erstaunliches. Ohne das Drängen der französischen Politik wäre das Überschall-Flugzeug Concorde nie gebaut worden, würde Europa in der Weltraumfahrt nicht existieren, wäre die Airbus-Industrie gescheitert, weil die Deutschen zögerten, sich nicht trauten und auf die amerikanische Vormachtstellung verwiesen.

Aus Deutschland sind in den vergangenen Jahrhunderten immer wieder Menschen ausgewandert, die große Ideen hatten, aber an der deutschen Kleingeisterei zu scheitern meinten. Den Brückenbauer Johann August Roebling kennt in Deutschland kaum einer, hingegen gilt er in Amerika als Musterbeispiel für eben jene Redewendung, wonach der Wille seinen Weg finden wird.

Roebling, 1806 im thüringischen Mühlhausen geboren, wanderte aus, weil er in Deutschland für seine technischen Vorstellungen keine Zukunft sah. In den USA konstruierte er dann die ersten weitgespannten Kabelbrücken. Auch heute noch wird er als Held gefeiert. Denn er baute eine Brücke an einer Stelle, die als unüberbrückbar galt: Von Manhattan nach Brooklyn, über den East River hinweg, spannte er die in der amerikanischen Malerei und Dichtkunst seit mehr als hundert Jahren gerühmte 487 Meter lange Brooklyn Bridge. Sie gilt den Amerikanern heute noch als Symbol für die Stärke des Willens.

Doch anders als in Amerika oder auch in Deutschland halten die Franzosen manchmal den Willen schon für den Weg, gucken in die Luft, und pardauz, da stolpern sie auch schon. Denn neben all der Logik, die die Franzosen – als Kinder Descartes' *(cogito ergo sum)* – für sich als Charakterzug beanspruchen, neben dem praktischen Denken und der Kunst, sich durchzuwurschteln, haben sie eine große Fähigkeit zum Tagträumen; offenen Auges glauben sie dann allzuleicht, das Erträumte sei Wirklichkeit. Und das kann sehr weit gehen.

Der Wunsch, Frankreich werde sich mit Hilfe technologischer Erfindungen an die Spitze des Fortschritts setzen und alles bisher Dagewesene revolutionieren, führt im Land der Aufklärung zu Blindheit, ja Verbohrtheit. Dies zeigt am besten eine Geschichte, die niemand für möglich halten wird, so hanebüchen haben sich ein französischer Staatspräsident, zwei Ministerpräsidenten und mehrere Wirtschaftsbosse an der Nase herumführen lassen. Aber die Geschichte, in der es um Wundererfindungen, Scharlatanerie und am Ende einen Verlust von mehr als 700 Millionen Franc geht, ist durch einen geheimen Bericht des französischen Rechnungshofes genauestens belegt.

Um zu verstehen, was da geschehen ist, muß man das französische System verstehen. Es beginnt – wieder einmal – damit, daß die Führung in Staat, Finanzen und Wirtschaft aus den berühmten Eliteschulen stammt. Wer an einer dieser Hochschulen studiert hat, hat als erstes eine besonders hohe Achtung – vor sich selbst.

Der Ruhm der Schulen wird schon dadurch bestätigt, daß es kaum noch einen Staatspräsidenten, keine Ministerpräsidenten und nur wenige Minister gibt, die nicht aus der ENA, der Verwaltungshochschule, hervorgegangen sind. Wer eine große Bank leitet oder Chef eines nationalen Wirtschaftsunternehmens ist, der hat höchstwahrscheinlich zusammen mit der politischen Elite gebüffelt. Und das reicht nicht nur als Beweis dafür, daß man besonders *qualifiziert* ist, nein, es beweist, daß man selbst *besonders* ist.

In ihrer Arroganz erwarten die Mitglieder der Elite absoluten Gehorsam und unkritischen Vollzug ihrer Anweisungen von all jenen, die nicht auf die Zugehörigkeit des Elite-Corps verweisen können. Und dabei merken sie gar nicht, daß sie selber so sehr im hierarchischen Denken verfangen sind, daß auch sie blind gehorchen. Oder aber sie glauben, auf Kritik verzichten zu können, indem sie sich von einer höheren Stelle ihr unkritisches Verhalten genehmigen lassen.

In den staatlichen Eliteschulen werden die Absolventen auf das Gebot gedrillt, das Wohl Frankreichs und seine Position in der Welt hätten in ihrem Denken und Handeln stets an erster Stelle zu stehen. All diese Komponenten haben zu einem Skandal geführt, der in Frankreich unter dem Begriff »Schnüffel-Flugzeug« bekannt – und auch schnell wieder eingesargt wurde, da er zu peinlich ist.

Zu Beginn des Jahres 1976 wendete sich eine Gruppe europäischer Finanziers an die Leitung des französischen Unternehmens ERAP, das sich als Tochter des staatlichen Ölkonzerns Elf um Forschung und die Suche nach Öl- und Gasvorkommen kümmert. Nach Öl zu suchen ist aufwendig und teuer, weshalb die Chefs der ERAP aufhorchten, als ihnen eine wissenschaftliche Erfindung angeboten wurde, die die Prospektierung revolutionieren würde. Ein belgischer Erfinder, Graf Alain de Villegas, hatte angeblich einen Apparat hergestellt, der es erlaubte, in die Erdoberfläche zu »schauen«. Dieses Gerät könne mit absoluter Sicherheit in Tausenden von Metern Tiefe wirtschaftlich bedeutende Rohstoffvorkommen feststellen: Gas, Öl, Wasser, bestimmte Mineralien.

Mehr sagte das Angebot nicht aus. Es wurden keinerlei Angaben zu den wissenschaftlichen Daten gemacht, auch nicht über die Technologie oder die Geräte, die solch ein Wunderwerk ermöglichten. Aber die Finanziers des Erfinders gaben zu bedenken, Graf de Villegas habe in den Jahren 1972/73 in Spanien wirklich erstaunliche Resultate bei der Suche nach Wasser erzielt. 1974/75 seien in Europa, in Brasilien und in Südafrika Untersuchungen aus der Luft durchgeführt worden, wobei in Irland und in der Schweiz »mögliche« Öl- oder Erdgasvorkommen entdeckt worden seien. In Südafrika sei mit Hilfe des Wundergeräts der Umfang einer Goldmine genau bestimmt worden. Belege für diese Erfolge legten die Finanziers und ihre Vermittler nicht vor. Das war aber auch nicht nötig, denn sie boten den hohen Herren von ERAP an, auf eigene Kosten einen Versuch zu starten, und die Entscheidung könne gefällt werden, falls diese Untersuchung erfolgreich verliefe.

Immerhin fragte der Präsident von ERAP, Monsieur Guillaumat, Absolvent der École des Mines, weshalb das Angebot gerade den Franzosen gemacht werde. Nun hatten sich die Anbieter gut gewappnet. Sie ließen sich unterstützen von Maître Jean Violet, einem ehemaligen Anwalt aus Paris, der seit langem Kontakt zur ERAP hatte, und von Antoine Pinay, einer äußerst respektierten Persönlichkeit. Pinay hatte als Finanzfachmann einen großen Ruf und war mehrmals Finanzminister, ja sogar Premier gewesen. Als er im Amt war, wurden die Preise stabilisiert – und der *franc lourd* eingeführt (aus hundert Franc wurde ein Franc). Pinay drängte auf eine Entscheidung, denn sonst würde die Erfindung möglicherweise in ein anderes Land verkauft. Man sprach schon von Exxon!

Und noch eine Garantie sprach für die Vertreter des Erfinders: Falls die Versuche zufriedenstellend ausfielen, würde man eine Gesellschaft gründen, deren Vorsitz der Präsident der Union des Banques Suisses übernähme. Die UBS ist die zweitgrößte Bank der Schweiz und deren Präsident eine äußerst angesehene Persönlichkeit.

Unter größter Geheimhaltung ließ der Präsident der ERAP den Versuch vorbereiten. Er weihte nur eine Handvoll seiner Mitarbeiter in das Projekt ein. Wie es sich für ganz geheime Missionen gehört, wurde dafür auch ein Code ausgemacht: »Opération Aix«.

Die »Opération Aix« fand also statt, und der Erfolg war verblüffend: Das Gerät mit den wundersamen Fähigkeiten wurde in ein Flugzeug verfrachtet und überflog in 5000 bis 7000 Meter Höhe schon bekannte Öl- und Gasfelder im Süden Frankreichs. Durch ein Quieken gab der Apparat jedesmal richtig an, wenn sich das Flugzeug über einem der ausgesuchten Vorkommen befand. Bilder, die eine genauere Auswertung ermöglichten, konnte das Gerät im Flugzeug noch nicht liefern.

Aber am Boden wurden weitere Untersuchungen mit einem anderen Instrumentarium angestellt. Doch weil die Erfindung so bedeutend war und deshalb höchst geheimgehalten werden mußte, wurde sie bei den Versuchen vor den Augen der ERAP-Führung durch eine Zeltplane verborgen. Trotzdem überzeugte das Experiment die potentiellen Käufer.

Das Gerät hatte Schwarzweißbilder der Öl- und Gasvorkommen geliefert. Mit Hilfe eines magnetischen Bleistifts, der an einem oder anderen Punkt angesetzt wurde, konnte man sich von den Mitarbeitern des Erfinders drei Fragenkomplexe beantworten lassen: die Tiefe der Lagerung, deren Breite in Metern und deren Beschaffenheit – eingeteilt nach einem äußerst groben Raster von »leicht« bis »sehr schwer«.

Die Vertreter der ERAP waren erstaunt über die Qualität und die Genauigkeit der Aussagen. Allerdings war dem Erfinder und seinen Mitarbeitern schon einige Tage zuvor bekannt, wo die Untersuchung stattfinden würde. Und es bedurfte keiner großen Recherche, um die Angaben im vorhinein zu kennen. Auf seiten der ERAP hatten neben dem Präsidenten Guillaumat nur vier ihrer Direktoren an den Versuchen teilgenommen, und von ihnen war keiner Fachmann oder gar Wissenschaftler. Sie waren überhaupt nicht in der Lage, die Erfindung zu beurteilen. Aber die wiederum war ja so geheim, daß keiner sie sehen durfte!

ERAP-Chef Guillaumat hielt in einem Bericht fest, »die qualitativen Möglichkeiten der Vorgänge A (aus der Luft) und B (am Boden) scheinen uns erstaunlich und werden die Techniken der Prospektion verändern«. Weil die Erfindung so vielversprechend und die Finanziers so vertrauenerweckend wirkten, unterzeichnete Guillaumat am 28. Mai 1976 in Zürich einen Vertrag mit der Firma Fisalma, die zu hundert Prozent dem Grafen de Villegas gehörte – und in Panama registriert war.

Wenige Tage später empfing der französische Staatspräsident Valéry Giscard d'Estaing die Herren Guillaumat und Antoine Pinay, und sie offenbarten ihm das Geheimnis, das die Rolle Frankreichs in der Welt verändern könnte. Denn wenn dieses Gerät in der Lage sei, unter die Erde zu schauen und Mineralvorkommen zu entdecken, dann wäre es doch sicher auch in der Lage, feindliche Atom-U-Boote in den Weltmeeren zu orten.

Nun galt es, alles zu tun, um dieses Geheimnis auch zu bewahren. Deshalb baten die beiden Besucher den Staatspräsidenten um die Genehmigung, den Vorgang auch vor den öffentlichen Stellen, die für die Kontrolle dieses Staatsunternehmens zuständig waren, zu verbergen. Valéry Giscard d'Estaing stimmte zu. Der Premierminister Jacques Chirac wurde erst Monate später in die Geschichte eingeweiht.

Der Vertrag zwischen ERAP und Fisalma war ein Musterbeispiel, wie Gauner sich verhalten sollten. Die Fisalma erhielt 200 Millionen Schweizer Franken dafür, daß sie ihr Wundergerät zwölf Monate lang für die ERAP einsetzen würde. Sollte Öl gefunden werden, würde die ERAP eine zusätzliche Summe zahlen. Da die Erfindung geheim war, würden dem Personal der ERAP oder ihrer Mutterfirma Elf nur die Ergebnisse zur Verfügung gestellt. Sie würden aber keinen Zugang zu dem Apparat und damit zu der Erfindung selbst haben. In Absatz sieben des Vertrags wurde zum Schutz des Geheimnisses schließlich festgehalten, »die beiden Vertragsparteien verzichten auf jeden juristischen Vorgang« im Falle eines Streites.

Nun mußte die ERAP 200 Millionen Schweizer Franken zahlen, ohne daß dies den staatlichen Kontrolleuren in der Jahresabrechnung auffiel – eine enorme Summe, die weit über dem Jahresgewinn der Firma lag. Aber da zeigen sich die wahren Künste von Finanziers und Wirtschaftsbossen. Über den Umweg einer Liechtensteiner Firma und mit Hilfe der Union des Banques Suisses transferierte die Mutterfirma Elf die erforderliche Summe ohne jegliches Aufsehen.

Bevor nun zur Tat geschritten werden konnte, wurde ein unübersichtliches Geflecht von Firmen gegründet, die in Panama, der Schweiz, Frankreich, Liechtenstein, Jersey und sogar auf den Neuen Hebriden angemeldet waren.

Zur technischen Mannschaft der Fisalma gehörten neben dem Grafen de Villegas dessen Sohn Tanguy als einfacher Gehilfe, der Pilot Phillippe Halleux als Vertrauensmann des Grafen und der Italiener Aldo Bonassoli, der seit mehr als fünfzehn Jahren mit dem Grafen zusammenarbeitete. Villegas stellte den Mechaniker Bonassoli als ein Genie vor: Nur er sei in der Lage, die Apparate aufzubauen, sie einzustellen und zu bedienen. Bonassoli, der angab, er habe in Italien am

Institut Enrico Fermi gearbeitet, mühte sich ständig um die Verbesserung der Erfindung.

Der Einsatz der Instrumente erwies sich als schwierig. Es wurde eine DC-3 gemietet und mit den Geräten bestückt. Schon im Juni 1976 wurde mit Hilfe der Erfindung ein Mineralvorkommen in Montegut, im Departement Gers, entdeckt. Bis in den Dezember hinein dauerten die Forschungen der Erfinder, doch dann konnten sie genau angeben, wo zu suchen sei. Die abgelieferten Bilder, die einen Querschnitt durch die Erdoberfläche zeigen, und die präzisen Angaben veranlaßten die Direktoren von Elf, gegen den Einspruch der hauseigenen Fachleute eine Probebohrung anzuordnen. Der Graf de Villegas hatte herausgefunden, daß Mineralien in einer Tiefe von 3800 bis 3900 Metern lagerten – und das auf einer Länge von neun Kilometern bei einer Breite von einem Kilometer.

Während die Probebohrung begann, entwickelte Aldo Bonassoli sein Gerät weiter. Weder bei 3800 Metern noch hundert Meter tiefer stießen die Bohrleute auf das erhoffte Ölvorkommen. Vielleicht bohrte man an der falschen Stelle? Inzwischen hatte Bonassoli einen neuen Apparat erfunden. Während das Gerät »der ersten Generation« nur Schwarzweißbilder von sich gab, konnte das neue Polaroidbilder in Farbe herstellen. Und mit Hilfe dieser Neuentwicklung wurde die Existenz des Vorkommens bestätigt. Das Rohöl war im Erddurchschnitt klar zu erkennen, rot auf blau-grünem Grund. Doch die Bohrungen fanden nicht, was das Gerät versprach: In 4483 Meter Tiefe brach Elf die Arbeiten ab. Allerdings waren sie durch mehrere Salzschichten gestoßen, die auf den Bildern der Erfinder nicht verzeichnet waren.

Immer noch zweifelte niemand an der genialen Erfindung. Im Zululand wurde bis in 6000 Meter Tiefe gebohrt, auch hier traf man nur auf Basalt. Nun galt der Vertrag zwischen der ERAP und der Fisalma nur für zwölf Monate, und als die vergangen waren, hatte die Erfindung zwar noch kein Ergebnis gezeitigt, doch es gab einen Wechsel in der Führungsspitze der ERAP. Der bisherige Präsident, Pierre Guillaumat, erreichte die Altersgrenze und wurde per staatliches Dekret von Monsieur Albain Chalandon abgelöst.

Als Chalandon sein Amt antrat, wurde er vom Premierminister persönlich unterrichtet, daß Monsieur Guillaumat mit Genehmigung des Staatspräsidenten weiterhin den Auftrag habe, sich um die geheime Erfindung zu kümmern, ja, daß er »persönlich darüber wachen soll, daß unserem Land die weitestgehende Nutzung der Erfindung auf allen Gebieten gesichert wird«.

Zu dieser Zeit war der erste Vertrag ausgelaufen, die Erfinder hatten die 200 Millionen Schweizer Franken eingesteckt, und nun galt es zu entscheiden, ob es sich lohnte, einen neuen Vertrag auszuhandeln. Für die ERAP bedeutete dies, entweder den Versuch als Verlust abzuschreiben oder aber sich weiter als bisher zu engagieren. Der Abbruch kam nicht in Frage, denn immer noch hoffte man, mit dieser bahnbrechenden Neuerung den Weltmarkt zu beherrschen.

Allerdings sagten sich die Manager von ERAP, der nächste Vertrag müßte sie besserstellen: Der Graf de Villegas und sein Genie Aldo Bonassoli sollten dieses Mal nicht nur den Gebrauch des Gerätes verkaufen, sondern die ursprüngliche Erfindung selbst. Daraufhin verlangte der Graf kalt lächelnd die Zahlung von einer Milliarde Franc. Die Verhandlungen gestalteten sich zäh, der Graf wurde von seinen Vertretern unter Druck gesetzt, schließlich erklärte sich Elf bereit, 250 Millionen Schweizer Franken zu zahlen. Sollte durch das Gerät ein Öl- oder Gasvorkommen von mindestens zehn Millionen Tonnen gefunden werden, wäre die gleiche Summe noch einmal fällig. Um diese Millionen zahlen zu können, mußte die ERAP einen Kredit aufnehmen.

Die Beschaffung der Mittel erwies sich als schwierig. Deswegen wurde der französische Premierminister eingeschaltet, der wiederum dem Leiter des französischen Schatzamtes eine klare Anweisung gab. Leiter des Schatzamtes war zu jener Zeit Jean-Yves Haberer, auch er Absolvent der Eliteschule ENA, der später Präsident der staatlichen Bank Crédit Lyonnais werden sollte – und das Geldinstitut in Milliardenhöhe verschuldete, so daß der Staat rund fünfzehn Milliarden Franc zuschießen mußte. Auch die Schulden des Crédit Lyonnais kamen zustande, weil so viele merkwürdige Zahlungen im Interesse des Staates, aber nicht der Bank, ausgeführt wurden. Eine private Bank wäre unter diesen Umständen längst in Konkurs gegangen.

Als Direktor des Schatzamtes besaß Jean-Yves Haberer eine unbeschränkte Zeichnungsvollmacht, die ihm der Finanzminister eingeräumt hatte. Doch den unterrichtete Haberer nicht, als er der staatlichen Firma ERAP genehmigte, »bei der UBS direkt oder einer ihrer direkten oder indirekten Filialen einen Kredit in Höhe des Gegenwertes in Dollar von 500 Millionen Schweizer Franken aufzunehmen«. Und Haberer bestätigte, daß die Kosten für Tilgung, Zinsen und so fort ohne Bedingungen vom französischen Staat übernommen würden.

Nun konnte der neue Vertrag unterzeichnet werden, und da es sich um eine große, wichtige – und teure Angelegenheit handelte, fand im Schloß Wolfsberg in der Nähe von Zürich eine feierliche Unterzeichnung statt, begleitet von einem wissenschaftlichen Vortrag. Vor den fünf Geheimnisträgern der ERAP demonstrierte Bonassoli die »neueste Generation« seines Apparats und konnte zu aller Verblüffung die Daten eines – sich in acht Kilometer Entfernung befindenden – stillgelegten Bohrversuchs und sogar 25 Kilometer weit weg ein kleines (bekanntes) Gasvorkommen entdecken.

Schließlich hielt Aldo Bonassoli einen Vortrag über die technischen Bedingungen seiner Erfindung. Allerdings verstanden die Anwesenden nur wenig, da der Italiener schlecht französisch sprach. Manche waren verwundert, als er etwas vom »spin 1/3« faselte, aber genau das Gegenteil von dem erzählte, was in der wissenschaftlichen Teilchentheorie als richtig gilt. Doch zum Glück war kein Physiker anwesend, der ihm hätte widersprechen können.

Der Vertrag wurde unterschrieben. Elf sollte nun Zugang zu den Grundlagen der Erfindung und zu den Geräten erhalten. Weil es sich aber um eine geheime Angelegenheit handelte, konnte kein Patent angemeldet werden. So wurden die beiden Erfinder de Villegas und Bonassoli gebeten, ihre Entdeckung niederzuschreiben und in einem versiegelten Umschlag bei der französischen Akademie der Wissenschaften zu hinterlegen. Damit ließe sich – falls notwendig – die Urheberschaft der Erfindung zweifelsfrei nachweisen.

Elf beschloß nun, drei eigene Geologen zu den Erfindern nach Brüssel zu schicken. Und Bonassoli machte vor ihren Augen ein Experiment. Durch eine Mauer hindurch konnte das Gerät eine dort niedergelegte Zeichnung »lesen«. Die Besucher waren erfreut – und baß erstaunt, als Bonassoli ihnen erklärte, er allein habe ein besonders Neutrino entdeckt. Dieses Neutrino könne jede Materie ungehemmt durchqueren, und ihm sei es sogar gelungen, dieses Teilchen »zu zähmen«. Tatsächlich kennen Physiker, die sich mit Elementarteilchen befassen, Neutrinos. Doch sie gehören zu den unerforschten Dingen des Universums. Erst 1998 haben Neutrino-Forscher der ganzen Welt sich in Japan getroffen und von japanischen Forschern aus Takayama erfahren, daß Neutrinos tatsächlich eine Masse haben. Um Neutrinos einzufangen, muß man einen ungeheuren Aufwand betreiben. Eine einzelne Person – wie etwa Bonassoli – wäre dazu nie in der Lage gewesen.

Und das hätte jeder Fachmann sofort durchschaut, aber kein mit Ölvorkommen befaßter Geologe. Spezialisten waren bei der Geheimsache nicht erwünscht. Denn schließlich gehört es zum Merkmal eines Mannes der französischen Elite, alles beurteilen zu können.

Bonassoli fabulierte also, er impfe das Neutrino mit Informationen, die dem Teilchen erlaubten, Öl, Kohle und andere Mineralien zu erkennen. Das von ihm erfundene Gerät sei in der Lage, die Informationen, die das Neutrino sammelt, in Bilder umzusetzen. Das klang in den Ohren der Wissenschaftler verblüffend, allerdings hatten auch sie Verständnisschwierigkeiten, da Bonassoli äußerst unklar und in französischem Kauderwelsch sprach. Aber die Geologen hatten den formellen Auftrag erhalten, gegenüber den schwer zugänglichen Erfindern diplomatisch vorzugehen und die Zusammenarbeit durch nichts zu erschweren. Also hielten sie sich mit jeder Kritik zurück und erlaubten sich keinen Zweifel an der Richtigkeit dieser wissenschaftlichen Revolution.

Den Erfindern gelang es, die französischen Wissenschaftler Woche um Woche, Monat um Monat hinzuhalten. De Villegas drohte sogar, ein milliardenschwerer Emir, der mit der Chase-Manhattan-Bank und Esso verbunden sei, habe eine Milliarde Dollar für die Erfindung geboten. Daraufhin hielten die Vertreter von Elf still. Sie versuchten aber mit allem Nachdruck, die Erfinder aus Brüssel nach Frankreich zu locken, da sie dachten, dort einen besseren Zugriff zu haben.

Inzwischen wurde immer noch kräftig geforscht und das Gerät ständig verbessert. Wobei merkwürdige Dinge geschahen. Bei einem Flug über Frankreich von Norden nach Süden kamen die Bilder aus dem Apparat genau umgekehrt heraus: nämlich vom Süden in den Norden. Dafür gab es aber auch sofort eine – mehr oder weniger – plausible Begründung. Die Neutrinos hätten die Bilder vermutlich gespeichert und in einer falschen Reihenfolge abgesondert. Selbst auf solch tumbe Erklärungen fielen die Fachleute der ERAP und von Elf herein.

Schließlich wurde sogar König Hassan II. von Marokko in das Geheimnis eingeweiht, denn das Schnüffel-Flugzeug sollte auch über seinem Land eingesetzt werden. Davon träumend, ebenfalls ein reicher Ölscheich zu werden, stimmte der König zu und machte in einer Rede an sein Volk Andeutungen über wundersame Ölreichtümer: »Das mindeste, was man über diese Vorkommen sagen kann, ist, daß sie im schlechtesten Fall nur unseren eigenen Ölverbrauch vollends decken werden. Die Reserven könnten aber auch all unsere Träume übertreffen.«

Durch die Rede hellhörig geworden, schrieb die Zeitschrift »Jeune Afrique«: »Ein neues Ölvorkommen ist in der Gegend von Taza entdeckt worden und erweckt, wie der König in seiner Rede sagte, große Hoffnungen. Aus marokkanischen Quellen verlautet, diese Entdeckung sei dank eines neuen Verfahrens gemacht worden, aber es ist noch zu früh, um die wirkliche Bedeutung des Vorkommens zu bestätigen ... Die Aussagen des Souveräns werden durch Kreise der Ölförderer gedämpft, insbesondere von Elf, jenem Unternehmen, das mit der Prospektion von Öl in Taza beauftragt sein soll.«

Die Kosten für die Probebohrungen hatte die ERAP zu tragen, und je länger der Erfolg auf sich warten ließ, desto ungeduldiger wurden deren Verantwortliche. Schließlich forderten sie im Februar 1979, de Villegas solle ihnen wenigstens ein Gerät der »ersten Generation« zur Verfügung stellen. Der Erfinder stimmte zu, aber der Apparat kam nicht, denn Professor Bonassoli hatte angeblich Teile aus dem ersten Gerät in sein neues eingebaut.

Die französischen Wissenschaftler kehrten zurück nach Brüssel und konnten schließlich – in Abwesenheit von Bonassoli – einen Blick auf das neue Gerät werfen und entdeckten darin einen Generator, der Zeichen aussenden konnte, und einen Empfänger für diese Zeichen. Ein in den Zeichengenerator gefüttertes Bild würde von dem Empfänger wieder ausgedruckt. Diese Erkenntnis teilten sie Jules Horowitz, einem hochgestellten Wissenschaftler, mit, den der inzwischen eingeweihte französische Industrieminister eingeschaltet hatte.

Nun wurden die Erfinder nach Paris gebeten. Vor Horowitz sollten sie jenes Experiment wiederholen, in dem der Apparat durch die Wand schaute. Horowitz teilte Bonassoli mit, er werde ein Lineal in den anderen Raum legen. Tatsächlich erschien auf dem Papier, das der Apparat ausspuckte, ein gerades Lineal. Das aber war falsch: denn Horowitz hatte insgeheim das Lineal zu einem V verbogen.

Aber immer noch waren nicht alle davon überzeugt, daß es sich hier um geniale Betrüger handelte: Es könnte ja sein, so wurde argumentiert, daß die Erfinder ihr Gerät ganz bewußt verfälscht hätten. Einige der Techniker wie auch der Direktoren von ERAP vermuteten, die Erfinder wollten entweder das Geheimnis für sich bewahren oder aber ganz bewußt zum Bruch des Vertrags beitragen, um die Erfindung jemand anderem zu verkaufen.

Doch schließlich gab es keinen Zweifel mehr: Hier waren Betrüger am Werk. Die Verträge wurden stillschweigend aufgelöst. Die Fisalma zahlte die aus dem zweiten Vertrag erhaltenen Summen zurück. Die 200 Millionen Schweizer Franken aus dem ersten Vertrag blieben ihnen jedoch, denn der Vertrag schloß ja eine juristische Auseinandersetzung aus – um das große Geheimnis nicht zu gefährden. Allerdings weiß niemand, wer diese unglaublich hohe Summe wirklich eingesteckt hat.

Die Gauner kamen ungeschoren davon. Der Premierminister und der Staatspräsident wurden über die Entwicklung unterrichtet, doch keiner der wenigen hochgestellten Verantwortlichen bei der ERAP oder ihrer Mutter Elf mußten Konsequenzen fürchten. Sie hatten sich für alle Fälle die notwendige Genehmigung vom Premierminister, wenn nicht gar vom Staatspräsidenten, schriftlich geben lassen!

Immerhin ließ der Premierminister – inzwischen war es Raymond Barre – den Vorgang der Schnüffel-Flugzeuge vom Rechnungshof untersuchen, allerdings auch das unter größter Geheimhaltung. Mit der Untersuchung beauftragt wurde François Giquel, ein besonders vertrauenswürdiges Mitglied dieses *grand corps*. Sein Bericht lag Ende Dezember 1979 vor.

Giquel sprach mit fast allen Verantwortlichen auf der französischen Seite und stellte fest: »Alle Protagonisten hoben tatsächlich hervor, sie hätten das Gefühl gehabt, sich mit einer Sache zu befassen, die das Schicksal Frankreichs, ja der Welt verändern könnte. Und deshalb hätten sie eine besondere Verantwortung gespürt.«

Die Geschichte wäre nie ans Tageslicht gekommen, hätte es nicht einen politischen Wechsel gegeben. Die Sozialisten gelangten an die Macht, und so sickerten Details dieser Geschichte durch. Doch die vorhergehende Regierung hatte vor der Amtsübergabe reinen Tisch gemacht. Rechnungsprüfer François Giquel hatte nur sechs Exemplare seines Berichtes anfertigen lassen: fein säuberlich numeriert. Zwei Exemplare überreichte der Präsident des Rechnungshofes, Bernard Beck, dem Premierminister, Raymond Barre, persönlich. Die übrigen Exemplare vernichtete er höchstselbst im Reißwolf, da es sich um einen Bericht handelte, auf dem *Très Secret Défense* stand – großes Staatsgeheimnis. Premierminister Barre wiederum übergab ein Exemplar dem Staatspräsidenten Valéry Giscard d'Estaing, der es aber aus den Archiven des Élysée-Palastes entfernen ließ, bevor der Sozialist François Mitterrand das Amt übernahm. Auch Raymond Barre hatte sein

Exemplar nicht im Amt des Premierministers gelassen, sondern mit nach Hause genommen.

Dieser traumtänzerische Versuch, das Schicksal Frankreichs – vielleicht gar der Welt? – zu ändern, kostete den französischen Steuerzahler mehr als 700 Millionen Franc. Da war kein Wille gewesen, kein Weg, sondern nur ein Traum. Der platzte wie eine Seifenblase, aber Träume vergehen auch dann nicht.

Chaos auf Korsika

Eric stammt aus dem Anjou, dem Herzen Frankreichs, doch seit Jahrzehnten führt er sein Werbeunternehmen in Nizza. Seinen Sommerurlaub verbringt er mit schöner Regelmäßigkeit auf seinem Boot »La Sagesse« (Weisheit), und deshalb kennt er jede noch so kleine Bucht von Korsika. Diesmal lag es im Hafen von Bonifacio.

Einer Einladung folgend, nahm ich einen billigen Flug von Nizza nach Figari, dem kleinen, aber sehr modernen Flughafen im Süden der »Insel der Schönheit«, wie die Korsen ihr Eiland liebevoll nennen. Gott sei Dank hatte mir Monica, Erics Frau, den Rat gegeben, nach der Landung den Flughafen fluchtartig zu verlassen und nach einem Taxi zu suchen, denn es gebe deren nur sehr wenige. Und wer keines bekomme, müsse häufig mehr als eine Stunde auf das nächste warten. Vor dem Flughafengebäude standen vier nagelneue Wagen französischer Bauart mit dem Taxischild auf dem Dach. Da ich, wenn immer möglich, nur mit einer Reisetasche fliege, um an den Förderbändern nicht ewig auf die Ausgabe des Gepäcks warten zu müssen, saß ich bald in einem Wagen und gab dem Fahrer den Fährhafen von Bonifacio als Ziel an.

Mich musternd, einen Blick auf den kleinen Gepäcksack werfend, fragte er:

»Kommen Sie, um ein Boot zu überführen?«

»Nein, aber ich gehe für ein paar Tage auf ein Schiff.«

Vom Flughafen fährt das Taxi eine gute halbe Stunde durch die unberührte Landschaft. Karg bewachsen rollen die Erdhügel ins Meer, das an der Küste große, runde Felsblöcke aus rotem Granit freigewaschen hat. Während der Wagen auf einer Chaussee dahinrollte, deren hervorragender Zustand die hohen Subventionen vom Festland für den öffentlichen Straßenbau verriet, kamen wir ins Gespräch. Ob es sich denn lohne, das ganze Jahr über Taxi zu fahren, wollte ich von ihm wissen.

»Nein, nur vier Monate im Sommer.«

»Und was arbeiten Sie in den übrigen Monaten?«

»Da arbeite ich nicht. Man hat ja genug zu tun. Angeln, jagen ...«

»Verdienen Sie denn in den vier Monaten genug für den Rest des Jahres?«

»Nein. Aber man weiß sich zu helfen ... Sie wissen schon.«

Ich wußte zwar nicht, wollte aber auch nicht zu neugierig nachfragen. Das ist in Korsika nicht gesund. Vermutlich lebt er dreiviertel des Jahres aus irgendeinem öffentlichen Topf, zu dem ein Kumpel, Verwandter oder Bewohner seines Dorfes Zugang hat. Die Gemeinschaft hält wie Pech und Schwefel zusammen; Solidarität wird hier anders definiert als auf dem Festland, weshalb auch niemand den Ausdruck »Betrug am Staat« versteht. Keiner kennt sich in Sachen Subventionen so gut aus wie die Korsen. Es gibt kaum eine Hilfe der Europäischen Union, die von den Korsen nicht beantragt würde. Jeder scheint – wenigstens auf dem Papier – mehrere Milchkühe zu besitzen oder große Äcker, auf denen gerade das angepflanzt wird, was Geld aus Brüssel bringt. Und da ja nicht europäische Beamte aus Brüssel, sondern französische aus Korsika die Richtigkeit der Anträge prüfen, weiß ein Korse sich beim Subventionsbetrug gedeckt.

Bei Wahlen sorgt die Gemeinschaft für den Sieg ihres Vertreters, und damit auch gar keine Zweifel am Willen der Gemeinschaft entstehen, wird an der Urne nachgeholfen. In dem kleinen Dorf San Damiano wohnen 165 Wahlberechtigte, doch ihr Abgeordneter in der Nationalversammlung erhielt bei der Wahl von 1973 insgesamt 5998 Stimmen! Ganze Generationen von Vorfahren, die längst auf dem Friedhof vermodert waren, hatten sich in die Wahllisten eingeschrieben und das Kreuz an der richtigen Stelle gemacht. Niemand kam auf den Gedanken, dieses Ergebnis anzufechten. Für Korsen war dies ein völlig normaler Vorgang, über den Franzosen auf dem Festland lachten, um die Korsen nicht ernst nehmen und die Wahl anfechten zu müssen. »Denn was die wollen, versteht so recht niemand.«

Sie achten die Gesetze des Staates nicht und sind auch durch schärfste Maßnahmen nicht dazu zu bewegen. Alle Regierungschefs in Paris haben in dieser Hinsicht bisher kapitulieren müssen. Premierminister Raymond Barre meinte zornig, falls die Korsen nicht fähig seien, die Gesetze der Republik zu respektieren, sollten sie doch die Verantwortung für sich selbst übernehmen. »Gott behüte!« rufen da die Korsen. Für die Selbständigkeit Korsikas spricht sich höchstens ein Zehntel der Inselbewohner aus. Sogar von den eingefleischten Verteidigern der Unabhängigkeit Korsikas erklären sich – wenn's ernst wird – 56 Prozent für den Verbleib in der Französischen Republik aus. Denn die ist schließlich eine bequeme Milchkuh.

Am Morgen nach meiner Ankunft in Bonifacio steuerte Eric die »Sagesse« an der korsischen Südküste entlang, Richtung Lavezzi-Inseln, die zwischen Korsika und Sardinien liegen und mit ihren Vulkanfelsen als Refugium schützenswerter Tiere gelten. Nachts lassen sich *puffins cendrés*, seltene Hochseevögel, nieder und reden laut wie Menschen. Eric deutete auf einige moderne, großzügig gebaute Villen, die Leuten aus Paris gehören, dem französischen Werbepapst Jacques Séguéla beispielsweise oder Jean Bousquet, dem Erfinder der Modemarke Cacharel. Ihre Prunkbauten stehen mitten in der Natur und verschandeln die Küste.

»Warum werden diese Villen nun von den Korsen nicht in die Luft gejagt?« fragte ich Eric. »Man liest doch immer wieder von Anschlägen gegen Ferienhäuser von Festland-Franzosen.«

»Das hat meistens damit zu tun, daß der Kaufpreis nicht bezahlt worden ist. Das ist in Korsika nämlich sehr kompliziert. Wenn man ein Grundstück kauft, beide Parteien beim Notar unterschreiben und der abgemachte Preis überwiesen worden ist, so hat man das Gelände noch längst nicht erstanden. Kaum haben die Bauarbeiter das Fundament gegossen, erscheint ein Onkel des Verkäufers und macht seine Eigentumsrechte geltend. Sollte auch der ausgezahlt sein, dann erscheint ein Cousin und so weiter. In Korsika gibt es eben keine ordentlich geführten Grundbücher. Die meisten Grundstücke gehören Familien als Gemeineigentum. Wer nun das Pech hat, es mit einer großen und hartnäckigen Sippschaft zu tun zu haben, dessen Bau kann schon mal in die Luft fliegen. Es ist fast unmöglich herauszufinden, wen man bezahlen muß, um keine Probleme mehr zu haben.«

Selbst strenge Beamte, die vom Festland auf die Insel versetzt wurden und sich vorgenommen hatten, Ordnung zu schaffen, sind am korsischen System gescheitert. So mancher wurde mit harten Drohungen vertrieben oder, wenn auch die letzte Warnung nichts half, kaltblütig ermordet.

Von merkwürdigen Abenteuern kann ein Steuerbeamter erzählen, den wir hier Monsieur François nennen wollen, ein aus Aix-en-Provence stammender Schnurrbartträger. Der Mann hatte die *École des impôts* – die Steuerfachschule – absolviert und war ganz von dem republikanischen Gedanken erfüllt, Steuerzahlungen seien eine Schuldigkeit jedes Bürgers gegenüber dem Staat, eine Pflicht, die der Steuerbeamte überall dort, wo er eingesetzt werde, mit aller Strenge geltend zu machen habe. Und das hatte er vor im Süden zu tun, denn im kalten Norden Frankreichs hielt er es nicht aus.

Nun sieht das Verfahren, nach dem Beamte in Frankreich eingesetzt werden, vor, daß jeder erst einmal in Paris oder zumindest in der Nähe der Hauptstadt Dienst zu tun hat. Selbst wer in den französischen Überseegebieten, etwa auf der Karibik-Insel Martinique, geboren wurde, dort aufgewachsen ist und sich auch nur zum Briefträger ausbilden lassen will, der wird für ein Jahr nach Paris geschickt, um zu lernen, sich im Wirrwarr der Boulevards und Avenues, ruelles, impasses oder *cités* zurechtzufinden. War es in den sechziger oder siebziger Jahren des 20. Jahrhunderts schick, aus der Provinz in die Hauptstadt zu ziehen, so hat sich dieser Trend in den Neunzigern umgekehrt. Dem sonnigen Teil des Landes mit seiner gemächlicheren Gangart wird inzwischen mehr Lebensqualität zugesprochen. Nach Paris gelangt man heute mit dem Superschnellzug TGV oder dem Flugzeug rasch und bequem. Von Nizza, Marseille, Bordeaux oder Lyon läßt sich inzwischen ein Termin in Paris in einem Tagesausflug erledigen. Und deshalb wurde dem Steuerbeamten Monsieur François mitgeteilt, daß er voraussichtlich erst nach sieben Dienstjahren im unwirtlichen Norden mit einer Versetzung in den freundlicheren Süden rechnen könne.

Von seinem Drang in den Süden gequält, studierte Monsieur François Monat für Monat die am Aushang ausgeschriebenen Posten und erkannte nach sorgfältiger Analyse, daß die einzigen Stellen, die kürzere Wartezeiten verhießen, in Korsika zu besetzen waren. »Die Insel der Schönheit«, schwelgte er, »das ist die Lösung!«

Seine Kollegen versuchten, ihn von diesem Vorhaben abzubringen. Er sei verrückt und solle lieber an seine Kinder denken. Selbst der Leiter der Steuerfachschule ließ den vermeintlichen Selbstmordkandidaten zu sich kommen, um ihn umzustimmen. Doch Monsieur François schob alle Bedenken beiseite und landete eines schönen Tages im September 1996, mit der Ernennungsurkunde zum Inspektor für Grundsteuern in der Tasche, in Korsika. In dem ihm zugeteilten Bezirk sollte er sich um die steuerliche Komponente von Erbschaftsangelegenheiten sowie von Abtretungen und Übertragungen von Rechten und Pflichten kümmern.

Verblüfft stellte er unter den Korsen eine äußerst merkwürdige Geisteshaltung fest: »Man zahlte keine Steuern oder nur höchst selten. Statt dessen erhielten auffallend viele Leute staatliche Renten. Invalidenrenten im Überfluß für Zwanzigjährige, die sich bester Gesundheit erfreuten ...«

Als ich das hörte, dachte ich an meinen Taxifahrer.

Monsieur François fand es einen Skandal, daß die Korsen auf Kosten der Festland-Franzosen lebten. Und noch etwas Unglaubliches fiel ihm auf: »Die Steuerverwaltung vertrat offiziell die Ansicht, ein korsischer Steuerinspektor dürfe einem anderen Korsen keinen Steuerbescheid zukommen lassen. Stellen Sie sich mal vor«, empörte sich Monsieur François, »das ist ja so, als wenn ein Steuerinspektor aus der Bretagne, dem Limousin oder der Picardie einem Bürger aus der gleichen Gegend keinen Steuerbescheid schicken dürfte. Korsika war ein jungfräuliches Land, bis ich kam. Seit Jahren hatte kein Steuerbeamter mehr auf diesem Posten gesessen.«

Der erste Fall, mit dem sich Monsieur François beschäftigte, betraf einen korsischen Notar, der seine Kanzlei auf dem französischen Festland betrieb. Nachdem er auf der Insel einige Hektar Brachland gekauft hatte, das zwanzigmal billiger war als Bauland, ließ er auf seinem Gelände vier Villen errichten, ohne Baugenehmigung und ohne jegliche Infrastruktur. Die Abwässer wurden in einen kleinen, im Sommer ausgetrockneten Bach geleitet. Empörte Nachbarn hatten die Polizei benachrichtigt, und die Gendarmen hatten alles schön aufgeschrieben und ihren Bericht an die Finanzverwaltung weitergeleitet. Dort landete der Vorgang auf dem Tisch von Monsieur François.

Jede Villa wurde für 15 000 Franc im Monat vermietet, worauf Monsieur François einen entsprechenden Steuerbescheid ausstellte. Doch der Übermütige wurde sofort von seinem direkten Vorgesetzten gebremst. Er möge den Vorgang fallenlassen. Darauf wollte sich der korrekte Beamte jedoch nicht einlassen, es sei denn, sagte er, sein Vorgesetzter erteile ihm eine schriftliche Anordnung. Die blieb aus, und so errechnete Monsieur François die genaue Steuerschuld des Notars. Doch gerade an dem Tag, als er den Bescheid ausstellen wollte, forderte ihn sein Abteilungsleiter auf, sich sofort mit strittigen Fällen von Einkommens- und Gemeindesteuern zu befassen.

Auch da überkam den Neuling das Grausen: »Es ist unglaublich«, erzählte er später, »die Leute hatten seit zehn Jahren überhaupt keine Steuern mehr bezahlt, und niemand hatte was unternommen!«

Aber was er besonders merkwürdig fand: Die Finanzbehörde hatte bisher noch nie einen mit Grundsteuern befaßten Beamten gebeten, sich um Einkommenssteuern zu kümmern. Das seien, so klagte Monsieur François, doch zwei völlig verschiedene Gebiete!

»Offiziell wurde ich als Verstärkung bei strittigen Fällen von Gemeindesteuern eingesetzt. Mir war sofort klar, daß ich hier einen gewaltigen Knochen zum Knabbern bekam, damit ich endlich nicht mehr störte.«

Monsieur François mußte die Affäre um die vier Villen vorübergehend ruhenlassen, doch als er eines Montags in sein Büro kam, war die den Notar betreffende Akte verschwunden. Aufgebracht eilte er zu seinem Vorgesetzten, der als einziger einen Schlüssel zu François' Büro besaß. Niemand wußte, wo der Vorgang geblieben war, niemand hatte etwas gesehen, niemand verstand die Aufregung.

Doch der Leidensweg des Steuerbeamten, der alles so gut meinte, wurde noch dorniger. Er entdeckte nämlich, daß sich die Sterbeurkunden im Finanzamt anhäuften, ohne daß auch nur einmal irgend jemand nach Erbschaftssteuern gefragt wurde. Er erkundigte sich bei seinen Kollegen, doch die zuckten – wieder einmal – nur mit den Schultern. Kein Erbfall von Grundstücken war angezeigt worden, so daß die Verwaltung inzwischen nicht mehr nachvollziehen konnte, wem seit Generationen was vermacht worden war.

Wieder brach der Eifer des jungen Kämpfers für die Pflichterfüllung aus, und er beschloß, Klarheit zu schaffen. Denn das Steuergesetz sieht vor, daß Erben innerhalb von sechs Monaten nach dem Tod des Erblassers eine Erbschaftssteuererklärung abzugeben haben. Die Korsen sind aber pfiffige Leute. Sie fanden einen alten Text aus Zeiten der Revolution – eine Verordnung vom 21. Prairial des Jahres 9, nach der neuen Zeitrechnung der Revolutionäre. Wer immer dieses Dekret entdeckt hatte, war ein genialer Kopf. Denn diese Verordnung besagt, niemand werde bestraft, wenn er die gesetzlich vorgesehene Meldefrist von neunzig Tagen nach dem Tod des Erblassers verstreichen läßt. Und nach dem Motto »Lieber erst gar keine Erklärung abgeben als zu spät« hatten sich die korsischen Notare und Steuerbeamten darauf geeinigt, die Revolutionsverordnung zugunsten der Erben auszulegen und auf die Meldung von Erbschaften zu verzichten. Und so konnte auch keine Erbschaftssteuer erhoben werden.

Monsieur François sah den Gleichheitsgrundsatz verletzt, da Erben auf dem Festland infolge solcher Praktiken schlechter gestellt waren als in Korsika, und er machte sich daran,

Erbschaften nach dem Recht zu besteuern, das in ganz Frankreich gilt. Das fanden die Notare und Bauherren sehr störend, und Monsieur François wurde als »roter Inspektor« gebrandmarkt, was ihn entsetzte, denn sein großes Vorbild war kein Geringerer als General de Gaulle. Wieder scheiterte der Mann, der so gern im Süden arbeiten wollte. Die Generalinspektion der Steuerverwaltung hielt seine Bescheide zurück und forderte ihn auf, sich nicht mehr um Erbschaftsangelegenheiten zu kümmern.

Wenige Tage später explodierte eine Bombe in seinem Auto, das er vor seinem Büro geparkt hatte, und eine weibliche Stimme drohte am Telefon: »Paß auf deine Frau und deine beiden Töchter auf. Wenn du weitermachst, könnten sie kleine Probleme bekommen.«

Von nun an wurde Monsieur François von zwei Gendarmen ins Büro begleitet, zwei weitere bewachten den Eingang zu dem Gebäude, in dem er wohnte. Und schließlich befahl ihm der Leiter seiner Behörde, keine Steuerbefehle mehr auszustellen, und begründete dies ausschließlich mit der Sorge um seine Sicherheit.

»Ich will, daß das Gesetz respektiert wird«, antwortete Monsieur François entweder aus Sturheit oder aus Naivität. Inzwischen waren ihm auch merkwürdige Gerüchte zu Ohren gekommen. Der Besitzer einer Diskothek, dem er einen hohen Steuerbefehl geschickt hatte, bot ihm 200000 Franc in bar an, damit der Finanzbeamte seine Akte schließe. Als Monsieur François empört drohte, den großzügigen Geschäftemacher wegen Bestechung anzuzeigen, redete der sich damit heraus, vor zwei Jahren habe der Kollege, der damals auf dem Stuhl von Monsieur François saß, die Angelegenheit für 300000 Franc erledigt.

Monsieur François schwieg und begann heimlich mit Nachforschungen über die Gebräuche unter seinen Kollegen.

Dabei entdeckte er einen Sumpf von Korruption, Steuerhinterziehung und Betrug. Ein Netzwerk von Steuerbeamten in Korsika und Südfrankreich stellte besonders hohe Bescheide aus, die gegen ein Bakschisch deutlich abgesenkt wurden. Ein hoher Steuerbeamter und seine ebenfalls im Finanzamt arbeitende Frau hatten selber noch nie im Leben eine Steuererklärung abgegeben, also auch keine Steuern bezahlt. Und schließlich fand Monsieur François sogar heraus, daß – aus welch merkwürdigen Gründen auch immer – ein sehr hoher Funktionär mit dem schönen Titel eines *trésorier-payeur général* (Generalschatz- und -zahlmeister) nicht nur über eine, sondern gleich über zwei Dienstwohnungen verfügte, die er aber beide teuer weitervermietet hatte, während er auf eigene Kosten in einem bescheidenen Studio lebte. Den Differenzbetrag sackte er privat ein.

Doch jetzt war der von Gerechtigkeit getriebene junge Mann zu weit gegangen; denn gegen so hochgestellte Persönlichkeiten kam ein kleiner Beamter nicht an. Keiner der von Monsieur François Beschuldigten wurde zur Rechenschaft gezogen, er selbst aber wurde »aus Sicherheitsgründen« abgelöst und aufs französische Festland zurückversetzt. Dort zahlte ihm die Finanzverwaltung jeden Monat anstandslos sein Gehalt, wies ihm aber keinen Arbeitsplatz zu, bis er nach einigen Jahren von sich aus kündigte.

Mit dem kleinen Beamten ist das korsische System fertig geworden, indem es ihn wie einen Fremdkörper ausstieß. Mit dem genauso starrsinnigen Präfekten Claude Erignac verfuhren die Korsen auf andere Weise.

Erignac war im Januar 1996 zum Präfekten von Korsika ernannt worden. Der Präfekt ist der direkte Vertreter des Innenministers in einem Departement und hat neben repräsentativen Aufgaben, für die er eine schöne Uniform besitzt, recht viel Macht, vor allem in Fragen der Vergabe öffentlicher

Gelder. Erignac hatte es sich zur Aufgabe gemacht, herauszufinden, in welche dunklen Kanäle die Zahlungen aus der Staatskasse in Korsika sickerten. Das offenzulegen war bisher noch nie jemandem gelungen. Korsika ist das französische Departement, das wegen seiner vermeintlichen Armut mehr Hilfsgelder erhält als irgendeine andere Gegend Frankreichs. Doch trotz der Subventionen hat sich die wirtschaftliche Lage nie verbessert. Und dies, obwohl es dem einzelnen Korsen finanziell nicht schlechtgeht.

Erignac stellte sich quer, als Bauherren die Kaserne von Montlaur bei Bonifacio kaufen wollten, um sie wegen ihrer einmaligen Lage in eine Luxusherberge zu verwandeln. Er verweigerte dem Spielkasino von Ajaccio die Genehmigung, die Zahl der Einarmigen Banditen, mit Münzen betriebene Spielmaschinen, zu verdoppeln. Und er legte sein Veto gegen den Bau einer privat geführten Müllverbrennungsanlage ein, weil er vermutete, dabei gehe es wieder einmal nicht mit rechten Dingen zu. Eine Reihe weiterer Vorhaben wurde von dem strengen Präfekten ohne viel Aufhebens blockiert. Denn auch er hatte das ehrgeizige Ziel, dem Gesetz Respekt zu verschaffen. Da der Präfekt nur dem Innenminister in Paris verantwortlich ist, versagte das korsische System der Einschüchterung und Vertreibung aus dem Land. Also wurde nach einer anderen Lösung gesucht.

Im September 1997 wurde die Gendarmerie in Pietrosella überfallen und eine Beretta-Pistole gestohlen. Eine kleine nationalistische Terrororganisation bekannte sich zu der Tat. Und mit dieser Waffe wurde der Präfekt Claude Erignac wenige Monate später, am Abend des 6. Februar 1998, von zwei jungen Männern in Ajaccio regelrecht exekutiert. Die Mörder ließen die Waffe am Tatort liegen, um zu beweisen, daß die nationalistische Untergrundgruppe tatsächlich verantwortlich war für den Mord an einem Vertreter der »französischen Kolonialherrschaft«. Die Mörder wurden lange Zeit nicht gefunden. In Korsika gilt weiterhin nur ein Gesetz: das des Schweigens.

»Wenn ein Gendarm uns einen Strafzettel geben will, dann zeigen wir ihm nur unser Feuerzeug«, meinte ein Taxifahrer in Bastia im Frühjahr 1999, zog eine Grimasse und schnaufte verächtlich.

Gendarmen haben auf Korsika keinen guten Ruf mehr. Die Regierung im fernen Paris hatte nach der Ermordung von Präfekt Claude Erignac beschlossen, mit dem Chaos auf der Insel der Schönheit ein für allemal aufzuräumen. Premierminister Lionel Jospin suchte einen geeigneten Mann, holte sich aber Dutzende von Abfuhren, bis er Bernard Bonnet als Präfekten nach Korsika schickte. Bonnet schien ihm der Richtige, schließlich hatte er einen untadeligen Ruf als korrekter, strenger Beamter. Und er hatte schon einmal für zwei Jahre auf Korsika als Präfekt Dienst getan.

Bonnet kam. Mit dem Argument, die örtliche Polizei, ja selbst die vom Verteidigungsministerium in Paris abhängige Gendarmerie sei zu sehr mit der korsischen Unordnung verfilzt, besorgte er sich die Genehmigung, eine Sonderpolizei aufzubauen. Er holte sich einen Oberst der Gendarmerie, der eine Truppe aus 75 Offizieren und Unteroffizieren zusammenstellte. Die Polizeitruppe nannte er GPS, *Groupe de pelotons de sécurité* (Sicherheitszug). Sie hatte keine genau festgelegten Aufgaben, so daß der Präfekt sie nach eigenem Gutdünken einsetzen konnte. Allerdings führte dies zu Auseinandersetzungen mit den anderen Polizisten auf Korsika. Das Chaos wurde nur noch schlimmer.

Beim Präfekten meldete sich ein geheimer Informant aus den Kreisen der Nationalisten, der ihn zu den Mördern von Erignac führen wollte. Bonnet gab seine Informationen an das Innenministerium und an den Staatsanwalt in Paris weiter, verheimlichte sein Wissen aber vor der örtlichen Polizei. Die nahm eines Tages den nationalistischen Abweichler Jean Castella fest, aus dessen Umfeld der Informant stammte – und der nun äußerst gefährdet war. Hatte eine reguläre Polizeistelle Abhörmaßnahmen gegen einen Verdächtigen gerade eingestellt, dann schaltete sich die GPS in die Gespräche ein. Erst als Verteidigungsminister Jean-Pierre Chevènement von Bonnets geheimer Mördersuche erfuhr, befahl der dem Präfekten, seine Recherchen einzustellen und sie der Polizei zu überlassen. Bonnet aber wollte Ordnung ins korsische Chaos bringen. Er ging mit aller Härte vor. Wer die Steuern nicht zahlte, wer staatliche Anordnungen nicht befolgte, wer ohne Genehmigung baute, alle wurden nach den Regeln des Gesetzes angegangen.

Ein Dorn im Auge waren dem Präfekten Bonnet Hunderte kleiner Strandrestaurants, genannt »Paillottes« – Strohhütten, die unter Touristen, aber auch bei den Einheimischen sehr beliebt sind. Seit mehr als zehn Jahren kämpften die Präfekten gegen diesen Wildwuchs. Die Lokale sind äußerst einfach gebaut, mit offenen Wänden und gerade mal einem Stroh- oder Palmendach gedeckt.

Wenn der Wirt eines Strandlokals die richterliche Anordnung erhielt, sein Etablissement abzureißen, dann baute er es einfach hundert Meter weiter wieder auf – und der Präfekt mußte ein neues Gerichtsverfahren anstrengen. Obwohl das Verwaltungsgericht von Bastia schon im Jahr 1995 die Abbauverfügung bestätigt hatte, wehrte sich Yves Féraud jahrelang mit Erfolg gegen den Abriß seines Strandlokals »Chez Francis«. Denn er kochte die beste Bouillabaisse, und bei ihm verkehrten alle, die auf der Insel etwas zu sagen haben; ja, sogar der ehemalige Verteidigungsminister François Léotard kam im Sommer mit seiner schweren Maschine vorgefahren.

Bonnet bestand darauf, die nicht genehmigte Strandhütte abzureißen. Aber Monsieur Féraud hatte Freunde. Sogar der Chef des Pariser Büros der *Renseignements généraux*, Yves Bertrand, hängte sich ans Telefon und bekniete den Präfekten, Gnade vor Recht walten zu lassen. Und bei einem Abendessen bei Staatspräsident Jacques Chirac traf der ehemalige Verteidigungsminister Léotard auf den amtierenden Verteidigungsminister Richard und beklagte sich, die Sondertruppe der Gendarmen mache dem Chef von »Chez Francis« zuviel Ärger. Schließlich beschloß das recht unwichtige Inselparlament, die illegalen Strandlokale sollten erst im Oktober – nach Ende der lukrativen Sommersaison – abgerissen werden.

Da dachte sich der Präfekt Bernard Bonnet mit dem Chef seiner Sondertruppen, dem Obersten Henri Mazères, eine tolldreiste Geschichte aus, mit der sie nicht nur Ordnung schaffen, sondern auch die korsischen Nationalisten untereinander und gegen die anderen Polizeistellen aufhetzen wollten. Gendarmen der Sondertruppe GPS sollten »Chez Francis« nachts mit Brandbomben in die Luft jagen – und die Tat Nationalisten in die Schuhe schieben. Also fälschten sie ein Bekennerschreiben, in dem stand, »Yves Féraud – Polizeispitzel«.

Gesagt, getan. Bei dunkler Nacht bestiegen drei Gendarmen ein Schlauchboot, fuhren an den Strand, warfen zwei Benzinkanister in das Lokal »Chez Francis« und zündeten es an. Das machten sie allerdings so ungeschickt, daß ihr Boot verbrannte, ein Polizist schwer verletzt wurde und die beiden anderen in Panik davonliefen. Sie ließen ein Funkgerät der Gendarmerie und ein Dienstmesser zurück und hatten außerdem vergessen, von den Benzinkanistern die Computerstreifen zu entfernen, so daß die Polizisten schnell enttarnt wurden.

Die Sache flog auf. Der Präfekt wurde verhaftet und in Paris ins Gefängnis gesteckt. Dort trat er in Hungerstreik, um seine Unschuld zu beteuern. Doch schon wenige Stunden später beendete er die Tortur, denn Oberstleutnant Cavallier, stellvertretender Chef seiner Sonderpolizei GPS, packte aus, »um die Ehre der Gendarmerie zu retten«. Doch es half nichts mehr. Immer mehr Einzelheiten kamen ans Licht; ja, ein anderes Strandlokal sei schon von derselben Truppe abgebrannt worden. Und noch viel gravierender: Um die untereinander verfeindeten Gruppen der korsischen Nationalisten in einen wahren Bandenkrieg zu verwickeln, hatten der Präfekt und seine Sonderpolizei GPS sogar überlegt, Touristenboote in Brand zu stecken – und die Taten jeweils anderen in die Schuhe zu schieben.

Als die Nachricht von der Verhaftung des Präfekten in Korsika bekannt wurde, hupten alle Autos fünf Minuten lang im Konzert. Und für die Sonderpolizei GPS fanden die Korsen eine neue Bezeichnung: Gruppe pyromanischer Spezialisten.

Die Affäre um das abgebrannte Strandlokal kam vor das Parlament in Paris und führte zu einem Mißtrauensvotum gegen die Regierung. Doch wie es der in Frankreich nicht selten vorkommende »Zufall« wollte, wurden die Mörder des Präfekten Erignac kurz vor der Abstimmung gefaßt, so fiel sie für die Regierung positiv aus. Wenige Tage zuvor, zu Pfingsten, hatte Yves Féraud das illegale Restaurant »Chez Francis« wieder an seiner alten Stelle am Strand aufgebaut und zur Einweihung alle Welt eingeladen. Nur Gendarmen, so verkündete er, wollte er an diesem Abend keine sehen.

Geld – eine Peinlichkeit

Auf einer Reise in den Fernen Orient hatte ich in Peking für wenig Geld einen alten Teppich erstanden. Er war ein bißchen verstaubt, der Rand sollte neu umkettet werden, weswegen ich einen fachkundigen Freund um Rat fragte. Er empfahl einen Spezialisten, der die Arbeit zu erträglichen Kosten erledigen wollte, wenn es auch vier Wochen dauerte, bis er das chinesische Knüpfwerk wieder in unserer Pariser Wohnung ablieferte. Das tiefe Blau leuchtete nach der Reinigung in all seiner Intensität. Dagegen hatte der Teppichfachmann den zweiten Teil des Auftrags vergessen, nämlich die Seiten zu umnähen.

»Ach, jetzt lasse ich den Teppich erst einmal bei Ihnen liegen«, sagte er. »Ich komme nächste Woche noch einmal in diese Straße, dann nehme ich ihn wieder mit.«

Der Mann kam nie wieder. Ich habe es ihm aber auch nicht übelgenommen. Denn so wichtig war die weitere Arbeit nicht, und eine Rechnung für die Reinigung hat er nie geschickt. Vielleicht hatte er ein schlechtes Gewissen.

Geld und schlechtes Gewissen hängen in Frankreich häufig zusammen. Dafür hat die katholische Kirche gesorgt. Schon im Mittelalter hat sie diejenigen verurteilt, die nur für Geld arbeiteten oder, noch viel schlimmer, die ihr Geld arbeiten ließen.

»Wir Bürger«, sagte letztens noch die in Südfrankreich lebende Catherine mit einem betont ernsten Gesicht, »haben eine regelrechte Verachtung fürs Geld.«

»Und was ist der Grund dafür?« fragte ich sie verwundert, denn ihre elegante Kleidung konnte nicht billig gewesen sein.

»Wir sind erzogen worden, Geld nicht als einen wesentlichen Wert anzusehen. Einen Menschen würden wir deshalb nie in erster Linie nach seinem finanziellen Erfolg beurteilen.«

»Wonach dann?«

»Zuerst sicherlich nach seiner Erziehung, nach Werten der Zivilisation, die er verkörpern könnte. Geld ist für uns keine gesellschaftliche Referenz.«

»Aber weisen sich Französinnen aus gutem Hause nicht durch ihre elegante Kleidung als reich aus?«

»Elegante Kleidung darf nicht auffällig wirken und nicht mit Goldknöpfen versehen sein, wie es eure Damen in München oder Düsseldorf lieben.«

Diesen Seitenhieb konnte sich Catherine offenbar nicht verkneifen. Und ich begann tiefliegende nationale Unterschiede zu erahnen.

»Das kann, ich gebe es zu, fast perverse Züge an sich haben. Eine Zeitlang trugen ältere Damen Hermès-Tücher, das galt als bescheiden. Als diese Seidentücher jedoch zu einer weltweiten Mode wurden, wechselte, wer wirklich etwas auf sich hielt, die Marke – und kaufte jetzt seine Tücher bei Gucci. Lassen wir Neureiche beiseite, die in allen Ländern mit ihrem Geld protzen. Eine noch so reiche französische Familie, die etwas auf sich hält, wird auch bei der Innenausstattung ihres Hauses auf eine gewisse Bescheidenheit achten. Das einzig moderne Möbel, neben den Kanapees und Beistelltischchen, könnte der Fernseher sein, der aber meist nicht im Salon steht. Alte Möbel überwiegen. Sie werden benutzt, was davon zeugen soll, daß sie keine wertvollen Ausstellungsobjekte sind. Und diese Denkweise geht sogar so weit, daß man Möbel vom einfacheren Stil à la Louis XVI oder Régence dem überladenen Louis XV vorzieht. Weil alle Gegenstände in der Wohnung nur als Gebrauchsgegenstände dienen sollen, gehört es sich nicht, besondere Sammlerstücke in einer Vitrine auszustellen.«

Der gereinigte Teppich lag nun als bloßer Gebrauchsgegenstand im Flur vor meinem Wohnzimmer, in dem drei Sofas standen, zwei Zweisitzer vom gleichen Modell und ein etwas flacheres Möbel, auf dem auch drei Leute Platz finden konnten. Diese drei Möbel waren seit langem in der Familie, und wie das so ist: irgendwann müssen sie neu bezogen werden. Derlei weitgehenden Entscheidungen, die ja auch das Portemonnaie betreffen, können monate-, wenn nicht gar jahrelange eheliche Auseinandersetzungen vorangehen. In diesem Fall aber war der erste Schritt getan: Man hatte sich geeinigt, den im siebten Arrondissement als hervorragenden Handwerker geschätzten Tapezierer aus der Rue de Beaune mit der Aufgabe zu betrauen. Der Mann kam, maß die Sofas aus und gab an, wieviel Stoff er für jedes Teil benötige.

Nun begann der zweite Teil der Arbeit, die Suche nach den passenden Textilien. Sie dauerte Wochen. Doch schließlich lag ein roter Stoff für die große Couch und ein grauer für die beiden kleineren Sofas vor. Der Polstermeister kam, packte beide Stoffe ein und nahm erst einmal die beiden grau zu beziehenden Kanapees mit. Wenige Tage später lieferte er eine handwerklich hervorragend ausgeführte Polsterarbeit ab, allerdings hatte er beide Möbel zu unserem Entsetzen mit dem roten statt mit dem grauen Stoff bezogen. Es kam zu einem heftigen Streit, was nun zu tun sei. Der Stoff sei zerschnitten und verbraucht, die Arbeit sei aufwendig gewesen, und nun könne man das doch nicht alles wieder rückgängig machen, schrie der Polsterer. Aber zwei rote Flecken im Wohnzimmer seien zu grell, antworteten wir, wohl wissend, daß es keine befriedigende Lösung gab. Sollte er auf eigene Kosten den

Stoff neu besorgen, die Arbeit noch einmal tun? Konnte man so hartherzig sein, das zu fordern? Doch das Problem löste sich nach einigen harten Worten von allein.

Der Polstermeister schrie: »*Merde!* Von Ihnen habe ich die Schnauze voll! Behalten Sie Ihre Möbel! Ihr anderes Sofa beziehe ich jedenfalls nicht.«

Er hatte sich so erregt, daß sein knallroter Kopf zu platzen drohte. Der Mann machte kehrt und schlug die Tür hinter sich zu. Ein paar Tage später brachte ein Lehrling den unverbrauchten grauen Stoff. Auch der Polsterer schickte keine Rechnung.

Als ich bei einem Abendessen einmal neben dem Geschäftsführer eines der großen Pariser Verlage saß und ihm dieses mir merkwürdig erscheinende Verhalten erzählte, blitzten seine Augen auf. Auch er hatte seine Geschichte.

Der Verleger hatte beschlossen, sein Landhaus in der Normandie zu modernisieren und sich ein schönes Bad einbauen zu lassen. Er suchte sich erlesene Armaturen und kunstvolle Kacheln aus und beauftragte einen ortsansässigen Handwerker, die Arbeiten auszuführen. Das geschah. Das Wasser lief perfekt, die Kacheln sahen wunderschön aus, und die Rechnung kam. Sie betrug 30000 Mark. Diese stattliche Summe überstieg den Kostenvoranschlag nur wenig, weshalb der Verleger den Betrag akzeptierte. Allerdings schob er die Bezahlung mit der Begründung, die allerletzten Feinheiten seien noch nicht ausgeführt, noch etwas hinaus. Doch die könne der Handwerker sicherlich in einer kurzen Stunde erledigen. Es fehlte nur der kleine Kachelfries, der im Badezimmer den unteren Rand abschließen sollte.

»Die Kacheln lagen in der Garage, und dort verstaubten sie«, erzählte der glückliche Besitzer des Landhauses. »Der Handwerker ist nie wiedergekommen, hat die Arbeiten einfach liegenlassen – und nie verlangt, daß ich die hohe Rechnung begleiche.«

In Gelddingen schweigt man, als handle es sich um eine Peinlichkeit. Dieses Verhalten ist in allen gesellschaftlichen Schichten Frankreichs üblich, wenn auch in den stilprägenden Schichten am nachdrücklichsten.

Eine junge Frau antwortete auf die Frage, wann sie von ihren Eltern zum erstenmal als Erwachsene behandelt wurde: »Mit achtzehn Jahren, als mein Vater zum erstenmal in meinem Leben mit mir über Geld geredet hat.«

Französische Ehefrauen durften bis in die zweite Hälfte des 20. Jahrhunderts hinein ohne die Genehmigung ihres Mannes kein eigenes Bankkonto eröffnen. Dieses Verbot hatte nicht nur mit männlicher Vorherrschaft zu tun, sondern auch mit den guten Sitten. Es gehörte sich für eine Frau nicht, einen Scheck auszustellen. Das hätte ihr den Anstrich einer Abenteurerin gegeben.

Die Scheu vor dem Wort »Geld« hat dazu geführt, daß es im Französischen unendlich viel mehr Umschreibungen für Geld gibt als in anderen Sprachen. Und wer sehr reich ist, wird das nie sagen, es sei denn, er ist neureich. Ein Reicher ist wohlhabend, befindet sich *dans une situation assez confortable* – in einer recht angenehmen Lage.

Als Präsident François Mitterrand zu einem Staatsbesuch nach Washington reiste, richtete Präsident George Bush ihm ein offizielles Diner im Weißen Haus aus. Zu Mitterrands Entourage gehörte auch die Pressesprecherin des Élysée, Natalie Duhamel, die nach der Reise voller Abscheu erzählte, sie habe neben einem Amerikaner gesessen, der – statt sich vorzustellen – zu ihr gesagt habe: »*I am making money, and what are you doing?*« Als sie das nach ihrer Rückkehr in Paris erzählte, schüttelte sie sich noch vor Ekel.

Der Ekel verläßt Mitarbeiter von Präsidenten, Regierungschefs und Minister aber sofort, wenn es um die monatliche Verteilung von Bargeld geht. Welche Partei auch immer an der

Macht ist, alle machen sie es gleich: einmal im Monat erhält der Premierminister einen großen Packen Bargeld geliefert. Das Geld teilt er in verschiedene Haufen. Einen für das Präsidialamt (aber nur, wenn der Staatschef seiner Partei angehört), einen für das Amt des Regierungschefs und je einen für die Minister. Diese Haufen werden von Boten abgeholt, und alle Amtschefs können über das Geld nach eigenem Gutdünken verfügen. Theoretisch könnten sie die ganze Summe in ihre Privatschatulle stecken und sparen. Tatsächlich wird aber ein Teil des Geldes an die engsten Mitarbeiter verteilt, als Dank für die besonders anstrengende Arbeit in der Nähe der Macht; der andere Teil dient dazu, eine schwarze Kasse für besondere Gelegenheiten, zur Not für Wahlkampfzeiten, anzulegen.

Und was in der Politik üblich ist, wird in der Wirtschaft ähnlich gehandhabt. Gehälter werden häufig mit einem monatlichen Baraufschlag verbessert, zumal das Schwarzgeld an der Steuer vorbei verdient wird. Im Zeichen der modernen Technik wird das Bargeld zunehmend ersetzt durch Kreditkarten, die auf den Namen der Firma laufen: Damit kann der Angestellte dann bis zu einer vereinbarten Summe privat auf Kosten des Arbeitgebers einkaufen, auch das wird vor der Steuer verborgen.

Über Geld redet man nicht, doch wenn Francs im Spiel sind, dann rechnen die Franzosen häufig noch mit dem *ancien franc* – dem alten Franc, insbesondere wenn sie von Staatsausgaben oder Steuern sprechen. Denn ein neuer Franc macht hundert alte. Die Währungsumstellung liegt zwar fast vierzig Jahre zurück, aber die Franzosen tun sich mit dem Wechsel besonders in alltäglichen Dingen schwer. Und jetzt zermartern sie sich den Kopf, was sie mit dem Euro anfangen sollen. Rechnerisch ist das kein Problem. Aber im alltäglichen Umgang müssen die Franzosen nun von liebgewonnenen Schrullen Abschied nehmen.

Allerdings kommt man manchmal nicht umhin, über Geld zu reden, weil die Tauschwirtschaft nun einmal schon seit langem abgeschafft ist, und insbesondere wenn man sein Geld nicht mit dem Staat teilen will. In solch delikaten Fällen weicht man auf die Möglichkeit aus, mit seinen Geschäftspartnern über Alternativen zu reden. So ist es in Paris gang und gäbe, daß die Miete für eine Wohnung über zwei unterschiedliche Wege in die Hände des Vermieters gelangt.

Als ich nach Paris zog und eine Wohnung in Aussicht hatte, erklärte mir der Vormieter, der wohlhabende Hausbesitzer verlange neben der offiziellen, im Vertrag verzeichneten monatlichen Miete zusätzlich noch einmal jährlich eine Barzahlung in der Höhe einer Monatsmiete. Was blieb mir übrig, als einzuwilligen! Wohnungen in guter Lage waren rar. Ich war in einem September eingezogen, und so erhielt ich jeden September einen Anruf des Vermieters, er habe mich so lange nicht gesehen, ob ich nicht auf ein Glas vorbeischauen wolle. Er bot gleich drei Termine an, damit ich einen mir gelegenen aussuchen konnte. Von Geld kein Wort.

Zur verabredeten Zeit traf ich ein und klingelte. Seine Frau, die – wie er – aus einer vornehmen Familie stammte, öffnete die Tür und hauchte ein bescheidenes: »*Bonsoir Monsieur, quel plaisir de vous voir.*« Sie geleitete mich zum Salon, aus dem Monsieur hervortrat und mich freundlich und laut begrüßte. Ich schüttelte seine Rechte, während ich mit der Linken aus der Innentasche meiner Jacke einen dicken verschlossenen Umschlag zog, in dem die verabredete Summe in Scheinen lag.

Er fragte: »Was wollen Sie trinken?«

»Einen Whisky«, antwortete ich.

Und wie jedes Jahr nahm er den prallgefüllten Briefumschlag kurz in beide Hände, preßte mit den Daumen von unten dagegen, so als wolle er den genauen Inhalt schätzen, und legte das Kuvert beiseite. Aber er sagte kein Wort, nicht einmal eines des Dankes. Das Geld war scheinbar eine Nichtigkeit, auf keinen Fall aber der Grund meines Besuchs. Er goß uns beiden Whisky ein, fünf Minuten später gesellte sich seine Frau zu uns, und wir redeten eine Stunde über seine Wäldereien. Dann stand ich auf, bedankte mich artig für die Gastfreundschaft und kam erst im Jahr darauf wieder.

Eines Jahres wartete ich im September vergebens auf seinen Anruf und die Einladung zum Drink. Ende Oktober traf ich den Hauswirt auf der Straße, und er sagte: »Ach, ich habe Sie so lange nicht mehr gesehen.« Aber er bot keinen Termin mehr an. Denn er hatte ein schlechtes Gewissen. Im Mai desselben Jahres waren wir eines Morgens um sieben Uhr von entsetzlichem Lärm geweckt worden. Bauarbeiten! Preßlufthämmer! Jeder, der in einer Großstadt lebt, kennt den Geräuschpegel. Leider hatte der Hauswirt vergessen, seine Mieter auf bevorstehende, drei Monate dauernde Umbauten hinzuweisen. Er entschuldigte sich, wir beklagten uns nicht, sondern nahmen mit stoischer Ruhe hin, was eh nicht zu ändern war. Vielleicht hatte er erwartet, daß wir toben und uns beschweren, ja die Miete für diese Zeit kürzen würden. Nichts dergleichen. So mußte er mit seinem schlechten Gewissen leben, und von nun an verzichtete er freiwillig auf die jährliche Übergabe des prall gefüllten Umschlags.

Die Barzahlung ist für den Vermieter immer eine heikle Sache. Und manch ein Mieter hat dadurch auch seinen Vorteil. Michel A. wohnte in einer schönen Altbauwohnung direkt am Jardin du Luxembourg, und als ich ihn diskret nach der Miete fragte, nannte er eine erstaunlich niedrige Summe. Dann lachte er und erzählte, wie es dazu gekommen war. Als Michel A. einzog, hatte er mit dem Vermieter den üblichen Vertrag geschlossen, allerdings mit einem besonders niedrigen Mietzins; denn unterderhand war vereinbart worden, daß die gleiche Summe noch einmal in bar fällig wurde. Schon wenige Monate später starb der Eigentümer der Wohnung, und seine Erben waren ob der geringen Miete baß erstaunt. Natürlich vermuteten sie eine geheime Abmachung, aber Michel A. berief sich auf den schriftlich vorliegenden Mietvertrag und die darin festgelegte Summe. Als die Erben eine Mieterhöhung einklagen wollten, erhielt er vor Gericht recht.

Der Geist und die Mächtigen

Der französische Politiker Valéry Giscard d'Estaing verfiel im Mai 1981 in trübselige Grübeleien. Er war – gerade einmal 55 Jahre alt – als Staatspräsident nicht wiedergewählt worden. Obwohl der Sieg von François Mitterrand über Giscard vorhersehbar war, hatte er sich seelisch nicht auf den Verlust des Amtes vorbereitet. Er wollte nicht daran glauben, daß die Mehrheit der Bürger ihm das Vertrauen entziehen würde. Erschüttert schloß er sich im Élysée-Palast ein und schottete sich bis zur Übergabe des Amtes an seinen Nachfolger völlig von der Außenwelt ab.

Schon als Abiturient hatte Valéry Giscard d'Estaing als sein Berufsziel angegeben, er wolle Präsident der Französischen Republik werden. Dieses Ziel immer vor Augen, plante er seine Karriere. Dabei war ihm das Glück hold: 1974 wurde er im Alter von 48 Jahren von den Franzosen als Modernisierer gewählt. Und nun – sieben Jahre später – sollte die angestrebte Karriere an der Spitze des Staates zu Ende sein?

Als fünf Jahre später sein politisches Lager wieder an die Macht kam, hätte Giscard sich mit dem Amt eines Premiers, später sogar nur mit dem Außenministerium zufriedengegeben. Doch die neuen Herren, auch wenn sie ihm politisch nahestanden, hatten Angst, der ehemalige Präsident könne sie – mit seinen Erfahrungen und persönlichen Beziehungen zu Regierungs- und Staatschefs in der ganzen Welt – an die Wand spielen.

So versuchte Giscard eine neue Karriere als Schriftsteller.

Seine stilistisch hervorragend geschriebenen Memoiren wurden zum Bestseller und könnten deutschen Politikern als Vorbild dienen. Wunderbar schildert Giscard die Szene, als er im Élysée-Palast den dringenden Anruf seines Generalstabschefs erwartete, der ihm bestätigen sollte, daß die Fremdenlegion abgeflogen sei, um über Kolwesi abzuspringen. Es war halb acht morgens, da klingelte endlich das Telefon. Doch es fiel Giscard schwer, den rappelnden Apparat zu erreichen: Der Staatspräsident stand gerade nackt unter der Dusche und hatte sich von oben bis unten eingeseift!

Nach den persönlichen Erinnerungen wagte Giscard sich an einen Roman – und kam nicht allzu schlecht dabei weg. Denn von einem großen Politiker erwartet das französische Volk, daß er schreiben kann. Warum also nicht ein erzählendes Werk? So erklärte auch der ehemalige Premierminister Edouard Balladur, nachdem er den Kampf um die Präsidentschaft 1995 verloren hatte, er überlege, ob er nicht einen Liebesroman verfassen solle.

François Mitterrand war als Literat bekannt. Nur dessen Nachfolger – Jacques Chirac – konnte sich mit der Literatur nicht so recht anfreunden. Gefragt, was er am liebsten lese, antwortete Chirac: »Gedichte, die sind so schön kurz.«

Sogar Mazarine, die Tochter Mitterrands, legte 1998 einen unbedeutenden, aber vielbeachteten Roman vor, mit dem sie aus dem Schatten des Vaters treten wollte. Die Vorstellung, ein deutscher Kanzler – Helmut Kohl oder Helmut Schmidt – käme auf die Idee, einen Roman, gar über Liebe (!), zu schreiben, würde das deutsche Publikum verwirren. Selbst Gerhard Schröder nähme das deutsche Volk einen literarischen Ausbruch – leider – nicht ab.

In Deutschland bleiben Macht und Geist getrennt und betrachten einander als Gegner, nicht selten sogar als Feinde. Keiner der beiden Antipoden läßt sich vom andern anregen.

Wogegen in Frankreich das Verhältnis der Mächtigen zum Geist in einem einprägsamen, kurzen Satz gebündelt ist: »Voltaire verhaftet man nicht.« Das soll General de Gaulle gesagt haben, als ein übereifriger Richter den Philosophen Jean-Paul Sartre wegen seines erbitterten Widerstands gegen die Regierungspolitik während der Studentenunruhen 1968 verhaften wollte. 121 Künstler und Intellektuelle hatten das »Recht auf Ungehorsam« verkündet. Junge Männer sollten das Recht auf Fahnenflucht haben und sich weigern können, die Waffen gegen algerische Aufständische zu erheben.

Justizminister Edmond Michelet ordnete eine gerichtliche Untersuchung an. Doch der damit beauftragte Richter Perez, ein rundlicher Mann mit randloser Brille, wollte nicht gegen alle 121 Unterzeichner vorgehen, sondern nur die geistigen Inspiratoren zur Verantwortung ziehen, allen voran Jean-Paul Sartre. Der streitbare Philosoph hatte sich schon darauf vorbereitet, eingesperrt zu werden, und das Notwendigste für den Aufenthalt in der Zelle eingepackt. In seiner Wohnung hatte sich Sartre Waschzeug, Unterwäsche, Hemden und sogar eine Decke bereitgelegt, um gerüstet zu sein, falls er abgeholt würde.

Ein paar Tage in Haft wären Sartre vermutlich zupaß gekommen: Es hätte der »gerechten« Sache eine große Öffentlichkeit beschert – weit über die Grenzen Frankreichs hinaus. Doch die Verhaftung wurde von einem Tag auf den anderen hinausgeschoben. Eines Abends war es schließlich soweit. Der Untersuchungsrichter hatte dem Obersten Staatsanwalt die Ergebnisse seiner Nachforschungen vorgelegt, der wiederum unterrichtete den Justizminister. Wie ein Lauffeuer verbreitete sich in der politischen Klasse in Paris die Nachricht von der drohenden Festnahme Sartres, woraufhin sie von den Mächtigen, die dem Geist huldigten, verhindert wurde.

Der Schriftsteller und damalige Kulturminister André Malraux meinte: »Laßt Sartre doch auf der Place de la Concorde ›Es lebe die algerische Befreiungsfront FLN!‹ ausrufen, aber macht nicht den Fehler, ihn zu verhaften. Sie können sich gar nicht vorstellen, welche Auswirkungen das im Ausland hätte.«

Nicht immer, aber immer wieder einmal haben sich französische Politiker, die über die Staatsgewalt verfügten, nachgiebig gezeigt, manchmal sogar ehrfürchtig, wenn sie dem Geist begegneten. In wenigen demokratischen Ländern dieser Erde können Politiker so großzügig ihre Gunst verteilen. Natürlich ist Frankreich eine Demokratie und sogar eine Volksherrschaft, die sich darauf berufen kann, aus einer einmaligen, universellen Revolution hervorgegangen zu sein. Der Staat wird aber nicht ausschließlich als Wille zur Macht betrachtet, bei dem alle vorgeschriebenen Regeln ohne Ansehen der Person ausgeführt werden.

Jeder Bürger erwartet von dem ihn vertretenden Politiker, daß er das geraderückt, was ihm irgendein Amt eingebrockt hat. Und der Politiker tut, was in seiner Macht liegt. Wenn der Abgeordnete in seinem Wahlbezirk über den Markt schlendert, dann mag ihn der Geflügelhändler ansprechen. Sein Sohn wolle zur Polizei, sei aber bei der ersten Prüfung durchgefallen. Ob da etwas zu machen sei? Der Abgeordnete wird sich darum kümmern, und der Sohn des Geflügelhändlers dürfte bei der Polizei unterkommen, denn auch bei der Polizei wird niemand gegen den Einfluß des Politikers aufmüpfen. Schließlich könnte es ja sein, daß man selbst einmal in eine Schieflage gerät, die man nur mit der Macht des Abgeordneten überwinden kann.

Schwieriger wird es, wenn Politiker Großmut gegenüber denjenigen zeigen sollen, die der Macht die Stirn bieten; wie es etwa in dem Fall war, als französische Intellektuelle das »Recht auf Ungehorsam« in dem »Aufruf der 121« verteidigten, weil eine Reihe von jungen Leuten während des Algerien-Krieges desertiert und dann vor Gericht gestellt worden waren. Glücklich konnte sich der Fahnenflüchtige nennen, der einen Beschützer aus dem Reich des Geisteslebens fand.

So hatte sich der Schriftsteller Jean Genet des Schicksals des Deserteurs Jacky Maglia angenommen. Maglia hatte die Armee ohne Erlaubnis verlassen und sich hartnäckig geweigert, in seine Einheit nach Algerien zurückzukehren. Deshalb wurde er vor dem Militärgericht von Paris angeklagt. Jean Genet hatte selber so manches Jahr im Gefängnis gesessen. In seinem Werk bekennt er sich bewußt zu seiner gesellschaftlichen Außenseiterposition als Dieb, Bettler und Verbrecher – und auch zu seiner Homosexualität, die damals noch strafbar war. Genet war schließlich zu lebenslanger Haft verurteilt, doch auf Intervention von Schriftstellern und Philosophen wie Jean Cocteau und Jean-Paul Sartre begnadigt worden.

Um Maglia zu helfen, wandte sich Genet an einen Rechtsanwalt, der sich als Verteidiger in Fragen von Freiheit und Menschenrechten einen Namen gemacht hatte – Roland Dumas, der später unter François Mitterrand Außenminister wurde. Zunächst sah Dumas wenig Hoffnung, denn Maglia war nicht nur Deserteur, sondern auch noch ein Autodieb und – homosexuell dazu. Nun gehört gerade Roland Dumas zu jenen wenigen in der französischen Gesellschaft, die das Spiel zwischen Geist und Macht meisterhaft beherrschen. Er war der Anwalt nicht nur von François Mitterrand, sondern auch der von Pablo Picasso, der Roland Dumas spitzbübisch »Alexandre« nannte. Und als Dumas als Rechtsanwalt mit seinem Latein am Ende war, sah er nur einen Ausweg: Er nutzte die Eitelkeit der Mächtigen.

Die Lage Maglias besserte sich von dem Tag an, als Genet die Einladung zum Mittagessen mit Premierminister Georges

Pompidou befolgte. Genet bat Pompidou um Hilfe, denn er wollte Maglia zum Autorennfahrer machen. Pompidou fühlte sich geschmeichelt, daß diese als unnahbar geltende Kultfigur des literarischen Untergrunds mit ihm das Mahl einnahm, und er hat wohl das Entsprechende für Maglia veranlaßt. Denn sofort änderte sich der Tonfall des Untersuchungsrichters. Von nun an war er äußerst umsichtig, wenn er dem Gerichtsschreiber diktierte. Er drehte sich zu Jean Genet oder Roland Dumas, als er eine Aussage von Jacky Maglia zu Protokoll gab: »Nach meiner Fahnenflucht und der Rückkehr nach Frankreich machte ich die Bekanntschaft des Schriftstellers Jean Genet.« Plötzlich hielt der Richter inne, schaute in die Richtung des Schriftstellers und wies den Gerichtsschreiber an: »Schreiben Sie: des *berühmten* Schriftstellers Jean Genet.« Dann blickte er zu Dumas, als wolle er fragen: »Ist es recht so?« Dumas bestätigte mit einem Kopfnicken.

Auch Jean Genet amüsierte sich und war glücklich, als die Anklage gegen seinen Freund Maglia dank des politischen Einflusses schließlich aufgehoben wurde. Aber der Schriftsteller, der Zeit seines Lebens von einer inneren Wut getrieben war, konnte seinen Zorn darüber nicht verwinden, daß er, um dieses Ergebnis zu erreichen, ein Mittagessen mit jemandem einnehmen mußte, der die konservative Macht vertrat. Er wollte diesen Makel auslöschen und bedrängte deshalb seinen Freund Jacky Maglia, er möge einen Brief an Georges Pompidou schreiben.

Genet diktierte ihm: »Sie sollen wissen, daß Sie einem Homosexuellen geholfen haben, einem Deserteur und einem Dieb. Sie können mich mal ... und ich bin Ihnen zu nichts verpflichtet.«

Roland Dumas gelang es nur mit größter Mühe, Genet von diesem Vorhaben abzubringen.

Wenn man untersucht, wie es die Mächtigen in Frankreich mit dem Geist halten, dann verbietet sich noch mehr als in anderen Bereichen jede Verallgemeinerung. Es sind immer wieder einzelne Mächtige, die den Hang haben, sich mit Leuten zu schmücken, die in den Reihen der Intellektuellen, im Bereich der Kultur oder der Szene eine öffentliche Rolle spielen – und je umstrittener sie sind, desto größer ist ihre Anziehungskraft. Das mag mit der überragenden Rolle zusammenhängen, die das Geistesleben in Paris und seiner Gesellschaft seit Jahrhunderten spielt. Diese Gesellschaft führt sich immer noch als Klassengesellschaft auf, in der die Bourgeoisie den Ton angibt, aber heimlich den Adel um seine Titel beneidet. Es dauere drei Generationen, so rechnet man in Frankreich, bevor eine Familie in die Bourgeoisie aufgenommen werde. Wer aber zu den Kulturschaffenden gehört, der überspringt alle Klassen-, ja sogar die Rassenschranken und wird in den vornehmsten Kreisen willkommen geheißen.

Gesellschaftlich zählt ein kultureller Erfolg mehr als ein politischer oder militärischer Sieg. Daraus mag bei manch einem Mächtigen ein Minderwertigkeitsgefühl gegenüber den Geistvollen entstanden sein. Wie wäre sonst zu erklären, daß sogar konservative Politiker immer wieder – ohne Not – der Schwäche verfallen, auf Bitten aus der Kulturwelt das Recht zu beeinflussen?

Es ist kein Wunder, daß es wieder Jean Genet war, der einem von der Polizei gesuchten Menschen beistehen wollte. Rechtsanwalt Roland Dumas hatte sich in den Jahren nach dem Prozeß gegen Jacky Maglia häufig mit Genet zum Mittagessen getroffen und ihm immer wieder aus der Patsche geholfen, wenn die Justiz hinter ihm her war. Doch Anfang der siebziger Jahre bat Genet seinen Freund und Rechtsberater um eine besondere Gunst. Genet hatte sich zum Verfechter der Sache der Schwarzen in Amerika aufgeschwungen und einen bis heute nicht veröffentlichten Text in der Art Montesquieus geschrieben, »Les Panthères noires: essence et naissance de la nation noire américaine«. In den USA trat er als Befürworter des Kampfes der Schwarzen Panther auf und verteidigte Black Power sowie die Black Muslims. Bei seinen Reisen nach Amerika freundete er sich mit Bobby Seale und Angela Davis an, die er in mehrere europäische Länder begleitete.

Eines Tages nahm Eldridge Cleaver Kontakt zu Genet auf. Cleaver war wegen einer Mordanklage aus den USA geflohen, zunächst in Kuba untergekommen, dann in Algerien. Obwohl er weltweit gesucht wurde, konnte er immer wieder untertauchen, weil er von mehreren – sich fortschrittlich nennenden – Ländern mit echten Pässen ausgestattet worden war. Er wurde nicht gefaßt, obwohl es für den 1,95 Meter großen Cleaver nicht leicht war, unauffällig zu reisen.

Auf seiner Flucht landete er schließlich in Frankreich und nahm mit Jean Genet Kontakt auf, der ihn in die Obhut von Roland Dumas gab: »Ich will ihm menschlich helfen, weil er schwarz ist, weil er gesucht wird, weil er ein Kämpfer für die Sache der Schwarzen ist. Ich stelle ihn unter Ihre Verantwortung und unter den Schutz der französischen Linken.« Mit diesen hehren Worten zog sich Genet selbst aus der Affäre. Er wollte wegen seiner Freundschaft mit Bobby Seale und Angela Davis mit Cleaver nichts zu tun haben.

Der Schutz der französischen Linken war 1973 allerdings nicht viel wert. Sie hatte die Parlamentswahlen wieder einmal verloren und war nicht an der Macht. Roland Dumas besorgte Cleaver ein Zimmer und versuchte – allerdings ohne Erfolg – über den konservativen Premierminister Pierre Messmer und dessen Innenminister für Cleaver das Asylrecht zu erhalten. Als gar nichts half, bat Genet Dumas, ihn mit dem Führer der Sozialisten, François Mitterrand, zusammenzubringen.

Das Treffen fand in aller Frühe statt. Mitterrand begrüßte den Schriftsteller mit den Worten: »Das ist also der schreckliche Jean Genet.« Und, so beschreibt Dumas die Szene, Mitterrand zeigte mit einem leicht ironischen Lächeln, daß er sich geschmeichelt fühlte.

Von Genet gebeten, erklärte sich Mitterrand bereit, im Abgeordnetenhaus eine schriftliche Anfrage für Cleaver zu stellen. Er tat es – aber auch das änderte die Lage nicht. Der konservative Innenminister befand höflich, aber streng zum Fall Cleaver: »Es wird nicht als zweckmäßig angesehen, ihm die Einreise nach Frankreich zu erlauben.«

Das Asylverfahren zog sich in die Länge. Ein Monat nach dem anderen verging, ohne daß Roland Dumas weiterkam. 159 Künstler, Schriftsteller, Journalisten, Philosophen und sogar ein Priester unterzeichneten einen Aufruf für Cleaver, ein Teil der Presse nahm sich des Falles an, aber schließlich waren alle rechtlichen Schritte ausgeschöpft, ohne daß die Staatsmacht wankte. Eldridge Cleaver mußte Frankreich verlassen.

Inzwischen war beinahe ein Jahr vorüber. Staatspräsident Georges Pompidou war gestorben, und es fanden Wahlen statt, um den Nachfolger zu bestimmen. Aus Furcht vor einer Festnahme wechselte Eldridge Cleaver fast jede Nacht sein Quartier. Eines Tages berichtete er Roland Dumas, er habe bei gemeinsamen Freunden übernachtet und dort einen Fotoreporter getroffen, der angab, über eine dritte Person besonders gute Beziehungen zu Valéry Giscard d'Estaing herstellen zu können. Wenige Wochen später sollte Giscard d'Estaing, damals noch Finanzminister, das höchste Amt in Frankreich erobern. Dumas befürchtete eine Falle und bat um Beweise. Und wo legt man Beweise vor? Nirgendwo anders als bei einem Mittagessen!

In einem kleinen Restaurant inmitten der kleinen, engen Straßen auf der Île Saint-Louis, wo sich auch Dumas' Kanzlei befand, verabredete sich der Anwalt mit Cleaver und jener »dritten Person«, einer Madame de D. Als jung und elegant beschreibt Dumas die Adlige, die es chic fand, im fortschrittlichen und intellektuellen Milieu zu verkehren. Dumas war hingerissen von ihrer Schönheit, dem blassen Teint ihres Gesichts und ihrem Charme. Fanchon, so ihr Spitzname, redete wenig, konnte aber ohne Umschweife beweisen, daß sie über enge Beziehungen zu Giscard verfügte: Madame de D. legte Liebesbriefe vor, die der Minister ihr gerade geschrieben hatte.

Dumas erkannte Giscards Handschrift und stimmte einem Treffen Cleavers mit Giscard zu. Und da der Finanzminister das Treffen geheimhalten wollte, fand es bei Fanchon statt – bei einem *petit déjeuner*; schließlich wirkt ein Gespräch beim Essen zivilisierter und weniger offiziell. Als Eldridge Cleaver den Raum betrat, drehte Valéry Giscard d'Estaing ihm den Rücken zu, verweilte in dieser Stellung ganz bewußt einen Augenblick zu lange, um dem zukünftigen Schützling zu zeigen, daß er die Staatsmacht vertrat. Doch trotz des arroganten Gehabes von Giscard entspann sich eine angeregte Diskussion zwischen dem Mächtigen und dem vom Geist Beschützten, und nachdem sie das Frühstück verzehrt hatten, verkündete Giscard, er habe den neuen Innenminister gebeten, die Lage Cleavers rechtlich ins reine zu bringen.

Der Innenminister hatte beim Finanzminister zwar entsetzt rückgefragt, ob da nicht ein Irrtum vorliege und ob er sicher sei, daß Cleaver, der in den internationalen Fahndungsunterlagen als gefährlicher Terrorist bezeichnet werde, tatsächlich sein Freund sei. Doch Giscard hatte sich einen Spaß daraus gemacht, dem entsetzten Kabinettskollegen zu antworten: »Da ist nichts dran.«

So tat der Innenminister dem Finanzminister den Gefallen. Und so, als wolle er den Triumph seiner Macht vollends auskosten, indem er Cleaver die sichtbaren Merkmale seiner

Position vorführte, lud Giscard d'Estaing den amerikanischen Asylbewerber ganz offiziell zum Abendessen in die mit viel Gold und rotem Plüsch ausgelegten vornehmen Räume des Finanzministeriums im Louvre ein. Am nächsten Morgen ließ Giscard den »gefährlichen Terroristen« sogar mit seinem Dienstwagen zur Polizei-Präfektur auf der Île de la Cité chauffieren, wo ein völlig verwirrter Präfekt (dem gar nicht in den Sinn kam, den Innenminister auf die rechtlich prekäre Lage hinzuweisen) dem bisher im Untergrund lebenden Amerikaner die Aufenthaltspapiere aushändigte ...

Cleaver gebärdete sich in Frankreich tatsächlich nicht als »gefährlicher Terrorist«. Jean Genet gab seine Zurückhaltung auf und nahm den schwarzen Amerikaner unter seine Fittiche. Sie fuhren gemeinsam an die Côte d'Azur, wo Cleaver eine Vision hatte. An einem lauen Abend erschienen ihm im Hof des Mondes nacheinander all seine Idole, von Marx über Engels bis hin zu Mao Tse-tung. Dann tauchte das Gesicht von Jesus Christus auf, gefolgt von dem seinen. Daraus folgerte Cleaver, daß er von Gott berufen sei, und er beschloß, in die USA zurückzukehren (um schließlich 1998 völlig verarmt als Mitglied der Republikanischen Partei an einer zu hohen Dosis Tabletten zu sterben). In einer öffentlichen Erklärung gab er seine Entscheidung bekannt und dankte Jean Genet, François Mitterrand und Roland Dumas für ihre Protektion. Valéry Giscard d'Estaing erwähnte er – sicherlich ganz bewußt – nicht, denn der war inzwischen Staatspräsident.

Es läßt sich trefflich darüber philosophieren, was das Besondere an der Beziehung zwischen dem Geist und den Mächtigen in Frankreich ausmacht. Doch bei allem Abstrahieren darf man weltliche Dinge nicht ganz außer acht lassen: Geist und Macht leben an einem Ort – im Herzen des Landes, in Paris. Und da die Mächtigen sich in ihren Gesellschaften gern mit den Geistvollen schmücken, kennt *man* sich. Und das Zusammenspiel zwischen Mächtigen und Intellektuellen ist nicht neu. Schon vor der Französischen Revolution beschrieb es Jean-Baptiste d'Alembert in seinem 1753 veröffentlichten »Essai sur les rapports entre intellectuels et puissants«, worin er den Mächtigen vorwirft, ihr Interesse für den Geist sei äußerst oberflächlich und wenig ernst zu nehmen. »Die Schriftsteller und Denker wiederum sind sehr eitel und suchen den Ruhm. Sie glauben deshalb aus ihren Beziehungen mit den Mächtigen große Vorteile ziehen zu können.«

Politiker und Schriftsteller, Minister und Philosophen treffen sich zum Diner bei Gastgebern, die über die notwendigen Mittel und Beziehungen verfügen, um die zu bewirten, die wichtig sind. Und es gehört zum guten Ton, bei den Diners die neuesten Bücher, die letzten Theorien, die gewagtesten Thesen zu kennen.

Politiker folgen den Einladungen, weil sie glauben, dies gehöre zu ihrem Geschäft. Die Intellektuellen mögen mehrere Gründe haben, an dem Treiben der Gesellschaft teilzunehmen. Ein Künstler muß schon sehr selbstbewußt und uneitel sein, um ein Diner auszuschlagen, bei dem er vielleicht den Kulturminister oder jemanden aus dessen Amt treffen könnte. Solch eine Beziehung kann die Karriere eines Malers oder Bildhauers entscheidend beeinflussen; denn jene Personen sitzen im Zentrum der Macht über Kunst und Kultur in ganz Frankreich. Und bei der Ausübung ihrer Macht lassen sie sich häufig davon beeinflussen, wem sie gerade gewogen sind – oder welcher Gastgeberin sie sich gerade verbunden fühlen.

Ihre Macht üben sie bis in Kleinigkeiten aus, die sie eigentlich nicht betreffen. So erhielt der damals schon sehr betagte Schriftsteller Julien Green unverhoffte Hilfe, als dem fast Neunzigjährigen die Kündigung seiner Wohnung in der Rue Vaneau im siebten Arrondissement von Paris ins Haus flatterte. Trotz seines hohen Alters ließen sich weder der Eigentümer noch die zu Hilfe gerufenen Gerichte erweichen. Die Kündigung war Rechtens. Da hörte der Kulturminister von der Not des alten Mannes, ließ den Wagen vorfahren und eilte in die Rue Vaneau. Er besuchte Julien Green, und damit sein Unternehmen auch Wirkung erzielte, hatte er die Presse informiert. Der Minister befand auf der Schwelle der Wohnung Greens, ein Schriftsteller in diesem biblischen Alter könne nicht mehr verpflanzt werden, und sein Signal wurde prompt gehört. Green blieb dort bis zu seinem Tod wohnen.

Im Umfeld eines solch selbstverständlichen Umgangs der Mächtigen mit dem Geist ist es – in seltenen Fällen – möglich, daß Intellektuelle den Weg der Entscheidungen beeinflussen. Wer sich vorstellt, ein deutscher Dichter, Denker oder gar Philosoph könne beim Bundeskanzler anrufen, um einen Termin bitten und ihm dann raten, seine Haltung im Bosnien-Konflikt zu ändern, der wird – milde gesagt – als Phantast abgetan. In Frankreich ist dies möglich.

Am 23. Juni 1992 rief der Philosoph Bernard-Henry Lévy morgens früh im Sekretariat des Staatspräsidenten an und bat um einen Termin. Madame Marie-Claire Papegay war am Apparat und fragte: »Ist es dringend?«

»Natürlich ist es dringend«, antwortete Lévy und fügte hinzu: »Es ist das erste Mal in zwölf Jahren, daß ich um eine Audienz bitte, also ist es ziemlich dringend.«

Wenig später rief sie zurück und gab ihm einen Termin noch für den Vormittag.

Bernard-Henry Lévy hatte sich mit großem Idealismus und viel Verve seit Beginn des Zerfalls Jugoslawiens mit einer Reihe anderer französischer Künstler, Journalisten und Autoren dafür eingesetzt, daß die Werte der europäischen Zivilisation gerettet würden. Den Krieg in Kroatien beurteilte er als die Auseinandersetzung zweier Nationalismen. Doch in Bosnien kämpften, so Lévy, serbische Nationalisten gegen bosnische Kosmopoliten. Er war nach Sarajevo gefahren und hatte dort den beginnenden Krieg persönlich miterlebt. Hatten Lévy die Toten, die erschossenen Kinder, das Elend, das ihn über die Fernsehnachrichten erreichte, beeindruckt? Nein, sagt er, ein Intellektueller bleibe immer ein Intellektueller. Ihn habe das »Konzept«, die Idee motiviert, die sich in den Bosniern darstelle. Und er meinte das friedliche Zusammenleben der verschiedenen Kulturen von Moslems, Kroaten und Serben. Diese Idee verkörpere Europa.

Nun empfing ihn François Mitterrand. Der französische Staatspräsident hatte sich seit Beginn des Bürgerkrieges gegen die Auflösung des Bundesstaats Jugoslawien ausgesprochen und, wie man das in der Fachsprache der Politik nennt, die serbische Karte gespielt. Bernard-Henry Lévy schilderte nun mit Eifer seine Erfahrungen aus Sarajevo, die Not der Menschen, die wegen des Beschusses des Flughafens keine Hilfslieferungen mehr empfangen konnten, und forderte den Präsidenten zum Umdenken auf. Die Bosnier, so Lévy zu Mitterrand, verteidigten die republikanischen Werte!

Nun gehört wie in wohl keiner anderen westlichen Industrienation in Frankreich zum Selbstverständnis der Politik auch eine inhaltliche Vorstellung; sie spiegelt sich in jenen Idealen wider, die seit mehr als zweihundert Jahren als Errungenschaft der Revolution von 1789 immer wieder beschworen werden. Und es verpflichtet die Mächtigen, wenn der Geist sich darauf beruft.

Lévy hat den Eindruck, daß der Präsident ihm nicht wirklich zuhört. Immer wieder versucht er, Mitterrand zu erweichen, und betont, daß es hier weniger um Menschen als um Werte gehe, die von diesen Menschen verkörpert würden. Schließlich erklärt der Philosoph, er überbringe eine persönliche Botschaft des bosnischen Präsidenten Izetbegović, der

Frankreich um Hilfe anflehe. Auch dadurch läßt Mitterrand sich nicht von seiner Position abbringen. Doch dann schildert Lévy, wie Izetbegović in der belagerten Stadt dem Beschuß standhält, sogar sein Büro nicht in den Keller verlegt, obwohl eine Kugel nicht allzuweit von seinem Kopf eingeschlagen hat. Und als er diesen Izetbegović mit dem chilenischen Präsidenten Salvador Allende vergleicht, der seinen letzten, vergeblichen Kampf gegen die schießenden Putschisten mit dem Helm eines Bergarbeiters auf dem Kopf führte, erstrahlt das Gesicht Mitterrands. Und plötzlich ahnt Lévy, daß in dem Präsidenten etwas vorgeht.

Am nächsten Tag winkt François Mitterrand nach der Kabinettssitzung seinen Außenminister mit dem Finger in eine Ecke des Saales: »Ich muß Sie sprechen. Kommen Sie heute abend um 18 Uhr.«

Abends offenbart er dem erstaunten Roland Dumas: »Ich will einen großen Coup landen. Wir müssen den Rhythmus ändern und die gewohnten Wege der klassischen Diplomatie verlassen. Ich plane, nach Jugoslawien zu fahren.«

Vier Tage später landet der französische Staatspräsident auf dem Flughafen von Sarajevo – aus Zufall war es der 28. Juni, der Jahrestag des Attentats auf den österreichischen Thronfolger, das den Ersten Weltkrieg auslöste, und der Schlacht auf dem Amselfeld, in der die Türken die Serben im Jahre 1389 vernichtend geschlagen hatten. Der Besuch Mitterrands fand in der ganzen Welt ein großes Echo, besonders deswegen, weil der französische Staatspräsident direkt vom europäischen Gipfeltreffen in Lissabon in die bosnische Hauptstadt geflogen war.

Noch bevor Mitterrand in Sarajevo gelandet war, klingelte das Telefon bei Bernard-Henry Lévy. Am Apparat war Hubert Védrine, damals Sprecher des Élysée-Palastes (und ab 1997 Außenminister in der Regierung von Lionel Jospin). Er sagte: »Der Präsident hat gerade Lissabon verlassen und fliegt nach Jugoslawien ... Vielleicht nach Sarajevo. Ich wollte, daß du darüber gleich informiert wirst. Denn du bist nicht unschuldig daran ...«

Und als der Philosoph Bescheidenheit vortäuschen wollte, wiederholte Védrine: »Nein, nein, du bist daran nicht unschuldig. Der Präsident hat mich persönlich beauftragt, dich anzurufen und dir das zu sagen.«

Begeistert schrieb Bernard-Henry Lévy in sein Tagebuch: »Eines Tages fragte der ehemalige Minister Jeanneney den General (de Gaulle): ›Was ist ein Staatsmann?‹ Antwort des Generals: ›Ein Mann, der fähig ist, Risiken einzugehen.‹ ... Mitterrand ist an diesem Samstag ein Staatsmann von großem Ausmaß.« Und dann fügte er noch hinzu, daß er auch ein wenig stolz sei, diese Reise bewirkt zu haben. Als Folge des Besuchs von Mitterrand wurde der Flughafen von Sarajevo wieder für einige Zeit geöffnet, so daß Flugzeuge mit Hilfsgütern landen konnten.

Aber die Begeisterung des Philosophen hielt nicht an. Mitterrand fiel wieder zurück in eine proserbische Politik. Im Dezember 1995 wurde bei einer Zeremonie im Élysée-Palast das in Dayton ausgehandelte »Abkommen von Paris« unterzeichnet. Lévy fragte sich aus diesem Anlaß äußerst resigniert, was der Unterschied sei zwischen dieser Vereinbarung und dem Münchener Abkommen? In München hatte man das Opfer nicht eingeladen, sein eigenes Todesurteil zu unterzeichnen.

Es war nur ein Strohfeuer, das der Philosoph entfacht hatte. Bernard-Henry Lévy wollte die Idee einer modernen Gemeinschaft vermitteln, in der sich verschiedene Kulturen, Religionen, Traditionen friedlich mischen. Die Politik – nicht nur die französische – scheint freilich noch so borniert, daß sie nur Weiß und Schwarz als Gegensätze unterscheiden kann, ein buntes Bild, in dem verschiedene Farben fröhlich miteinander auskommen, macht Mächtige immer wieder hilflos. Die Phantasie ist eben noch nicht an der Macht.

Als Oppositionsführer hatte Jacques Chirac sich mit den Vorstellungen Bernard-Henry Lévys angefreundet, doch einmal im Amt des Staatspräsidenten, ließ er sich von den proserbischen Generälen beeinflussen. Die proserbische Einstellung mag auf zwei Gründe zurückzuführen sein: zum einen auf die historische Verbundenheit, zum anderen aber auch auf die religiöse Nähe zwischen einem Frankreich, das sich einst als »älteste Tochter der Kirche Roms« bezeichnete (und deshalb die Kreuzzüge anführte), und einem christlich-orthodoxen Serbien, das immer noch unter der Niederlage in der Schlacht auf dem Amselfeld leidet, bei der die Serben vergebens versuchten, die islamischen Eroberer aufzuhalten.

Die proserbische Haltung seiner militärischen Vorgesetzten war so offensichtlich, daß der französische Major Hervé Gourmelon – als einer der Sprecher der UN-Friedenstruppen in Bosnien – sich völlig im Recht glaubte, als er freundschaftliche Kontakte mit den Leuten des als Kriegsverbrecher gesuchten Radovan Karadžić aufnahm. Er feierte mit Karadžićs Beratern in Pale, und die freuten sich über die Anwesenheit eines französischen Offiziers, der mit seiner Abneigung gegen die Amerikaner nicht hinter dem Berg hielt. Gourmelon begann schließlich eigenmächtig, mit Karadžić persönlich über dessen Zukunft zu verhandeln, so daß die Amerikaner und Briten befürchteten, der Franzose verrate einen von ihnen im Sommer 1997 ausgearbeiteten Plan, Karadžić mit einem Militärschlag zu verhaften. Sie brachen die Vorbereitungen ab und waren froh, als Gourmelon Bosnien wegen einer Frauengeschichte Hals über Kopf verlassen mußte. Wenig später sickerte in Washington das Verhalten Gourmelons an die Öffentlichkeit durch.

Das offizielle Paris reagierte pikiert: »Wir haben auch Unterlagen über Amerikaner oder andere, die in Bosnien über die Stränge geschlagen haben und zurückgeholt wurden ...«

Staatsmänner von großem Format sind in diesen Jahren nirgendwo in Sicht. Die Mächtigen pflegen die Nähe zum Geist offenbar aus Eitelkeit, nicht aus Überzeugung. Und wenn die Mächtigen den Vertretern des Geistes einen Gefallen tun, einen Prozeß beeinflussen, Asyl gewähren, dann versuchen sie nur, ihre Minderwertigkeitsgefühle zu überwinden. Sie meinen, sich durch ihre vermeintliche Großzügigkeit auf eine Stufe mit den Denkern zu stellen.

Aber in Wirklichkeit machen sie sich lächerlich. Vielleicht hätte Jean Genet doch den Brief an Georges Pompidou schreiben sollen: »Sie können mich mal ...«

Die Macht gegen den Geist

Einen Voltaire verhaftet man nicht«, diese Maxime hat der französischen Staatsmacht weltweit Sympathie eingebracht. In Deutschland wird sie benutzt, um eine Staatsmacht zu kritisieren, die den Geist angeblich verachtet. So hätte man es auch gern – einen Voltaire verhaftet man eben nicht. Aber ach, wie hätte sich Voltaire selbst über diese Maxime gefreut! Er war gerade 23 Jahre alt, da machte er schon für elf Monate Bekanntschaft mit dem Kerker in der Bastille. Er hatte Spottverse auf den Regenten Philippe II d'Orléans geschrieben, und die hatten bei Hof nicht gefallen. Voltaire wäre auch ein zweites Mal verhaftet worden, wäre er nicht nach England ausgewichen. Dort schrieb er seine »Lettres philosophiques«, in denen er die politischen und geistigen Verhältnisse Englands den Zuständen in Frankreich gegenüberstellte und die katholische Kirche heftig kritisierte. Die »Philosophischen Briefe« wurden vom Parlament verboten und verbrannt – und wieder mußte der inzwischen heimgekehrte Voltaire fliehen.

Die wirkliche Beziehung zwischen Macht und Geist ist in der französischen Geschichte nicht die von Gefälligkeiten, sondern die von Unterdrückung, Kerker und Massenmord. Fast immer, wenn der Geist die Macht in Frankreich in Frage stellte, hat sie ihn grausam verfolgt.

Die katholische Kirche und die Gendarmerie seien die beiden größten Übeltäter im Kampf gegen den freien Geist, meint Jean Vermeil in »L'Autre Histoire de France«: Die katholische Kirche habe jede Abweichung von ihrer Glaubenslinie, von ihrer Ideologie, *liquidée* (so Vermeil) – also liquidiert; die Gendarmerie sei stets das gehorsame Ausführungsorgan der Macht gewesen.

Frankreich ist das Land der Aufklärung und der Menschenrechte, aber es ist auch das Land, das die grausamsten Methoden erfand, um die Aufklärung im Zweifel zu verhindern. Die ersten Scheiterhaufen in der Geschichte des Okzidents brannten im Jahre 1022 in Orléans. Ketzer, die sich *boni christiani* nannten, hatten sich gegen die Riten der katholischen Kirche ausgesprochen und die Eucharistie, die Taufe und die Absolution für sinnlos erklärt. Diese unkatholischen Gedanken verbreiteten sich wie ein Lauffeuer und überzeugten selbst hohe kirchliche Würdenträger bei Hofe. Wie es seinerzeit üblich war, wurden die Andersdenkenden vor die Versammlung der Bischöfe zitiert, wo die sturen Ketzer doch tatsächlich bei ihrer Meinung blieben. Am 25. Dezember 1022 waren die Ketzer in die Kathedrale Sainte-Croix in Orléans eingeladen worden, wo Robert der Fromme hofhielt.

Und wer von den Ketzern sich uneinsichtig zeigte, der wurde zur Strafe seiner Würden entblößt und aus der Kirche ausgestoßen. Auf Befehl des Königs hielt Königin Constance vor den Toren der Basilika Wache. Sie sollte mit ihrer Autorität dafür sorgen, daß das Volk die Verurteilten nicht in der Kirche tötete, denn das wäre ein Sakrileg gewesen. So wurden die Ketzer wohlbewacht und unversehrt vor die Stadtmauern geführt. Da die vom rechten Glauben Abweichenden angaben, keine Angst vor dem Feuer zu haben, es könne ihnen nichts anhaben, ließ der König ein großes Feuer anzünden, schürte es mit einem besonderen Pulver – und jagte die Ketzer in den Flammentod.

Über die Jahrhunderte hinweg wurde mit Scheiterhaufen und Folter der kritische Geist unterdrückt. Es war ein Massenmord an Andersdenkenden auf Raten. Zu Beginn des

13. Jahrhunderts wurden Anhänger der Katharer-Sekte verfolgt. Fast der gesamte Adel Südfrankreichs gehörte ihr an – und das stellte die Allmacht der katholischen Kirche und des katholischen Königs in Frage. 8000 Menschen wurden allein 1209 bei der Eroberung der Stadt Bézier getötet.

Die Verfolgung der eidgenössischen Ideen zuneigenden Hugenotten durch den katholischen Adel war noch blutiger: In der Bartholomäusnacht – anläßlich der Vermählung Heinrichs von Navarra (aus dem protestantischen Hause Bourbon) mit Marguerite, der Schwester König Karls IX. (aus dem Hause Valois), im August 1572 – und den anschließenden Auseinandersetzungen wurden zwischen 20000 und 70000 Protestanten dahingemetzelt. Nur wenige Historiker oder Publizisten haben sich mit diesem Aspekt der französischen Geschichte kritisch auseinandergesetzt.

Doch Jean Vermeil schreckt vor keinem Vergleich zurück. Die Art und Weise, wie Louis XIV Ende des 17. Jahrhunderts gegen die deutsche Pfalz Krieg führte, viele Dörfer und Städte, auch Heidelberg, dem Erdboden gleichmachen ließ und die Bevölkerung ausrottete, nennt er den Vorläufer des »totalen Kriegs«. Die Guillotine, das Fallbeil der Revolution, erklärt er zur Manufaktur des Todes, und der Geist der Todesmaschine habe das Massentöten angeheizt. Im Krieg der Revolutionäre gegen die abtrünnige Provinz Vendée kamen rund 150000 Menschen um, nicht nur Kämpfende, sondern es wurden wahllos Männer, Frauen und Kinder auf grausamste Art ermordet.

Der Polizeioffizier Gannet schreibt 1794 in einem Bericht: »Amey läßt die Öfen anzünden, und wenn sie richtig eingeheizt sind, wirft er Frauen und Kinder hinein ...« Ein anderer Offizier gibt in einem Brief an: »Wir töten ungefähr tausend pro Tag ... Im Augenblick, in dem ich Dir schreibe, lasse ich vierzehn Frauen erschießen, die mir angezeigt worden sind ...« Die Zeilen erinnern an die Briefe deutscher Soldaten und Feldgendarmen während des Zweiten Weltkriegs.

Obwohl die Folter schon unter Louis XVI abgeschafft wurde, waren, so Jean Vermeil, die Franzosen im Indochina-Krieg die »Erfinder« der Folter mit Elektrizität. (Frauen folterte man, indem Ameisen in ihre Intimteile eingeführt wurden.) Während des Algerien-Krieges warfen Angehörige der französischen Armee algerische Aufständische, die nicht aussagen wollten, aus dem Flugzeug und nannten sie »menschliche Bomben«. Die Amerikaner haben diese Methode in Vietnam nachgeahmt.

Und schließlich hat die französische Obrigkeit 1871 in Sartory, nahe Versailles, Lager eingerichtet, um die Aufständischen aus der Kommune dort hineinzusperren – für Vermeil die ersten »Konzentrationslager«. Die Unterkünfte waren für 1500 Menschen gedacht; gut zehntausend Gefangene, Männer, Frauen, Kinder, wurden hineingepfercht, ganz gleich, ob sie Kommunarden waren oder nicht. Die meisten schliefen – bei jedem Wetter – im Freien. Nachts war es ihnen verboten aufzustehen, und sei es auch nur, um einem natürlichen Geschäft nachzugehen. Wer sich erhob, wurde erschossen.

Nun brach in der Nacht vom 17. zum 18. Mai 1871 ein Sturm los, und die Gefangenen suchten Schutz vor dem Unwetter. Die Wachen eröffneten trotzdem das Feuer und erschossen mehr als dreihundert Internierte. Allerdings wurde das Lager bald danach aufgelöst, zumal Abgeordnete es besichtigt und Presseleute energisch protestiert hatten.

Die katholische Kirche besitzt inzwischen in Frankreich nicht mehr die Macht, den rechten Glauben mit Gewalt zu verteidigen. Doch die Gendarmerie bleibt weiterhin der brutale Arm der Staatsmacht, wenn es gilt, die geheiligte Ordnung aufrechtzuerhalten – besonders in den noch vorhandenen Kolonien.

Die Insel Ouvéa gehört zu Neukaledonien, und Neukaledonien ist seit 1853 französische Kolonie. Die Ureinwohner nennen sich Kanaken. Im Jahr 1974 fand eine erste Demonstration für ein freies Kaledonien statt. Die Bewegung wuchs. 1984 wurde der FLNKS *(Front de Libération national kanak)* gegründet, und die Spannung zwischen Kanaken und *Caldoches* (französische Einwohner) stieg. Mal griff die eine Seite, mal die andere zum Gewehr, und es blieben Tote zurück.

Anfang Februar 1988 nahmen die Kanaken neun Gendarmen als Geiseln und verlangten die Rückgabe eines Grundstücks, das für ihre Stammestradition eine wichtige Rolle spielte. Die französische Verwaltung wollte ein Krankenhaus darauf bauen. Eine Nacht lang dauerte das Palaver, dann ließen die Kanaken die Geiseln frei und verschwanden mit den Waffen der Gendarmerie. Mit diesen Waffen überfiel ein Kommando des FLNKS am 22. April 1988 einen Posten der Gendarmerie, tötete vier Mann und nahm 27 Gendarmen als Geiseln mit. Die Geiselnahme geschah zu einem höchst brisanten Moment: Zwei Tage später – am 24. April – fand der erste Wahlgang um die Präsidentschaft in Frankreich statt, in dem der konservative Premierminister Jacques Chirac den sozialistischen Amtsinhaber François Mitterrand stürzen wollte.

Der Freiheitskampf der Kanaken wurde zum politischen Test im Mutterland um das richtige Denken: Härte oder Verhandeln, Beharren auf dem kolonialen Besitz oder Verständnis für das Freiheitsbestreben der Kanaken? Jacques Chirac forderte ein Verbot des FLNKS, François Mitterrand rief die Kanaken dazu auf, die Geiseln freizulassen. Er werde den FLNKS nicht verbieten. Nur fünf Tage vor dem entscheidenden zweiten Wahlgang um die Präsidentschaft beschloß der konservative Innenminister Charles Pasqua, die Geiseln mit einem Kommando-Unternehmen befreien zu lassen. Mitterrand wurde als Oberster Befehlshaber eingeweiht (die Gendarmerie untersteht dem Verteidigungsministerium) und sah sich gezwungen, dem zuzustimmen. So kurz vor dem Urnengang konnte er nicht das Risiko eingehen, auf Verhandlungen mit dem FLNKS zu setzen.

Bei der Befreiung der gefangengenommenen Gendarmen auf Ouvéa kam es zu einem Blutbad unter den Kanaken. Es wurden nicht nur unbewaffnete Kanaken erschossen oder solche, die sich ergeben hatten. Selbst Kanaken, die den Sturm der Gendarmerie überlebten, wurden einige Tage später tot aufgefunden. Innenminister Charles Pasqua meinte lakonisch: »Man kann kein Omelett machen, ohne Eier zu zerschlagen.« Wahrscheinlich würde der äußerst rechts stehende Pasqua mit dem ihm eigenen Grinsen eines Don Camillo heute ganz scheinheilig sagen: »Kanaken bekämpft man mit allen Mitteln, aber einen Voltaire verhaftet man nicht!«

Verkehr als Mutprobe

Wer zuerst zuckt, der hat verloren. So lautet die wichtigste Regel im französischen Verkehr. Und nur nach diesem Motto kann es einem gelingen, sei es als Fußgänger, sei es motorisiert, sich durch die Staus von Paris vorwärts zu bewegen.

Manch einer mag sich an die gewagte Szene erinnern, wie man die Place de la Concorde schnurstracks überqueren kann, selbst wenn Hunderte von Autos auf einen zurasen. Es hat mit Psychologie zu tun, da sich Franzosen danach richten, ob jemand zurückzuckt.

Wer schon einmal am Rand dieses größten Platzes der Welt stand und versuchte, in die Mitte zu gelangen, wo der Obelisk und die beiden schönen Brunnen mit den wasserspeienden Fischen stehen, der konnte die merkwürdigsten Verhaltensweisen von ausländischen Touristen beobachten. Paare, die sich wagemutig in den Verkehr stürzen, halten sich meist an der Hand, und im kritischen Moment zieht der Mann die Frau nach vorne, während sie all ihre Kräfte zusammennimmt, um ihn wieder in die Richtung zu zerren, aus der sie gerade gekommen sind. Andere setzen zaghaft einen Fuß vor den anderen, schauen in Richtung Rue Royale, wo eine Ampel die Autoherde zurückhält, deren erste Reihe schon mit aufheulenden Motoren lospprescht, bevor das Licht auf Grün umgesprungen ist. Die Wagen sind zwar noch 300 Meter entfernt, doch der Passant hat gerade erst die Hälfte der Strecke zur Mitte der Platzes zurückgelegt, da packt ihn die Angst.

Mit den Händen hält er seine Taschen zu, damit ihm Schlüssel und Kleingeld nicht herausfallen, und rast, so schnell er kann, auf die rettende Insel zu. Nicht alle schaffen den Weg hinüber. Nicht etwa, weil sie überfahren werden, sondern weil der Mut sie verlassen hat.

Ein richtiger Franzose geht so über die Place de la Concorde: Ohne auf den Verkehr zu achten, schreitet er todesmutig voran, setzt zum ersten Schritt an, ohne scheinbar auf die heranbrausenden Autos zu achten. (In Wirklichkeit hat er natürlich aus dem Augenwinkel die Situation genau eingeschätzt.) Der zweite Schritt folgt auf den ersten, so als könne nichts seine Fortbewegung aufhalten. Ohne anzuhalten oder sich umzuschauen, eilt er mit stets gleichem Tempo voran, so daß sich die auf ihn zurasenden Fahrer aussuchen können, ob sie vor oder hinter dem »Idioten«, der sie offenbar nicht sieht, vorbeisteuern sollen.

Geschafft habe ich diesen Weg immer mit der Kenntnis der französischen Psyche. Denn kein Franzose fährt einen Fußgänger bewußt um. Kein Franzose wird auch blindlings auf der Vorfahrt beharren, das bleibt den Deutschen vorbehalten. Denn trotz der landesweiten Regel »Rechts vor links« verliert der die Vorfahrt, der als erster eine Schwäche zu erkennen gibt.

Fußgänger haben auch in Frankreich Vorfahrt auf Zebrastreifen. Doch weder Fußgänger noch Autofahrer scheinen diese Regel zu kennen. Als ich eines Tages die enge Rue de Ponthieu auf einem Fußgängerstreifen überqueren wollte, bog aus der Avenue Franklin Roosevelt ein Wagen ein. Weil es ein warmer Sommertag war, hatten die beiden darin sitzenden Frauen die Fenster heruntergelassen. Die Fahrerin fuhr auf mich zu, als habe sie Vorfahrt. Ich war mir des Risikos bewußt, ging aber trotzdem weiter. Daraufhin blieb ihr nichts anderes übrig, als mit Kraft auf die Bremse zu steigen. Zu ihrer Freundin sagte sie voller Entsetzen: »Das hat der absichtlich gemacht.«

Regeln gelten in Frankreich nur bedingt. In Paris bin ich bei schönem Wetter gern mit dem Fahrrad ins Büro oder auch zu Terminen gefahren. Eines Spätnachmittags zischte ich auf meinem Stahlroß die Rue de Varenne hinunter zu einer Verabredung im Hôtel de Matignon, dem Amt des Premierministers. Weit und breit war kein Auto zu sehen, weshalb ich die rot geschaltete Ampel an der Rue Vaneau mißachtete und hinübersauste, obwohl auf der anderen Straßenseite ein Polizist stand. Der rief zwar: »Rot gilt für alle.« Aber weiter rührte er sich nicht.

Eine andere Szene beobachtete ich an der kitschig-schönen Brücke Alexandre III. Ein Flic regelte den Verkehr an einer Kreuzung, an der es verboten war, links abzubiegen. Eine ältere, resolute Frau steuerte ihren Mini wenige Meter vor den Polizisten, schaltete den linken Winker an und machte klar, daß sie abbiegen wollte. Der Wachmann winkte ihr mit seinem Schlagstock. Sie kümmerte sich einen Dreck drum. Er steckte seine Trillerpfeife zwischen die Lippen und blies, bis der schrille, laute Ton nicht mehr zu überhören war. Inzwischen war der Gegenverkehr erlahmt. Die Frau sah ihre Chance gekommen, gab Gas, raste auf den Polizisten zu, der zur Seite sprang, fassungslos den Kopf schüttelte – und den Vorfall vergaß.

Doch auch Polizisten zeigen menschliche Rührung. An der Avenue Matignon herrschte starker Verkehr. An einer Kreuzung vor einer Ampel warteten viele Fußgänger, darunter auch ein Polizist, auf Rot für die Autos. Da tauchte eine »sexy« aufgemachte Französin neben dem Polizisten auf. Ohne eine Miene zu verziehen, trat der Ordnungshüter mitten auf die Straße und hielt den Verkehr an, machte eine einladende Bewegung zu der Dame hin, die würdevoll und ohne ihrerseits auch nur das geringste Zeichen von sich zu geben über die Straße schritt – gefolgt von den übrigen Passanten. Der Polizist gab den Verkehr wieder frei, und keiner der Autofahrer, die wegen der jungen Frau warten mußten, kam auf die Idee, sich mit der Hupe zu beschweren.

Regeln gelten nur im Notfall, und das ist für Franzosen schon schlimm genug. Noch entsetzlicher finden sie es, wenn Regeln geändert werden. Jahrzehntelang galt es als normal, abends mit dem Standlicht in der Stadt zu fahren. Doch eines Tages beschloß die Regierung, wie in anderen europäischen Ländern auch, das Abblendlicht zur Regel zu machen, da man dadurch besser sehe. Aber von wegen ... Die französischen Autofahrer protestierten. Ein berühmter Mann wurde in Paris auf der Place Vendôme überfahren, und der Fahrer redete sich damit raus, ein entgegenkommendes Auto mit dem »neuen Licht« habe ihn so geblendet, daß er nichts mehr habe sehen können. Der Mann wurde freigesprochen. Und es hieß von nun an für lange Zeit, man könne sein Licht je nach Gutdünken einschalten. Das gleiche galt, als die in Frankreich üblichen gelben Scheinwerfer abgeschafft und durch weiße ersetzt werden sollten, um sich an das übrige Europa anzupassen. Neue Wagen werden nur noch mit weißen Lampen ausgeliefert. Aber gelbe sind noch erlaubt. Und so geht es weiter: Man kann – wie eh und je – seinen Wagen mit Kennzeichen versehen, wo weiße Ziffern und Buchstaben auf schwarzem Grund stehen oder aber sich schwarze Zeichen auf Weiß oder Gelb abheben.

Manchmal überkommt es den einen oder anderen puritanischen Politiker, und er will durchsetzen, daß Regeln auch eingehalten werden. So forderte Verkehrsminister Jean-Claude Gayssot, von nun an sollten alle Strafzettel bezahlt werden; es müsse Schluß mit der Privilegienwirtschaft sein. Bisher war es so, daß Verkehrssünder zu einem ihnen bekannten Politiker gingen, der dann die Polizei anwies, den Strafzettel zu vernichten. Und die tat das auch. Der Minister wollte nun hart durchgreifen. Es kam zu einer Auseinandersetzung in der Nationalversammlung, aber die Abgeordneten wollten nichts von einer strengeren Regelung wissen – schließlich gehört es ihrer Meinung nach zum Dienst am Wähler, eine Verwarnung rückgängig zu machen, weshalb die Hälfte aller Strafzettel ohne Folgen bleibt. Der sozialistische Bürgermeister und Abgeordnete von Pau, André Labarrère, tobte: »Nie wird ein Politiker darauf verzichten, einen Bürger vom Strafmandat zu befreien. Die Erklärungen von Minister Jean-Claude Gayssot sind *du pipi de chat* (Katzenpisse). Dabei kommt überhaupt nichts raus. Strafzettel einzustellen gehört zu unseren Gewohnheiten, zu unserer Mentalität.«

Allerdings hat der Verkehrsminister nicht ganz unrecht. Wer keine Strafzettel befürchten muß, der benimmt sich schon mal wie ein Verkehrsrowdy.

»Warum fahren wir so schlecht?« überschrieb die Tageszeitung »Le Monde« einen Artikel auf der ersten Seite und zog den Psychologen Jean-Pascal Assailly vom Institut für Verkehrs- und Sicherheitsforschung *(Inrets)* zu Rate. Assailly meinte, in der Gesellschaft gelten Geschwindigkeit und spontanes Handeln als moderne Werte. Und der ständige Wandel führe im Leben von Millionen Menschen zu »zeitweise neurotischen Beziehungen, die sich in Aggressionen ausdrücken können«. Und Jean Lhoste, auch Forscher bei *Inrets,* fügte hinzu: »Der französische Autofahrer fürchtet weniger, Opfer eines schweren Unfalls zu werden, als eine Strafe von der Verkehrspolizei zu erhalten.« Aber vor Strafen versuchen die Politiker ihre Schäfchen zu bewahren.

Als der konservative Politiker Bernard Pons Verkehrsminister war, ließ er Radarkontrollen – zum Entsetzen von Polizei und Gendarmerie – auf den Landstraßen vorher öffentlich ankündigen. Verkehrstote gehören deshalb auch nicht zu den vordringlichen Sorgen der französischen Politiker. Dabei steht das Land, was die Zahl der Toten auf den Straßen angeht, europaweit einsam an der Spitze: In Frankreich rechnet man mit 153 Toten pro Million Einwohner, während es in Italien 122, in Deutschland 116 und in Großbritannien nur 62 sind. Raserei und Alkohol im Verkehr gelten als Hauptursache – und eben die Psychologie.

Zu den Gewohnheiten in Frankreich gehört es auch, daß nach jeder Präsidentschaftswahl eine Amnestie für Verkehrssünden der letzten sechs Monate vor der Wahl erlassen wird. Und – man kann es kaum glauben – in diesen sechs Monaten steigt in Frankreich die Zahl der Verkehrstoten erheblich an. Denn jetzt fährt jeder nach dem Motto: Wer zuerst zuckt, hat verloren. Und bei diesem Spiel scheint keiner Angst vor dem Tod zu haben.

Bis vor wenigen Jahren waren die Weiten Frankreichs noch von Landstraßen mit drei Spuren durchzogen. Rechts eine Spur für den Verkehr in die eine Richtung, links die Spur für die entgegenkommenden Wagen und in der Mitte eine Überholspur für beide Richtungen. Und wenn nun zwei Wagen auf der Überholspur aufeinander zurasten, dann verlor der, der als erster zuckte. Häufig war es aber für beide zu spät – und so wurde diese dritte Spur abgeschafft.

Wer hat die Katze gekocht?

Es war zwölf Uhr mittags. Wir kehrten im kleinen Bistro in der Rue du Faubourg-Saint-Honoré ein, bei der Place Vendôme gleich um die Ecke. Die Frühstücksgäste waren längst gegangen, bald würden die ersten Leute zum Mittagessen eintreffen. Aber jetzt saß noch niemand am Tresen oder im Saal. Der Patron kam aus der Küche, ein Kellner breitete über den letzten Tisch ein Papiertuch, stellte Teller und Gläser hin und ordnete das Besteck. Wir setzten uns an den *zinc*, wie man den Tresen nennt, und bestellten zwei Kaffee. Da öffnete sich die Tür. Herein traten zwei Männer. Einer trug den roten Uniformmantel eines Portiers des Hôtel Ritz. Während er ihn auszog, begann schon ein heftiges Palaver mit Wirt und Kellner. Die Herren waren Stammkunden und kamen täglich zum *déjeuner*.

»Was gibt's denn heute?« fragte der Portier, während er seinen Mantel aufhängte.

»Als Tagesgericht Kaninchen in Senfsauce«, antwortete der Kellner.

»Hast du heute eigentlich schon unsere Katze gesehen?« warf der Patron scherzend ein.

Alle vier lachten und frotzelten einander weiter, indem sie scheinbar ernsthaft die Frage diskutierten, ob Katze besser schmecke als Kaninchen.

Witzeln gehört zum französischen Alltag. Ganz gleich, ob man sich kennt oder nicht, das Jonglieren mit Worten, mit Doppeldeutigkeiten und geistreichen Anspielungen ist ein wichtiger Teil jedes Gesprächs. Und es scheint ein Berufsmerkmal von französischen Kellnern zu sein, ein besonders freches Mundwerk zu besitzen. Schnell und witzig zu reagieren ist Teil der französischen Identität und unterscheidet Gallier von Teutonen. Im Umgang mit dem Humor zeigen sich die Franzosen als lebenslustige Leute, während die Deutschen, man mag es kaum mehr sagen, auch hier immer noch von der Mühsal des Weltgeschehens belastet werden, obwohl man – nicht nur wegen des lockeren Auftretens der rot-grünen Regierungsmannschaft – den Eindruck haben könnte, in der jüngeren Generation ein wenig Entspannung zu verspüren.

Im französischen Standardlexikon »Robert« wird Humor als eine Geistesform definiert, »die darin besteht, die Wirklichkeit so darzustellen oder zu verformen, daß ihre lustigen und ungewöhnlichen Seiten hervorkommen«. Pauline Bonaparte heiratete einen Borghese und zog nach Rom, wo der Bildhauer Antonio Canova sie bat, Modell zu stehen. Pauline sagte zu, und Canova schuf eine wunderbare Marmorstatue: Die schöne Pauline liegt mit ihren formvollendeten Brüsten völlig bloß, nur mit einem Tuch um die Hüften bekleidet, wie hingegossen auf einer Chaiselongue. Von einer prüden Italienerin gefragt, weshalb sie denn nackt posiert habe, antwortete Pauline: »Weshalb hätte ich es nicht tun sollen? Das Zimmer war geheizt.«

Im deutschen Lexikon wird Humor so definiert, daß nicht nur Paulines Antwort, sondern ihr ganzes Verhalten unziemlich erscheint. Denn der Duden hält Humor für die »Gabe eines Menschen, der Unzulänglichkeit der Welt und der Menschen, den Schwierigkeiten und Mißgeschicken des Alltags mit heiterer Gelassenheit zu begegnen«.

Der französische Ethnologe Jean Cazeneuve geht von dem Prinzip aus, daß Lachen an erster Stelle eng verbunden sei mit

Lebensfreude. Und er fügt hinzu, medizinische und physiologische Forschungen hätten ergeben, Lachen sei gut für die Gesundheit. Damit bestätigt er das Motto des Arztes François Rabelais, der im 16. Jahrhundert die grotesken Bücher über Gargantua und Pantagruel schrieb, um damit seine Kranken durch Lachen genesen zu lassen.

Wenn für einen Franzosen Lachen zunächst Ausdruck von Lebensfreude bedeutet, dann steckt in den verschiedenen Weisen, ein Lachen hervorzurufen, allerdings auch der Versuch, seine persönliche Identität zu bestätigen. Der Philosoph Henri Bergson vertritt in seinem Buch »Das Lachen« die These, das Komische sei – stets verbunden mit der Lebensfreude – ein simulierter Sieg der Ursprünglichkeit über das Geläufige. Und zwar sei es ein simulierter Sieg, da ein echtes Überwinden der in der Gesellschaft anerkannten Verhaltensregeln nur unter Gefahren möglich sei. Mittels Humor versuche der Franzose seine Individualität zu wahren. Da er sich nicht wirklich von den gesellschaftlichen Zwängen befreien kann, gibt er sich damit zufrieden, seine Befreiung zu mimen. Er lacht oder lächelt, als wolle er all dem, was langweilig ist – weil erwartbar und unwiderruflich –, eine lange Nase zeigen. Da macht die gesamte Gesellschaft mit, jeder auf seine Weise. Der eine zieht den *calembour* oder die *contrepèterie* vor, was so etwas wie Kalauer oder Schüttelreim bedeutet. Der andere will mit dem *mot d'esprit* geistreich klingen. Dieses Gesellschaftsspiel schafft eine Gemeinschaft des Lachens. Und diese Gemeinschaft des Lachens schafft größere Freiräume als etwa in Deutschland.

In Berlin wurde im Frühjahr 1999 der Geschäftsführer des Radiosenders 104.6 RTL, Bernt von zur Mühlen, fristlos entlassen, weil in seinem Programm ein Stimmenimitator in seiner Rolle als Bundespräsident Roman Herzog den wirklichen Kanzler Gerhard Schröder auf dem Handy erreichte und mit ihm über den Rücktritt von Finanzminister Oskar Lafontaine sprach. Entlassen wurde auch der Kultmoderator von SWR 3, Elmar Hörig, weil er einen Schwulenwitz erzählt hatte. Er kommentierte die Meldung der Deutschen Bahn, künftig hätten auch homosexuelle Paare Anrecht auf verbilligte Fahrkarten, mit den Worten: »Man braucht im Winter den Zug nicht mehr so zu heizen, und der Satz am Ticketschalter ›Bitte hinten anstellen‹ kriegt eine ganz andere Bedeutung.« Diese beiden Ereignisse also haben zu Kündigungen geführt. Dabei sind sie harmlos gegen das, was seit mehr als zehn Jahren täglich im französischen Fernsehprogramm Canal plus als »Les Guignols de l'info« zu den höchsten Einschaltquoten führt.

»Le Guignol«, 1808 während der Weberaufstände »geboren«, ist eine Handpuppe, die ursprünglich politische Kritik an Ausbeutung und Unterdrückung übte, ein Kasperle für Erwachsene. Den »Guignol« in Lyon gibt es immer noch in einem kleinen Kasperletheater, doch heute spielt er eher vor Kindern als vor Eltern. Als in Großbritannien »Spitting image«, eine äußerst bissige Fernsehsendung mit Gummipuppen, die die Königsfamilie und Politiker darstellten, riesigen Erfolg hatte, wurde diese Art, berühmte Persönlichkeiten abzubilden und mit ihnen witzige Sendungen zu gestalten, in vielen Ländern nachgeahmt. Aber nirgendwo waren sie so erfolgreich wie in Frankreich, wo sie als »Guignols de l'info« das politische Geschehen in einer fiktiven Nachrichtensendung seit mehr als einem Jahrzehnt bis an den Rand des Erlaubten nachspielen. Und da die Sendung auch abends zur Nachrichtenzeit läuft, weiß man – wenn man hin- und herschaltet – manchmal nicht, ob die Gummipuppe oder der echte Politiker gerade spricht.

Das ärgert die Politiker. 1993 meinte Jacques Chirac, damals Bürgermeister von Paris und ewiger Anwärter auf das

Amt des Staatspräsidenten, sich zu den »Guignols« äußern zu müssen. Er war erzürnt über die Art und Weise, in der er bei den »Guignols« dargestellt wurde. Vor einem kleinen Publikum von 400 Studenten in Montpellier sagte er: »Die Sendung ist ziemlich lustig, wenn es um die anderen geht. Was mich betrifft, da bin ich eher zurückhaltend. Meine Karikatur ist ein wenig übertrieben.« Und schon am nächsten Tag kam in Paris das Gerücht auf, Chiracs Anhänger schmiedeten ein Komplott gegen die Sendung mit den Gummipuppen.

Solche Gerüchte haben in Frankreich ihren Grund, denn dort hat der Staat schon immer einen großen Einfluß bei der Be- oder Absetzung von Sendungen und Posten im Rundfunk genommen. Im gesamten Blätterwald erhob sich ein Sturm der Entrüstung. Auf die Entrüstung vor der drohenden Absetzung folgte die Entrüstung über die falsche Entrüstung, denn weder Chirac noch seine Parteifreunde versuchten eine Absetzung. Und der Generalsekretär der Vereinigung der französischen Politologen, Jean-Luc Parodi, erklärte in der Zeitschrift »Globe«, Chirac müsse den »Guignols« dankbar sein, daß sie ihn als einen hektischen Politiker darstellten, denn damit wirke er gegenüber der bedächtigen, ja langweiligen Figur des damaligen Premierministers Edouard Balladur als dynamische Persönlichkeit und als echte politische Alternative.

Im Mai 1995 wurde Jacques Chirac zum Staatspräsidenten gewählt. Seinen Konkurrenten Balladur hatte er schon im ersten Wahlgang weit hinter sich gelassen. Doch ein Jahr später wurde das Ehepaar Chirac von den »Guignols« wirklich auf die Probe gestellt.

Am 8. Mai 1996, dem internationalen Tag der Frau, sah man Bernadette Chirac in der abendlichen Sendung der »Guignols« allein im Élysée-Palast. Ihr Mann ist türschlagend gegangen, ohne auch nur »*au revoir*« zu sagen. Sie langweilt sich. Mit ihrer Handtasche, an die sich Madame Chirac immer klammert und die in Frankreich ähnlich berühmt ist wie einst die Handtasche der britischen Premierministerin Margaret Thatcher, setzt sie sich vor den Fernseher. Es läuft eine Verkaufssendung für Handtaschen. Leidenschaftlich fummelt die Frau des Staatschefs an der goldenen Schnalle ihrer Handtasche herum, öffnet sie und steckt die Hand hinein. Mit gebanntem Blick auf die Verkaufssendung beginnt sie die Tasche zu streicheln, stößt kleine Schreie aus bis hin zum Höhe… – aber da flimmert das Bild plötzlich nur noch. Der Titel des Sketches war unzweideutig: »Bernadette X«, so als handle es sich um einen Pornostreifen. Diesmal war die Presse auf der Seite von Bernadette Chirac und griff die »Guignols« an. Hier seien sie zu weit gegangen.

Präsident Jacques Chirac und seine Frau saßen am Wochenende nach der Ausstrahlung im trauten Familienkreis, und Chirac schlug vor, sie könnten doch eine Sendung einschalten, die der Lebensgefährte der gemeinsamen Tochter produzierte. Gesagt, getan. Doch das Unglück wollte es, daß in der Rubrik »Zapping« just an diesem Tag die Sequenz »Bernadette X« übernommen wurde. Die Chiracs waren entsetzt. Als Bernadette Chirac einige Wochen später in einer Fernsehsendung auftreten sollte, stimmte sie nur unter der Bedingung zu, daß ihre Handtasche während des Gesprächs nicht gefilmt würde. Chirac selbst äußerte sich nicht, doch der Generalsekretär des Élysée, Dominique de Villepin, beklagte sich beim Chef von Canal plus. Die Autoren kamen mit einem blauen Auge davon. Sie schickten Bernadette Chirac einen Brief, den der Sender als Entschuldigung auffaßte, die Autoren als »Erklärung« ihres Handelns.

Selbst im Parlament, wo doch die ernsthaften Dinge der Nation behandelt werden, wird Humor als Waffe gegen den politischen Gegner eingesetzt, und zwar so sehr, daß sich der

Wissenschaftler Antoine de Baecque mit der parlamentarischen »Heiterkeit in der französischen verfassunggebenden Versammlung 1789–1791« befaßte. Über zehn Monate dauerte damals ein »Krieg des Lachens«, der vom Vicomte Mirabeau (Bruder des Marquis de Mirabeau) als »Kommandant des Lachens«, als »ordinäre Hornisse der legislativen Macht« (wie er sich selber nannte), angeführt wurde. Als über die Zukunft der nationalen Pferdegestüte debattiert wurde, schlug Mirabeau eine »Deklaration der Pferderechte« vor, hatte die Lacher auf seiner Seite und machte die ernsthaften Gesetzesvorhaben zunichte. In den Parlamentsprotokollen findet de Baecque häufig die Bemerkung: »Lachen brach aus«, oder detaillierter: »Laute Anfälle von Lachen wurden gehört.« Und der Humor konnte dann in politische Handlungen umgemünzt werden: »Diese Feststellung rief weithin Gelächter hervor, und die Mitglieder der Versammlung, die von einem allzu langen Tagewerk erschöpft waren, ergriffen diesen Moment der Heiterkeit, um die Vertagung der Sitzung zu beantragen« (28. Juli 1789). Und auch die heutigen Abgeordneten haben ab und zu das Bedürfnis, sich von der Routine abzusetzen, und denken sich deshalb witzige Aktionen aus.

So erregte es internationales Aufsehen in den Medien, als im Februar 1999 Abgeordnete aus Opposition und Mehrheitsfraktion sich zusammenschlossen und in die Nationalversammlung einluden, um »mit Humor und Talent« über das Thema »Ist Tintin links oder rechts?« zu debattieren. Anlaß war das siebzigjährige Jubiläum des ersten Tintin-Bandes (auf deutsch »Tim und Struppi«). Zwar war Hergé, der Erfinder von Tintin, Belgier, und im ersten Band kam Tintins belgische Herkunft auch noch vor, doch der französische Markt war so wichtig, daß Tintin schnell seine Nationalität aufgab. Jeder glaube von da an, der junge, forsche Reporter Tintin sei Franzose.

Weil General de Gaulle seinem Kulturminister André Malraux einst gesagt hatte: »Mein einziger Rivale weltweit ist Tintin«, hob auch der neogaullistische Abgeordnete Didier Quentin bei der Sitzung in der Nationalversammlung an, Tintin sei Gaullist, das lasse sich an seinen Abenteuern nachweisen. Er habe eine Abneigung gegen Geld und Luxus, hasse »den Kommunismus von der Art der Sowjets« genauso wie »den Kapitalismus der Petrodollar«. Ganz wie de Gaulle verkörpere Tintin weder die Rechte noch die Linke, sondern »einen Dritten Weg«. Dem widersprach der Sozialist Jean-Marie Bockel, denn seiner Meinung nach habe sich der gaullistische rasende Reporter Tintin durch seine verschiedenen Abenteuer zu einem »Che Guevara der permanenten Revolution« gemausert. Ein anderer sozialistischer Abgeordneter, Yann Galut, wollte Tintin sogar zum Präsidentschaftskandidaten der Linken ausrufen, denn er sei die perfekte Synthese des reformsozialistischen Premierministers Lionel Jospin, des linkssozialistischen Innenministers Jean-Pierre Chevènement und des grünen Europaabgeordneten Daniel Cohn-Bendit. Schließlich einigten sich die Abgeordneten auf eine parteiübergreifende Entschließung, Tintin gehöre weder der Rechten noch der Linken an.

Aber nicht nur die Parlamentarier und die Presse machten sich einen Spaß aus der Debatte um Tintin – das Wort ergriff, wer immer in der französischen Kultur Rang und Namen hatte. Sogar mehrere Mitglieder der ehrwürdigen Académie française untersuchten das Phänomen Tintin. Jean-Marie Rouart sah in Tintins Kongo-Abenteuer literarische Anklänge an Ernest Hemingway, in dem Zepter des Ottokar verstekke sich Joseph Roth, in Tintins Ölabenteuer entdeckte er Lawrence of Arabia, und in anderen Bänden sah er Malraux, Cendrars, Morand, Robert Merle, Butor, ja sogar Robbe-Grillet. Wie bei Stevenson, Jack London und Melville kämen kaum Frauen vor. (Ein anderer fragte: »War Tintin homosexuell?«)

Alain Peyrefitte, Mitglied der Académie auch er, Autor und ehemaliger Minister unter de Gaulle, ließ sich in der Tageszeitung »Le Figaro« abbilden, wie er 1986 einem tibetanischen Mönch auf dem Potala-Palast in Lhasa den Band »Tintin in Tibet« überreichte.

Der renommierte Historiker Emmanuel Le Roy Ladurie schrieb sogar eine (fast) ernsthafte Analyse über Tintin und die Freibeuter, meinte aber schließlich: »Ich will dennoch zugeben, daß ich trotz meiner Bewunderung für Tintin die Abenteuer von Asterix vorziehe. Ich genieße dabei die Idee des gallischen Dorfes, das isoliert ist, allein, schikaniert von allen Städten und Provinzen. Dieses einfache Muster hat mich einst sehr inspiriert, als ich über das katharische Dorf Montaillou schrieb, das auch allein gegen alle stand.« Tintin sei spielerischer Gesprächsstoff mit seinen Kindern gewesen, meint der Historiker, aber Asterix »beeinflußte mich mehr in meinem Beruf als Geschichtswissenschaftler, der für die Welt der Erwachsenen arbeitet«. Und mit der gleichen humoristischen Ernsthaftigkeit, mit der Tintin analysiert wurde, machte sich Frankreich Gedanken über Asterix, dessen Abenteuer als Spielfilm in die Kinos kam.

In Frankreich spielen die »Verrückten«, die Narren und berufsmäßigen Spaßmacher eine soziale Rolle. Denn das Lachen, so Jean Cazeneuve, einige die Gesellschaft auf eine merkwürdige Art; Humor wirke befreiend, da er alle vereine im Kampf gegen die »Bedrohung durch das Einheitsdenken«. Wenig ist für einen freiheitsliebenden Franzosen gräßlicher als die Vorstellung, alle Franzosen seien gleich. Und da dient ihnen Asterix als das ideale Vorbild. Der unerschrockene Gallier wedelt nicht mit erhobenem Zeigefinger, sondern wehrt sich mit seinem ständigen Lachen gegen Veränderungen, die ihm aufgezwungen werden sollen. Asterix verkörpert das Idealbild, das sich die »Gallier« von sich selbst machen. Jeder steht für sich, und doch sind sie nach außen hin alle eins. Es ist kein Zufall, daß jeder Asterix-Band mit einem großen Festessen des ganzen Dorfes an einer langen Tafel endet (nur der krächzende Barde liegt geknebelt unterm Baum).

Der kleine Gallier mit seinem großen Schnauzer ist so bedeutend, daß Tageszeitungen ihm ganze Seiten widmen und Wissenschaftler an Universitäten ernsthafte Untersuchungen anstellen. Die Pariser Tageszeitung »Le Figaro« schrieb: »›Frankreich, das ist nicht die Rechte. Frankreich, das ist nicht die Linke‹, hätte der Gründer der Fünften Republik gesagt. Asterix ist weder rechts noch links. Er überbrückt den ›großen Graben‹ (so der Titel eines späten Bandes) zwischen den vermeintlichen gesellschaftlichen Spaltungen.«

Im Wörterbuch der Mythen wird Asterix sogar zum ideologischen Sprachrohr dieser Fünften Republik ernannt. Die Gallier im Dienst de Gaulles ärgern die Großmächte mit ihrem Zaubertrank, der mit der »Force de frappe«, der kleinen französischen Atomstreitmacht, verglichen wird.

In den bei allen Abenteuern wiederkehrenden Piraten, deren Schiff jedesmal von Asterix und Obelix versenkt wird, hat die Wissenschaftlerin Nelly Feuerhahn die Identität »der Bösen« entdeckt. Doch Asterix gelingt es immer wieder, die Piraten – und damit das Böse – auf eine komische Art und Weise zu besiegen, und das dadurch ausgelöste »Lachen befreit die Zukunft«, meint die Forscherin.

Die scheinbar kindischen Asterix-Bände bestehen aus unzähligen bildlichen und verbalen Anspielungen auf Zitate aus der französischen Kultur. Als Asterix sich als Legionär verdingt, begegnet ihm auf der Überfahrt nach Afrika »Das Floß der Medusa«. Es ist nichts anderes als eine Parodie des Bildes von Géricault. Wer die Zitate erkennt, vergnügt sich; die Befriedigung, gerade noch einmal der Falle des Unwissens entwischt zu sein, so meint die Professorin Judith Kauffmann, lasse den Leser seine kulturelle Überlegenheit genießen, und daraus entstehe eine Komplizenschaft mit den Autoren. So gelingt es den Franzosen, in ihren Comic-Figuren den ganzen Ernst der französischen Identität zu entdecken und dann doch darüber zu schmunzeln.

Da französischer Humor häufig mit Sprachwitz oder kulturellen Anspielungen verbunden ist, versteht der Fremde ihn weniger als etwa den skurrilen Witz der Engländer. So bleibt Außenstehenden häufig verborgen, daß die Bewohner Frankreichs über sich selbst lachen können, wenn sie vom Glück reden, Franzose zu sein.